传承与坐标

Inheritances &
Coordinates

马克思主义伦理思想访谈录

李义天　张　霄 / 编

中央编译出版社
Central Compilation & Translation Press

图书在版编目(CIP)数据

传承与坐标：马克思主义伦理思想访谈录/李义天，
张霄编. —北京：中央编译出版社，2020.6

ISBN 978-7-5117-2046-7

Ⅰ.①传… Ⅱ.①李…②张… Ⅲ.①马克思主义-伦理思想-研究-中国 Ⅳ.①B82

中国版本图书馆 CIP 数据核字(2020)第 086313 号

传承与坐标：马克思主义伦理思想访谈录

出 版 人：葛海彦
出版统筹：贾宇琰
责任编辑：李媛媛
责任印制：刘 慧
出版发行：中央编译出版社
地　　址：北京西城区车公庄大街乙 5 号鸿儒大厦 B 座（100044）
电　　话：（010）52612345（总编室）　（010）52612335（编辑室）
　　　　　（010）52612316（发行部）　（010）52612346（馆配部）
传　　真：（010）66515838
经　　销：全国新华书店
印　　刷：北京紫瑞利印刷有限公司
开　　本：710 毫米×1000 毫米　1/16
字　　数：258 千字
印　　张：21.5
版　　次：2020 年 6 月第 1 版
印　　次：2020 年 6 月第 1 次印刷
定　　价：88.00 元

网　　址：www.cctphome.com　邮　箱：cctp@cctphome.com
新浪微博：@中央编译出版社　微　信：中央编译出版社（ID：cctphome）
淘宝店铺：中央编译出版社直销店（http://shop108367160.taobao.com）　（010）55626985

本社常年法律顾问：北京市吴栾赵阎律师事务所律师　闫军　梁勤
凡有印装质量问题，本社负责调换。电话：（010）55626985

目　录

编者前言 ·· 李义天

001　伦理学与马克思主义：历史、方法与文化
　　　访中国人民大学宋希仁教授 ································ 张　霄

023　伦理学问题的研究与思考
　　　访中共中央党校宋惠昌教授 ································ 王　乐

051　马克思主义伦理学的几个基本问题
　　　访湖南师范大学唐凯麟教授 ································ 周强强

071　马克思主义伦理学：主题、历程与视域
　　　访中山大学章海山教授 ······································ 曹康莉

099	马克思主义伦理学何以可能
	访英国肯特大学戴维·麦克莱伦教授 …………李义天　张　霄

123	社会主义、正义与历史唯物主义
	访英国肯特大学肖恩·塞耶斯教授 …………………李　旸

143	当代平等理论与马克思主义政治哲学
	访英国牛津大学乔纳森·沃尔夫教授 …………………齐艳红

165	卡尔·马克思：正义、伦理与当代世界
	访美国印第安纳大学艾伦·伍德教授 …………………李义天

191	马克思、规范理论与当代政治哲学
	访美国圣地亚哥大学罗德尼·佩弗教授 ………………李　旸

233	左翼思想、历史意识与批判的马克思主义
	访美国纽约市立大学理查德·沃林教授 ………………李　旸

249	伦理学、现代性与马克思
	访匈牙利科学院院士阿格妮丝·赫勒教授 ……………张笑夷

275　马克思主义伦理学：历史逻辑与认知理论
　　　 访俄罗斯莫斯科大学阿列克桑德拉·拉津教授 …………武卉昕

301　尊严、公共性与物化理论
　　　 访日本一桥大学加藤泰史教授 ………………………魏　伟

编者前言

李义天

新的时代呼唤新的气象。新的气象不但需要改革者与实业家的稳扎稳打,更需要知识界与理论家的自信自觉。新的时代目标不仅关乎当代中国的经济和政治发展,同样也关乎当代中国的思想和文化创造。对每一位中国伦理学人来说,面对新的时代要求,都需要反躬自问:我们究竟应当做些什么,才可以有助于促成中国现代化事业的基本实现?我们究竟又应该贡献怎样的知识、理论与思想,才能够使我们的道德观念和精神文明与一个社会主义现代化强国相匹配?

毫无疑问,在诸多可供选择的答案中,一种承接历史脉络、面向世界舞台、回应经典问题而又立足中国现实的新时代马克思主义伦理思想,将成为我们理应优先考虑并认真对待的选项。这既跟马克思主义在当代中国的重要地位有关,也跟整个中国伦理学界的发展大势相联。因此,梳理马克思主义伦理思想的历史线索,探究马克思主义伦理思想的理论范式,开启马克思主义伦理思想研究的崭新篇章,已然成为当代中国伦理学人的一项最重要的历史使命与学术责任。

一

任何人都难以否认,马克思主义蕴含着丰富的伦理资源,但任何人也同样无法轻易承认,从马克思恩格斯的论述中,我们能够发现完备的伦理体系或理论范式。这其中的一个重要原因在于，迄今为止，我们依然缺乏对马克思主义伦理思想的历史梳理，因此很难实现对马克思主义伦理思想的深度阐释。

对哲学社会科学研究来说，开展思想史层面的梳理乃是进行有效理论建构的必要前提。毕竟，思想始终是历史中的思想。思想也只有在历史的语境中才能得到真实的还原、准确的观察与有效的解释。在这个意义上，要想建构一种合理的马克思主义伦理思想范式，梳理此前曾出现的马克思主义伦理思想的历史样态并探究其规律，无疑已经成为一项不可或缺的基础工作。因此，马克思主义伦理思想史研究，构成了整个马克思主义伦理思想研究的知识奠基与逻辑前提。前者的真实和准确与否，不仅决定着我们对于后者的当前认知是否合理，更决定着我们对于后者的未来延续是否恰当。

人们常常认为，若要恰当叙述马克思主义伦理思想史，必须首先恰当地界定"何为马克思主义伦理思想"。可是，马克思主义近200年的世界传播过程一再表明，试图立即对这个问题给出某种单一的回答殊为不易，甚至可能并不现实。根本原因在于，马克思主义伦理思想史本身就表现为一种复杂而多样的知识光谱。其中，既包括马克思恩格斯本人对伦理问题的论述，也包括他们的后继者以及研究者所关心的问题、所提出的观点、所参与的论辩。可以说，马克思主义伦理思想的历史进程，正是由这三类作者的讨论及其思想文本共同构成的复杂景观。

三者的讨论并非在同一层面展开。对马克思恩格斯本人来说，在面对伦理道德问题时，他们亟待直接回答的问题是："什么是道德？""人类社会何以产生道德？""道德在人类社会中具有怎样的功能？"以及"如果可能的话，应当提倡何种道德？"由此构成了马克思恩格斯的伦理思想，亦可称之为"经典的马克思主义伦理思想"。然而，对他们的后继者和研究者来说，情况则不同。因为，后者直面的并不是关于道德经验或道德现象的事实问题，而是马克思恩格斯业已提出的伦理思想本身。也就是说，后继者与研究者此时需要回答的首要问题，不是"道德是什么"，而是"马克思恩格斯关于道德的看法是什么"。在这个意义上，他们的根本任务在于，澄清马克思恩格斯的伦理思想，以及，在此基础上尽可能合理地引申或建构一种符合经典马克思主义观点、立场和方法的伦理思想范式。

可见，在这段思想史中出场的作者们（不仅是马克思恩格斯的后继者和研究者，也包括马克思恩格斯）本身就对"何为马克思主义伦理思想"这个问题存在不同的观点和判断。其中，有的观点和判断可能是非常"稀薄"甚至"消极"的，但无论如何，它们都是马克思主义的创始者、后继者和研究者在追问"何为马克思恩格斯的伦理思想"、"何为马克思主义的伦理思想"的不断探索过程中所得到的各种答案。

因此，所谓"马克思主义伦理思想史"，与其说它意味着在经典作家那里就已经形成的一种稳定的思想范式，从而在后续历史阶段上经由不同思想家的阐释而有所变化和不断展开，不如说它是通过思想家们针对"何为马克思主义伦理思想"的不断反思和诘问而建构的。换言之，马克思主义伦理思想的发展历史，不是由关于同一个答案的不同形式构成的，而是由关于同一个问题的不同答案构成的；不是共同的答案将它们串联在一起，而是共同的问题将它们串联在一起；我们不是先有了一个关于"何为马克思主义伦理思想"的精确定义，然后根据这条定义来梳理和描述马克思主义伦理思想史，而是（也唯有）通过梳理和描述这段思想史，亦即，考察经典作家与后继者、研究者之间充满张力的思想变迁，才逐步从不同的答案中提炼和理解"何为马克思主义伦理思想"并整合为某种伦理思想范式的。

二

马克思恩格斯说，"人们的观念、观点和概念，一句话，人们的意识，随着人们的生活条件、人们的社会关系、人们的社会存在的改变而改变"[1]。同样，基于马克思主义立场、观点和方法而产生的伦理思想，也不是一个固定的静态样式，而是一个不断发展的动态过程。我们不仅需要关注马克思恩格斯的伦理思想，而且需要关注后续那些继承者与研究者的文本和论证，揭示其中的线索与规律。在这个意义上，马克思主义伦理思想史将由如下三个基本问题组成：第一，马克思主义的创始者、继承者和研究者在伦理思想方面提出的主要命题、发生的主要事件、经历的主要变化、展现的主要特征有哪些？第二，这些命题和事件的观念背景、时代背景、历史原因是什么？第三，这些命题和事件的内在联系、未来趋势和历史意义又是什么？

诚然，思想史的研究必须首先对思想事实进行描述和梳理，告诉人们究竟发生了什么，亦即，回答"有什么"的问题。为此，我们需要首先了解马克思主义伦理思想史上的主要命题。其中，既包括元伦理层面的命题，也包括规范伦理层面的命题。前者涉及的是，马克思主义伦理思想对"道德的本质是什么"、"道德的起源是什么"、"道德的基础是什么"等问题的解释。后者涉及的是，马克思主义经典作家及其继承者、研究者对人类实践活动提出了哪些具体的道德要求？以及，这些具体要求之所以成立的道德理由又是什么？相比而言，前者

---

[1] 《马克思恩格斯文集》第2卷，北京：人民出版社2009年版，第50—51页。

可能具有更为初始的意义。因为，正如经典作家的文本常常展示的那样，马克思恩格斯对道德其实并未给予过高评价。他们断言"一切以往的道德论归根到底都是当时的社会经济状况的产物"[1]；他们认为道德观念在不同民族和同时代之间"变更得这样厉害，以致它们常常是互相直接矛盾"[2]；他们甚至表示，共产主义要"对任何一种道德，无论是禁欲主义道德或者享乐道德，宣判死刑"[3]。因此，如果马克思主义理论中确实存在一条伦理思想的线索，那么，如何面对历史唯物主义语境下的"道德的合法性"命题，就将成为马克思主义伦理思想史研究不可回避的初始问题。

不仅如此，在思想史上，任何命题一旦产生都会面临不断被讨论、被解释的命运。这些解释和讨论共同构成一组思想史事件。对这类事件的来龙去脉进行梳理，也是思想史研究的基本任务。上述"道德的合法性"命题之所以重要，不仅是因为它在经典作家的文本中多处可见，而且因为，由此引发的争论几乎贯穿马克思主义伦理思想史的过程始终。比如，20世纪初伯恩施坦与考茨基关于社会主义伦理性质的争论、20世纪三四十年代《1844年经济学哲学手稿》的不同编译者关于马克思理论本质特征的争论、二战后法国马克思主义学界关于存在主义与结构主义的争论，以及20世纪70年代以来英美分析马克思主义关于道德论与非道德论的争论，都属于该命题在不同思想阶段和学术传统中的具体展开。

当思想命题及其构成的思想事件被串联起来，呈现出一幅包含若干阶段的历史画卷时，理解这些思想阶段之间的主要变化（差异性）、

---

1 《马克思恩格斯文集》第9卷，北京：人民出版社2009年版，第99页。
2 《马克思恩格斯文集》第9卷，北京：人民出版社2009年版，第98页。
3 《马克思恩格斯全集》第3卷，北京：人民出版社1960年版，第490页。

提炼其中的基本特征（共同性），就显得格外重要。在这个意义上，"道德的合法性"命题之所以贯穿马克思主义伦理思想史的漫长历程，也是因为它反映了马克思主义在处理道德问题时往往采取的共同立场：马克思主义并不否认人类的伦理生活和道德观念的实际存在，但它却对这种社会现象的本质和功能报以一种审慎的态度。这一方面表现为马克思主义伦理思想在不同历史阶段上的不同争论，另一方面也构成了马克思主义伦理思想在整个发展历程中的共同底色。如果说前者意味着马克思主义伦理思想的内部自觉，那么后者则意味着马克思主义伦理思想与其他道德学说的外部区分。

当然，对于思想史研究来说，梳理思想命题和事件、描绘思想联系和变化、勾勒思想底色和特征，还只是初步工作。更进一步的问题是，为什么会出现这样的思想命题和思想事件？为什么会产生这样的思想联系和思想变化？为什么会呈现出这样的思想底色和思想特征？也就是说，不仅回答"有什么"，还须回答"为什么"。

一方面，我们需要探究马克思主义伦理思想的观念背景。思想史上的命题和事件皆非无源之水、无本之木。它们都能在思想进程中找到对它们产生直接作用、构成其直接原因的理论知识。不仅如此，思想命题或思想事件的发生还跟当下社会的"一般观念"有关。正如葛兆光教授所言，这种"一般观念"不一定表现为清晰的学术话语，而是往往蕴含于日常的习俗看法之中，成为"最普遍的、也能被有一定知识的人所接受、掌握和使用的"普遍知识和思想。[1] 但是，它们却能构成一张"筛网"，决定着至少制约着作为知识表述的马克思主义伦理思想的聚焦点和倾向性。在这个意义上，要充分理解马克思主义伦理

---

1 葛兆光：《中国思想史》，上海：复旦大学出版社 2001 年版，"导论"第 14 页。

思想的事实及变迁，不仅需要深入当时的德国观念论哲学、英国国民经济学以及弥漫欧洲的各种社会主义思潮等理论体系，而且需要深入到当时人们普遍接受的日常社会观念中去寻找原因。

另一方面，还需要探究马克思主义伦理思想的时代背景。毕竟，在探访思想及其演变时重视但不拘泥于观念本身，而是注重挖掘其赖以成立的物质状况或经验事实，这恰恰是马克思主义教导我们的方法和要求。马克思恩格斯甚至认为，"思想的历史除了证明精神生产随着物质生产的改造而改造"[1]，并不承诺更多的东西。既然马克思主义伦理思想是马克思主义理论的一部分，既然马克思主义理论又是世界社会主义运动的组成环节，那么，马克思主义伦理思想史上的命题和事件必然奠基于现实的历史活动之中。这方面的研究也就需要在观念层面对此有所反映和反思，并在实际状况中确认促使这些伦理思想不断生长的事实根据。

不过，从因果性上解释一个思想命题或事件的缘由，还不足以充分理解它们对于整个历史进程的经验意义，不足以充分阐释它们对于马克思主义和现代伦理学的理论价值。克罗齐说："没有叙事，就没有历史。"[2] 这句话不仅适用于一般的历史研究，更适用于思想史研究。因为，思想史的对象（即，思想）本身就是叙事的表现和产物。当我们以思想史的方法介入马克思主义伦理思想研究，我们不仅需要建构历史的叙事，而且需要建构道德的历史叙事，将那些关于道德的思想事件整合为一个有意义的话语系统，从而为马克思主义伦理思想的主要命题、事件及其主要变化和特征找到它们的历史方位与历史意义。因

---

1 《马克思恩格斯文集》第 2 卷，北京：人民出版社 2009 年版，第 51 页。
2 转引自 Hayden White, *Metahistory: The Historical Imagination in Nineteenth-Century Europe*, The Johns Hopkins University Press, 1973, p.385。

此，马克思主义伦理思想史研究必须向纵深拓展，澄清那些命题与事件对于人类历史和知识体系的意义。也就是说，除了回答"有什么"和"为什么"，还要回答"意味着什么"。

马克思恩格斯说："当人们谈到使整个社会革命化的思想时，他们只是表明了一个事实：在旧社会内部已经形成了新社会的因素，旧思想的瓦解是同旧生活条件的瓦解步调一致的。"[1]这说明，只有从思想的历史现象中准确地联系到人类历史活动的经验规律，我们才能恰当地理解，一个思想命题或事件究竟处于怎样的历史阶段、一种具体的思想变化或特征究竟蕴藏着怎样的历史趋势，进而，我们才能完整地理解它们对于马克思主义伦理思想本身的过去与未来究竟意味着什么。在思想史研究中，虽然对历史规律的揭示依赖于历史现象的素材积累，但我们却无需等到所有的现象都被描述殆尽之后，才能谈论这一主题。毋宁说，马克思主义伦理思想的历史意义是可以从它所揭示的人类活动的主要特征和时代背景中逐步呈现的。而后续新的历史事件和文献材料的产生，则是对这种历史认知的进一步印证或修订。

不仅如此，马克思主义伦理思想史上的任何一个事件，既对马克思主义伦理思想本身有意义，也对马克思主义理论和现代伦理学有意义。正如罗国杰教授所说，"马克思、恩格斯的道德哲学思想，并不是离开马克思主义的发展而独立形成的，它把有关伦理道德的思想融入到马克思主义思想体系，成为马克思主义理论的不可分割的组成部分"[2]。因此，要充分理解上述思想事件的理论意义，除了揭示它们与

---

1 《马克思恩格斯文集》第2卷，北京：人民出版社2009年版，第51页。
2 宋希仁：《马克思恩格斯道德哲学研究》，北京：中国社会科学出版社2012年版，序言第3页。

马克思主义伦理思想史之间的内部关系,还需要理解它们与马克思主义理论和现代伦理学理论之间的外部关联。正是这种外部关联,客观地构成了马克思主义伦理思想史的存在语境,影响着马克思主义伦理思想史的走向,影响着马克思主义伦理思想史关于研究主题与研究方法的选择。

三

梳理马克思主义伦理思想史并不是一项简单的工作,试图从中建构马克思主义伦理思想范式,更不是一件容易的事情。从马克思恩格斯关于道德的文字中,从他们对革命斗争和人类解放赋予更多篇幅的论证中,人们似乎有理由断言马克思主义伦理思想的次要性,甚至可以断言马克思主义伦理思想研究的虚妄性。然而,即便我们可以从文本中找到一千条否定的理由,并将那些关于马克思主义伦理思想的研究或讨论否定一千遍,也依然不足以掩盖现实生活给我们提出的实践问题。也就是说,包括马克思主义者在内的所有人,依然不得不面对现实的伦理挑战和道德难题。尤其是在当代中国,这些伦理挑战和道德难题,正迫切地期待着来自马克思主义立场的分析与处理。诚然,文本提出的问题不一定是真问题,但是,文本没有提出的问题也不一定是假问题。一个真正的马克思主义者,不应该拘泥于文本章句,而应该直面现实生活。如果仅仅因为在马克思恩格斯的文本中道德被视作一个次要的或常常被否定的问题而对其嗤之以鼻,这只不过是通过取消问题来解决问题。可是,现实的难题依然存在,它们依然等待人们去现实地解决。

随着时间的推移和研究的拓展,中国伦理学界与马克思主义理论界给予马克思主义伦理思想研究以更多的共同关注。越来越多的国内优秀学者承认,马克思主义伦理思想研究既是当代中国马克思主义研究的重要生长点,也是推进当代中国伦理与道德建设的重要基础,而且在历史上,它更是新时期中国伦理学的重要起点,构成了中国伦理学界近四十年来的一条主要脉络和优良传统。在这个领域中,许多前辈为此付出毕生努力和心血,开拓出一条有中国特色的马克思主义伦理思想研究路径,并创造性地提出一些观点和理论。

不仅如此,在国际学界,同样也有一大批顶尖的马克思主义学者和伦理学者一直关注和研究马克思主义伦理思想。其中,有的学者是国外马克思主义重要流派及其伦理思想发展的开拓者或见证者;有的学者则直接参与马克思主义伦理思想具体命题的提出与辩论,由此激发了后续长达数十年的热烈讨论;有的学者纵观马克思恩格斯的思想与实践过程整体,从中提炼出可以得到合理论证与接受的伦理观点及其方法论;还有的则是运用与马克思主义伦理思想相亲和的观点或立场,对一些具体的伦理问题或政治问题展开规范性的分析和评价。

显然,无论是国内学者还是国外学者,他们的学术努力不仅是在为我们贡献知识命题,更是在为我们保留学术传承,刻画学术坐标。他们的存在及其卓越工作让我们意识到,马克思主义伦理思想研究并不是自说自话的产物,也不是无病呻吟的幻象,更不是闭门造车的伪问题;相反,它是一个在很早以前、在世界范围内就已经引起学界普遍关注、积极反思和认真对待的重要课题。为此,近几年来,在国家社科基金重大项目"马克思主义伦理思想史研究"的课题支持下,我与一批志同道合的朋友们一起,选择了13位在这个领域有着专门研究和突出贡献的顶尖学者,尽最大努力,通过面对面等形式同他们进行直接的访谈与对话。其中,既包括4位对我国马克思主义伦理思想研究有开拓与奠基之功的前辈:中国人民大学的宋希仁教授、中共中央党校的宋惠昌教授、湖南师范大学的唐凯麟教授、中山大学的章海山教授,也包括9位来自不同国家和学术传统、在国际学界颇负盛名的马克思主义学者或伦理学家:英国肯特大学戴维·麦克莱伦教授、英国肯特大学肖恩·塞耶斯教授、英国牛津大学乔纳森·沃尔夫教授、美国印第安纳大学艾伦·伍德教授、美国圣地亚哥大学罗德尼·佩弗教授、美国纽约市立大学理查德·沃林教授、美国纽约新学院阿格妮丝·赫勒教授、俄罗斯莫斯科大学阿列克桑德拉·拉津教授、日本一桥大学加藤泰史教授。

作为"马克思主义伦理思想史研究"重大项目的阶段性成果,这些访谈的部分文字曾载于《道德与文明》《马克思主义与现实》《国外理论动态》《江海学刊》《学习与探索》《齐鲁学刊》《马克思主义理论学科研究》《澎湃新闻·思想市场》等期刊媒体上,受到同仁好评,在此深表感谢。我们希望,通过这样的学术对话,中国学界能够对马克思主义伦理思想的理论渊源、核心问题以及未来趋势有更加真切、平和、深入、全面的认知。我们更加期待,这些由志同道合的朋友们共同呈现的系列访谈,能够在最基础的层面上反映马克思主义伦理思想在过去几十年的发展脉络,展示马克思主义伦理思想在世界范围内的理论亮点,刻画马克思主义伦理思想在未来时期的路径选择,从而能够为中国的马克思主义伦理思想研究形成自我风格、迈向纵深发展提供广泛的思想源流与有效的学术坐标。

伦理学与马克思主义：历史、方法与文化
——访中国人民大学宋希仁*教授

张 霄**

探索马克思主义伦理学的当代形态，开发具有地方性特色的伦理学体系，是当代中国伦理学研究的前沿问题。2018年7月，张霄副教授就当代中国马克思主义伦理学研究的若干问题访谈了中国人民大学宋希仁教授。访谈中，宋希仁教授不仅交流了他对马克思主义理论的基本看法，还创造性地把黑格尔的法哲学与中国伦理文化中的人生哲学结合起来，提出了融合伦理、道德、礼仪三种法的形式的新型伦理学构想，为开发中国化马克思主义伦理学的理论形态提供了有益的方法指导。

---

* 宋希仁，中国人民大学哲学院教授。
** 张霄，中国人民大学哲学院副教授。

一、历史语境与思想主线

张　霄：宋老师，您好。谢谢您接受我的访谈。我知道，您一开始研究的是西方伦理思想史，后来为何转向马克思主义伦理学研究？是您的兴趣使然还是有其他的什么原因？

宋希仁：我写过一本书叫《伦理的探索》，从古希腊伦理学一直讲到《资本论》的经济伦理思想。在这本书的序言中，我大致讲了西方伦理思想史和马克思主义伦理学之间的关系。在我看来，西方伦理思想史有其自身的脉络和基础。只有转到马克思，这个脉络和基础才可能在更高的层级上完成自身。这就是我后来的研究方向从西方伦理思想史转向马克思主义伦理学的主要原因。所以，从事西方伦理思想史研究不久后，我就有了研究马克思恩格斯的道德哲学的想法，于是就一边编写教材、研究西方伦理思想史，一边做这方面的准备工作。

张　霄：我们是否可以说，马克思主义伦理学也是沿着西方伦理思想史的脉络和基础发展而来的？换句话说，我们是否应当在西方伦理思想发展的历史语境中理解马克思主义伦理思想？

宋希仁：可以这么说。西方伦理思想史上对马克思思想产生影响的哲学家有很多。从古希腊哲学家开始，往后到了近代哲学，特别是德国古典哲学，尤其从康德到黑格尔再到费尔巴哈，许多人都对马克思有影响，有些甚至产生了很关键的影响，比如黑格尔和费尔巴哈。没有黑格尔和费尔巴哈的过渡，马克思怎么会转到辩证法？怎么会转到历史唯物主义呢？可以说，没有这些人就没有马克思主义。所以说在马克思思想转向和过渡的地方，我就会特别注意，写下了大量的读书笔记，特别是关于黑格尔研究的笔记。

张　霄：您在研究马克思恩格斯的伦理思想的时候，经常强调黑格尔对他们的影响。当时您是为了解读马克思去研究黑格尔的吗？

宋希仁：有这个想法，但当时我不是特别熟悉马克思。后来我研究马克思的时候回头看黑格尔就更清楚了。我也能理解黑格尔。我再回头研究黑格尔，也更能理解马克思了。所以在研究过程当中，研究黑格尔和马克思是互相影响的，前面为后面做准备，后面反过来帮助你更好地理解前面。

张　霄：您的这番话让我想起了马克思在《资本论》序言里讲过的一句话："人体解剖对于猴体解剖是一把钥匙"。只有了解了思想发展的成熟形态，才可能回过头来重新认识思想发展史上各个阶段和环节存在的价值和意义。所以，在某个成熟的节点"回头看"，才能看出整个思想的脉络和每个阶段的语境。我这么说，不知道能不能贴切地表达您通过马克思来理解黑格尔的思想方法。

宋希仁：是这样的，完全可以这么理解。而且不仅仅是黑格尔，还可以通过这个方法继续往前追溯，不光是哲学，还有经济学、政治学、社会学，等等。

张　霄：的确如此。我在阅读马克思的时候会习惯性地把他读过的书再读一遍。通过这个过程，我们不仅可以多了解一种理解马克思之前人物思想的独特方法，比如对古希腊哲学、德国古典哲学、近代法国社会学、英国的政治经济学，也可以让我们更深刻地体会到马克思的思想为什么会是这样。

宋希仁：把这些研究和前人思想与马克思联系起来，才能更好地理解马克思。这个思路不光在研究马克思与前人思想之间的关系上有用，在研究马克思个人思想的发展上也有用。马克思的思想中既有连续性的一面，也有在不同时期根据不同情境形成的具体观点。要综合这两个方面来理解马克思。比方说他关于暴力革命的观点。这是一个早期的想法，是实现共产主义理想、推动社会变革的一种手段或形式。但1848年欧洲革命失败后，他开始冷静下来，通过学术研究的方式反思历史发展和社会进步的规律性东西和各种可能性。所以，暴力革命的观点不能被夸大，但也要知道暴力革命作为一种革命形式是为实现共产主义理想这个马克思一生为之奋斗的目的服务的。我记得复旦大学有个国外引进的特聘教授也提出过这样的观点。他熟悉马克思的手稿原迹，有独到而深入的研究。

张　霄：您说的是不是复旦大学的特聘教授史傅德（Fred E. Schrader）？我在网上读过一篇《财经》杂志对他的专访叫《寻找真实的马克思》，说的就是这个问题。他认为马克思在1850年之前的思想清晰直白，主体就是暴力革命和无产阶级专政。由于1848年法国革命以后建立的"法兰西第二帝国"并未像马克思想的那样很快垮掉，反而越来越稳定，他不得不在震撼中反思过去的那些想法。

宋希仁：我读的也是这篇文章。1848年欧洲革命失败之后，马克思开始冷静地反思。这个反思对他后来看待历史的方式产生了重要的影响。特别是他在那个时候就看出了经济危机、金融危机的世界化趋势。这样的世界性眼光使他感觉到历史的发展并没有完结。因此，先做出结论是不明智的。你看詹姆逊写的《重读〈资本论〉》，说的也是这个问题。所以说，马克思的思想从来都不是一个结果、一个结论性的东西，而是处在不断的发展过程中。他自己不给历史下结论，而是让后人通过自己的实践去给历史一个结论。你看他的共产主义理想，虽然一以贯之，但马克思从未提出过明确的构架或规划，就是这个道理。这么做是聪明的。

之所以这么说，是因为对马克思来说，告诉你一个研究历史和理解历史的方法就够了。后人的历史由他们自己去创造。那是他们自己的历史，而我（马克思）只提供我能提供的，不能越俎代庖。大思想家都很不简单，考虑问题都非常复杂。一些背后的想法我们是不得而知的。尤其是马克思，很多地方其实恩格斯也没猜到。史傅德教授在那个访谈里就说过这个情况。恩格斯和马克思是有分歧的，但他们求同存异。马克思始终是一边探索、一边试探，试探恩格斯的思想有没有和自己达成一致。如果没达成，他就不讲，达成了就公开讨论。

张　霄：您觉得马克思有很多思想没讲出来是出于谨慎还是觉得自己考虑的还不成熟？

宋希仁：马克思的思想是非常复杂的。他思考和研究的过程也是非常复杂的。他的思想并没有完全讲出来，很多地方或许是他还没有想清楚，还有待于进一步地探索。他不断地探索大多是因为不断地有新的问题出现。因为现实生活总是不断发展的，历史总是不断发展的，总是有许多问题需要我们面对。所以他为了研究这些问题，一辈子做了许多的笔记，写了很多手稿，最后大都没有写完。《资本论》其实也没有写完。你说，这是一个作家吗？

张　霄：按照您的说法，马克思在不同时期会有不同的研究重点，思想观念也是处在变化发展中的。那么，有没有一条可以把马克思在不同时期的研究重点串在一起的主线呢？

宋希仁：这个主线就是方法论，就是历史唯物论。历史的发展是一个辩证的过程。它既是分阶段的，同时这些阶段又是彼此联系的。你不能说哪一段就截止了。

张　霄：除了这个方法论的主线外，是否还有其他的线索呢？比方说您刚才谈到的共产主义理想。这个共产主义理想中是不是有某种道德价值，例如正义、自由、平等、共同体、自我实现，等等。有这样一种价值方向指引着马克思毕生的研究吗？

宋希仁：这个方向是有的。马克思的小女儿给他做的《马克思的自白》中有一个问题问的是"您的特点"。马克思的回答是"目标始终如一"。这个始终如一的目标就是《共产党宣言》里讲的那个没有剥削没有压迫的"自由人的联合体"。至于如何达到目标，他虽然没有下结论，但却有个大致的构想。在他与恩格斯等合著的《德意志意识形态》中就曾经提到："在共产主义社会，即在个人的独创的和自由的发展不再是一句空话的唯一的社会中，这种发展正是取决于个人间的联系，而这种个人间的联系则表现在下列三个方面，即经济前提，一切人的自由发展的必要的团结一致以及在现有生产力基础上的个人的共同活动方式。"[1]在我看来，这就是《共产党宣言》里说的那个没有剥削没有压迫的社会，每个人都能获得自由全面发展的社会。

张　霄：我是否可以这样理解：1848年以后，马克思毕生都在研究创造这个社会需要达到的条件？而自由则是整个创造过程的核心价值？换句话说，创造条件实现这个社会的过程就是人获得自由或实现自由的过程？有许多国外学者认为，自由是马克思思想的核心价值。但也有不少学者认为，正义和平等才是马克思思想的核心价值。我们应当如何看待这一问题？

宋希仁：如果就《共产党宣言》来讲，应该是自由。每个人独立的、全面发展的自由。这是一个基本要求。要实现这个要求，关键在于落实满足这个要求的条件，最终要达到实质自由而非追求形式的自由。但只强调自由也是不够的。马克思也讲过正义和平等的问题，例如在《哥达纲领批判》中就曾提到按劳分配和按需分配的问题。说马克思讲自由、平等和正义，这些都没错。因为它们都是法的一种形式。将来的社会是不是法制社会，这是另外一个问题。但任何一个社会都离不开法的规定。我这里说的法是一种规定，不一定都是法律。例如道德也是法，但却不是法律，而是道德的规定。这样理解的话，自由、正义、平等都可以说是马克思思想的核心价值。

1　《马克思恩格斯全集》第3卷，北京：人民出版社1960年版，第516页。

二、法哲学与人生哲学

张　霄：自由、平等、正义这些价值虽然在马克思思想中都占据重要地位，但不能把其中任何一个单独拿出来说是最重要的，是这样吗？

宋希仁：单独把任何一个拿出来就不够全面了。应该把这些价值整合起来理解，也就是说，把它们理解为主观和客观相统一的伦理。黑格尔称之为"活的善"。伦理是观念的、精神的东西。精神的东西一旦成为客观的东西就变成了伦理，就是带着人的主观精神的伦理关系。如果没有主观精神，伦理就是死的东西。换句话说，如果我们把主观精神理解为人的道德，那么，客观的伦理只有带着人的道德或者说作为"绝对"的东西体现在人的道德中的时候才是活的。所以说伦理道德是统一的。我觉得黑格尔的这个思想和把自由理解为与必然相统一的观点是相似的。

但如果按照中国的伦理讲，除了伦理和道德之外，还应该加上一个礼仪。从客观的伦理讲到主观的道德还不够，还需要讲道德的外化，即作为一种法的规定形式的礼仪。人的每一个行动都应该有相应的规定，而这个规定应该是伦理、道德和礼仪的统一。只有在这种统一当中，才可能有社会秩序，才可以被称得上是一种文明。中国传统社会非常重视礼仪规范。我们的伦理学也应该把礼仪加上才是完整的。我最近正在写的一篇文章强调的就是伦理、道德、礼仪的统一。统一起来叫什么呢？黑格尔叫做法哲学。这个法不是我们通常理解的法律，而是一种规定。其实中国的伦理也是法哲学，我们完全可以这么理解，也可以沿用这个概念。

张　霄：这样说来，伦理、道德、礼仪其实就是不同形式的法的规定？伦理是客观见之于主观的法，道德是主观意志的法，礼仪是主观意志的法的外在化，只有这三者联动起来，善才是"活的"？

宋希仁：是的。这里面既有客观的、主观的东西，也有外在的、内在的东西，还有形式的、质料的东西。这三者结合起来讲才是整全的。如果光讲伦理道德，讲外在内在，不讲内在的外在化，也就是不讲表现出来的礼仪的话，就不会有实际的效果。中国传统文化就特别重视礼仪规范，讲礼仪讲得特别细，说有"礼仪三百，威仪三千"。这些礼仪都是规定。人就是这种规定性的存在。要是没有这些规定，人就会无所适从，社会生活就会变成一团乱麻。

张　霄：礼仪规范的确是中国传统伦理文化的一大特色。不过，黑格尔除了讲伦理、道德之外，就没有讲过礼仪之类的东西？或者说没有讲过外在化的东西？

宋希仁：其实黑格尔也讲到了。就是他说的风俗习惯。这在西方从亚里士多德就开始讲了。他们说的外在化的风俗其实就是中国人讲的礼仪规范。黑格尔也非常重视风俗习惯。他说人在风俗当中生活的时候，自己就已经是风俗的一部分了。这个时候，个人就要按照风俗的要求规定自己的行为，否则就会受到惩罚，不是法律的惩罚，而是舆论的惩罚。可别小看了舆论的惩罚，在传统社会，舆论的惩罚甚至会要人性命。中国人也很重视舆论，重视舆论也就是重视风俗。比方说你到一个地方就得入乡随俗。不随俗，你就无法融入当地的圈子，就会被这个圈子孤立。

张　霄：您刚才说伦理、道德和风俗习惯三者是统一的，它们是以何种方式统一的？

宋希仁：风俗里面有伦理和道德，风俗将伦理和道德都体现出来了。伦理也把道德和风俗都包含在自己的里面，而且还是一种和谐的包含状态。它们当中都有一个叫绝对理念的东西。外化是绝对理念的外化，没有绝对理念，也就没有外化的规定性，外化成什么样就不知道了。绝对理念的外化就是伦理的外化，就是概念和定在的统一。外化不达到定在，外化就没有完成。概念就不能变成现实。也就是说，如果概念不能以其自身的规定外化成具体的、现实的东西，它就不是真理。而现实的东西如果不是概念以其自身的规定进行的外化，它就不是定在。所以说，概念和定在是连在一起的。脱离了定在的概念，那就不是真理。同样，定在脱离了概念也就不是真实。真善美是连在一起的。真实和现实得区分开。现实不等于真实。只有符合真理的现实才是真实。而真实必定都是现实的。所以从这个意义上讲，黑格尔是最唯物主义的。马克思之所以看重黑格尔，就在于他的思想的深刻性和全面性，就在于这种辩证的思维。

张　霄：这让我想起了马克思在《关于费尔巴哈的提纲》中的第二条："人的思维是否具有客观的真理性，这不是一个理论的问题，而是一个实践的问题。人应该在实践中证明自己思维的真理性，即自己思维的现实性和力量，自己思维的此岸性。"[1] 概念和定在之间的相互符合其实需要靠实践来完成。黑格尔在这一点上虽然有很大的唯物主义成分，但最终还是依靠思辨来完成这种相互符合。马克思提出用实践来解释并现实地改造概念与定在之间相互符合，其实就是他的实践的辩证法。可以这么说吗？

宋希仁：可以这么说。马克思的辩证法受到黑格尔的启示，后来经过改造形成了历史唯物论。马克思要是写伦理学的话，肯定也会强调概念和定在的统一，理念和现实的统一。而这些统一必定是要靠实践来完成的。

张　霄：您是否能帮我们猜想一下，如果马克思想写一部伦理学著作，那会是怎样的构架和内容呢？

宋希仁：马克思年轻的时候的确想写一部伦理学著作，但最终还是没写成。所以这就很难说了。如果要我猜想，我觉得首先是要坚持辩证法和唯物论。这两样东西放在一起才叫历史唯物主义。马克思要写伦理学肯定离不开这两个原则。不仅如此，我们要把这两个原则贯彻到自然、社会和精神三个领域中讨论伦理学问题。三个环节缺了哪一个都不完整。这一点是我在写人生哲学的时候意识到的。我的伦理学研究主要受两个人启发，一位是罗国杰，一位是萧焜焘。我把人生哲学和伦理学结合起来思考，是受了萧焜焘的启发。萧老师研究数理逻辑出身，逻辑思维能力强，头脑十分清楚。他就是从自然、社会和思维三个方面审视哲学和伦理学问题。萧老师也熟悉黑格尔。我对黑格尔的理解也受过他的影响。所以我写《人生哲学导论》的时候，一

---

[1] 《马克思恩格斯文集》第 1 卷，北京：人民出版社 2009 年版，第 500 页。

开始就从受孕写起，讲人是怎么生出来的。这就是自然。然后再讲人怎么进入到社会，怎样由不成熟到成熟。然后再讲人的精神世界。但这三者是叠加贯通的。中年有中年的精神，老年有老年的精神，小时候也是有精神的。精神也是从小时候到老人，从自然到社会的。这是一个辩证的发展过程。人生哲学反映的就是这个过程。伦理学就在这个过程当中。

张　霄：那人生哲学和伦理学是一种什么样的关系呢？

宋希仁：两者既有密切的联系，也有差别。我的《人生哲学导论》就是从人的小时候写到老，从人的受孕写到人生理想，一步一步写出人生的过程。这是人生的纵向面。伦理学就不能这么写，因为它是横向面。纵向面包含着伦理学的横向面，但伦理学的横向面包含不了人生哲学的纵向面。所以民国时期的伦理学家，常常是从人生哲学开始讲起的。伦理学是包括在人生哲学里面的。我觉得这么讲是有一定道理的。但是，人生哲学不能完全代替伦理学。伦理学是抽象出来的一种逻辑，是一种关于善恶的逻辑体系。

张　霄：您把伦理学放在人生哲学里讲的方式，让我想起了黑格尔把自由意志的辩证发展过程放在法哲学里讲的处理方法。结合您对黑格尔一贯的重视，我突然想问您的是：马克思写出的伦理学，会不会就是黑格尔法哲学的样子呢？

宋希仁：完全有可能。你对这个问题很敏感，很好。马克思、恩格斯都说过：黑格尔的法哲学就是他的伦理学。所以他们要写伦理学大概也会在法哲学的框架内理解伦理学，也会讲伦理、道德、社会风俗和礼仪规范这些东西。换句话说，他们大概会从伦理的角度理解伦理学。伦理学研究的是伦理，而不是通常意义上说的道德。还有一点需要特别指出来的是，黑格尔在讲法哲学的时候，把劳动也加了进去。他说"主体就等于他们一连串的行为"，劳动就是其中的一种。正是因为这一点，黑格尔在德国古典哲学里就特殊了。也是因为这一点，黑格尔和马克思又多了一个联系。

张　霄：您说伦理学是研究伦理而非道德的学说。这样就把伦理和道德做了区分。我知道您一直强调这一区分。我也知道您这一区分源于黑格尔对康德的批评。您觉得这种区分的意义究竟何在？

宋希仁：意义就在于这种区分分清了客观、主观和外显这三个层面。不做区分就分不清客观精神和主观精神、自然的精神和社会的精神的互动关系。如果我们跟着黑格尔思路理解法哲学，那法哲学就是从客观的伦理到主观的道德，再到外显的风俗和礼仪这个过程。黑格尔虽然没说礼仪，但外显的风俗里显然包括礼仪。分清楚这一点更有利于理解伦理学。正是从这个意义上讲，说伦理学是关于道德的问题就是片面的了。黑格尔也是在这个意义上批评康德，用道德消解了伦理。康德伦理学是强调道德的，强调个体自由的，在历史上是具有非常大的进步意义的。但在黑格尔看来，康德的伦理学在现实中会带来空洞的形式主义，最终把道德判断完全交给了个人良心。这就会造成主观是善，但客观为恶的结果。所以个体的道德意志必须上升为客观的伦理意志。现在很多人都推崇康德伦理学，这和追求个人自由不无关系。但其实黑格尔更加全面，更加深刻。

张　霄：您刚才说跟着黑格尔的思路理解法哲学是从客观伦理到主观道德再到外显的风俗。但在黑格尔的《法哲学原理》中，黑格尔的书写顺序却是从抽象法到道德再到伦理，和您刚才说的过程正好是相反的，这该如何理解？

宋希仁：这不是相反的，而是一个互相包含的过程。伦理是绝对的精神，什么都包括在其中。它不断地外化，也就是不断地具体化、特殊化，直到最后变成现实的东西。这是一个连续的过程，要用历史来讲它的发展过程。这个过程是横的辩证法和纵的辩证法的统一。一边是形成的过程，一边是外化的过程，两个过程是同时发生、相互包含的。它们之间是一个交互过程。不可能只有一个方向，如果只有一个方向，就谈不上发展了。

张　霄：您说要从历史的角度理解伦理和伦理关系。如果历史唯物论是马克思伦理学的一个基本原则，那么我们是否可以从历史唯物主义的角度来理解伦理关系的变化发展？这样的话，进入伦理学的历史唯物主义是不是就转化成了某种道德社会学？

宋希仁：可以叫道德社会学，也可以叫社会伦理学。历史唯物主义为解释伦理的起源、发生、发展、变化过程提供了社会学和历史学依据。对人类道德的演变规律给出了前人所没有的独到的解释。这是历史唯物主义带给伦理学的质的改变。很多伦理的东西，就伦理来理解伦理是理解不了的。只有放在历史的变迁过程中才能看得清楚。而历史唯物主义就是起到这个作用。

张　霄：我记得您在《马克思恩格斯道德哲学研究》一书里就提到过《资本论》的经济伦理思想。这个思想可以被称为马克思成熟时期的社会伦理学吗？

宋希仁：马克思写的《资本论》是一部百科全书，不单讲经济，还讲了许多其他问题，里面也有伦理思想。但究竟怎么看待《资本论》的伦理学，那还得专门去研究。我写《马克思恩格斯道德哲学研究》的时候，有两章涉及《资本论》。但主要是在做伦理的社会学研究，并不是专门针对伦理和道德的。因为马克思只把道德看作是社会问题的一个层面，并没有单独拿出来集中说。比方说资本家的道德就是想赚钱，那么他赚钱到底合理不合理？答案是既合理又不合理。这就是对道德的社会学研究了。而不是从道德的角度去研究社会了。正是从这个意义上讲《资本论》既不是讲道德的，也不是讲政治的。《资本论》确实不是从道德的角度去讲资本的。讲资本原始积累的时候也不是从道德的角度去讲的。当然，这其中可以讲正义不正义的问题。合理的地方就是正义的，不然提到共产主义也不会从两个方面去讲资本主义了。总的而言，资本还是有它积极的一面。资本主义为什么一直存在呢，就是因为它有合理的地方。但发展下去是不是永远合理的？这就是詹姆逊在《重读〈资本论〉》中讲的那个道理：资本主义是不能永远发展下去的。为什么呢？你看看现代资本主义是一个什么状况就明白了。马克思讲的资本主义社会的基本矛盾越来越突出了。

三、中国伦理文化与马克思主义伦理学

张　霄：马克思的伦理学或许会受黑格尔很大的影响，但终究还是会有不小的区别，是吗？我们通常说黑格尔哲学是一种客观唯心主义。从伦理学上讲，就是认为伦理、道德、风俗这些都是"绝对理念"的外化和展开。这显然和马克思的历史唯物论不是一路的。所以，马克思的伦理学尽管会受到黑格尔的影响，但必定会建立在对黑格尔伦理学进行大幅改造的基础上。您认为，马克思会如何改造呢？

宋希仁：在我看来，马克思完全可以借助中国文化的逻辑进行改造。中国文化是朴素的、现实的、实证的。伦理是如何形成的呢？其实就是从男女关系、夫妻结合开始的。中国人讲有天地而有人类，有人类而有男女，有男女而有家庭，这是最自然的过程。天地人，人在天地之间。人来自天地，天地是自然，有自然而有社会，有社会而有精神。伦理的起点就萌发于男女关系之中。男女交媾就是开始。生产有两种，一种生产物，一种生产人。生产人就是伦理的开端。有了男女而有家庭，生儿育女。父母的子女若再生子女，父母就是祖父祖母了。随着生生不息的繁衍，祖父祖母再往前追溯就成了祖宗，到头了就是祖神。日本的神就是祖神，就是最早那个生人的人。老祖宗的老祖宗就是神了。你说不出来他是谁。那就是一个观念。我们把他供奉为神，但实际他不是神，而是个人。这就结合到进化论了。按中国哲学来讲这些就是"伦"。"伦"最初、最基本的开始是内伦，也就是夫妻之伦。马克思也是一个面向现实、竭力追求真相的人。如果他讲伦理学，要讲得现实一点，那就要认真对待和参考中国文化了。从这一点上说，马克思的思想虽然受德国古典哲学影响很大，但还是有一点叛逆的。那就是他不追求思辨，而是看重现实。这一点就和中国文化走近了。德国古典哲学就不会从人伦开始研究伦理学。它是从个体观念开始的，从康德到黑格尔，概莫能外。其实这也可以看做是西方哲学的一个传统。比方说，柏拉图也是从观念开始说起的。所以说，马克思要写伦理学，按照他的思想精神来说，应当先从伦理讲起。

张　霄：按照您的说法，我是否可以认为，马克思应当从伦理讲起就是从男女讲起，然后接着讲家庭、社会、国家。这样一来，他就不会像黑格尔那样从客观的、形式的抽象法讲起。因为在马克思看来，人在现实性上是一切社会关系的总和。所以，不应当先从抽象出来的某种法的形式或者人格、权利去理解人的善恶观念，而是应当在现实的伦理关系中理解人的善恶观念。因为人一生下来就是活在某种人伦关系中的。这的确和中国传统伦理文化是契合的。

宋希仁：不错。一旦回到生活中来理解就清楚了。如果你从抽象的思辨角度来理解，那就要从和人的价值有关的概念讲起了，比方说自由概念。但只要你回到生活中来，那就必定要从现实讲起。马克思肯定会从现实出发讲伦理学。因为不这么讲就有可能讲的是思辨的伦理学。这不会是马克思的风格。而且，从现实出发讲伦理学，道德教育的效果会非常好。中国传统文化在道德教育方面做的很成功，关键就在这点上。比方说你和孩子讲伦理是怎么开始的时候，就可以讲父母是怎么生你的。你把这个问题讲清楚了，孩子就明白了伦理是这样来的，就明白了为什么要尊重父母，父母为什么要爱我。个人的道德就从这里生发出来了。

张　霄：也就是说，我们应当在伦理关系中谈论个体道德。实际上，人是不太可能脱离伦理而讲道德的。即便把道德理解为一种自己对自己的规定，也是有意或无意地对伦理背景的遗忘？

宋希仁：这个需要分析。你这样想，现实的伦理，从男女关系开始往后讲就是男女结婚形成家庭关系。这中间就有很多关系了。那么道德观念从什么时候开始有的？伦理从什么时候开始就发生了道德观念的？小孩是没有道德观念的。当小孩开始从自然人变成社会人的时候，才开始从不成熟到成熟，才有道德观念。最初，这些观念是在家庭中形成的。家庭也算一个小社会。儿童长大了就知道有父母和兄弟姐妹了。这就是关系。什么叫关系？关系就是规定了的应该。礼就是从这里来的。弟弟要尊重哥哥，哥哥要照顾弟弟。子女要孝敬父母，父母要慈爱孩子。这些关系怎么产生的呢？就是因为有伦理的要求，也就是生活中的现实要求。你不尊重、不爱护这些关系就无法正常地生活。这就是从现实讲伦理。这是中国文化的一个特色。

张　霄：所以，个体的道德要求其实是在伦理关系中形成的。个体道德就是依据伦理这个共同的东西返回自身的"德"？

宋希仁：是的。当你认识到这个关系的时候就是有所"得"了，从道中得到的东西就是德。得道为德，这个道就是伦理关系，伦理规定。人在小的时候不理解这个道，长大就能理解了。促进他理解这个道的不是课本，而是现实的生活。比方说，有好吃的东西，小孩子先让给妈妈吃或者先让给姐姐哥哥吃。孩子是妈妈生出来的，妈妈有好东西先给孩子吃。你看，小孩有好吃的先给妈妈吃，那是有教养的孩子。那妈妈有好东西也先给孩子吃，那是天性。关系就是这样形成的。观念也就是这样慢慢形成。而道德观念就包含在其中。

张　霄：这么说，中国伦理文化还真是能和马克思的伦理学走到一起去。

宋希仁：就是可以结合起来的。马克思在世的时候如果了解中国文化，他也会认可中国文化理解伦理的方式。因为这有助于破解黑格尔那个抽象观念和绝对理念的秘密。你只有到生活中去理解，才能发现真相，从而理解这些观念和理念的来源。其实黑格尔也解释说概念和定在相统一才是真理。而马克思一定会思考概念如何与定在相统一的问题。这个定在是什么？其实就是现实生活。

张　霄：也就是说，我们应当从现实生活出发来理解伦理、道德、礼仪这些作为法的形式的规定？

宋希仁：是的。伦理、道德的东西是怎么变成礼仪的？找到它们的渊源、理解它们的现实历史就明白这个问题了。只知道记背那些伦理学的范畴和概念，是不会懂得伦理究竟为何物的。说伦理学研究的是道德，就容易造成这个误解，把道德看成是基于某些概念的行为规范，认为伦理学就是研究这些规范的。好像你知道这些规范就懂得伦理学了，就会行事道德了。这都是误解。如今道德教育的偏失就在于此。孩子们学了概念，一看现实不是那么回事就不信了。这些规范、概念就全白讲了。真正的伦理学教育不应该只向孩子们灌输各种规范和概念，而是要教会他们辩证地理解伦理和道德之间的关系，教会他们理解社会生活关系的思维方法。我们经常讲要理论联系实际，要把观念和实际生活结合起来，就是要辩证地看待概念和现实生活之间的关系。既不能单纯记概念，也不能盲目看生活，关键是要辩证地看待和把握两者关系的思维方式和实践本领。尤其当概念和现实生活不一致的时候，老师就要讲思想方法了。这个方法就是辩证思维。

张　霄：您的这番话让我想起了马克思在柏林上大学的时候遇到的一个思想困惑：应有之物与现有之物的对立。马克思原本想设计一套法的形而上学体系，也就是作为应有之物的法。但当他用这个体系去研究作为现有之物的罗马成文法的时候，他发现了两者之间的对立。真正帮助他解决问题的是黑格尔的辩证法：把现有之物与对立面的相互转化关系看做是可能成为应有之物的趋势。这个转变造成了马克思后续的研究更加面向现实、讲求实际。您看，马克思也经历过您所说的概念和现实生活之间的矛盾和对立。

宋希仁：你说得很好。马克思早期的确经历过这样一个转变。你说的现有之物和应有之物的关系与我刚才讲的概念和现实生活之间的关系就是一回事。这就是辩证法。做伦理学要讲方法论的。我说的方法论，主要讲的是哲学的方法论，就是学会用哲学的思维分析伦理和道德问题，关键是要领会生活的辩证法。从生活着眼的话，伦理学里讲的每一条道德规范及其概念都不能直接地从书本上死记硬背。僵化地记背道德规范，这些规范和概念就不再是"活"的了。比方说《三字经》里讲"融四岁，能让梨"。这是一个经典的道德故事。说孔融四岁就知道让梨，知道礼让，这当然不错。但也要知道四岁的孩子还不成熟，四岁的时候抢梨吃也是正常的。这既可以让，也可以抢的判断，就不是一句"融四岁，能让梨"能直接说得清楚的，得结合具体的生活分析。

张　霄：您是说，应当把概念的分析结合到生活辩证法里去讲，而不应当只谈概念？

宋希仁：是的。但讲概念也同样重要。不讲概念在理论上就讲不通。理论上不仅要讲得通，还得讲得系统。这个系统就是要成一个体系，把各种概念和关系统一起来。这样才能灵活地对待体系中的每一个要素。我们有时候喜欢讲构建体系。构建体系的意义其实就在这里。知识如果成不了体系，就不全面，就会以偏概全。这样的知识如果运用到实际生活中，就容易出错。理论体系和现实生活之间的互动形成的最终结果既不是原来的理论体系，也不是原来的现实生活，而是包含两者的新东西。这才是发展。所以归根到底还是说，必须和现实生活结合起来讲伦理学，必须和人生哲学结合起来讲伦理学。

张　霄：那么，如果马克思和现实生活结合起来讲伦理学，您觉得他最看重何种伦理关系？

宋希仁：就是工人和资本家的关系，人与人的关系。这些都是伦理关系。从伦理关系这个角度去理解《资本论》的社会学层面，也是人与人的关系。这些关系是男女关系的扩大。如果把这些关系溯源回去来看最初讲的还是男女关系，讲的是内伦。但是资本的发展远远超过了内伦的关系。这些关系开始的时候也是家庭关系，在家庭经济的时候还可以适用，到了工场手工业时代，就是工人和资本家的关系了，还有工人和工人、资本家和资本家的关系。我们可以把这种关系叫做经济伦理关系。我在书里也是这么写的。当然，我这里讲男女关系说的是最初的状态。男女关系一旦在社会上就不是单纯的自然关系了。而是作为社会关系的自然关系。

张　霄：那我们是不是可以把所有的社会关系都叫做伦理关系？

宋希仁：扩大来讲，也可以这么说。社会关系中包含着伦理关系，但不全是伦理关系，还有经济、政治、法律各方面关系。严格来讲，社会关系包含着伦理关系，而且是从伦理关系发起的。一直到关系成熟的时候，仍然贯彻着伦理关系。这是不能否定的。但是，哪些关系中包含的伦理关系多一些、重一些，哪些关系中包含的伦理关系少一些、轻一些，这个需要具体研究，不能一概而论。但只要是人与人之间的社会关系，都可以被看做是一种伦理关系，这一点是可以肯定的。

张　霄：好的。谢谢宋老师。您今天不仅谈了马克思恩格斯的伦理思想这个"小马伦"问题，还讲了如何用马克思主义立场、观点和方法研究伦理学、特别是当代中国伦理学这个"大马伦"问题。给我印象最深刻的是，您以马克思主义历史唯物论为基础，把西方伦理学集大成者黑格尔的法哲学和中国伦理文化中的人生哲学结合在一起，提出了一种具有综合创新意义的当代中国伦理学形态。我非常期待您在访谈里提到的最近正在撰写的那篇把伦理、道德和礼仪结合在法哲学里理解的论文，希望能早日读到它。

宋希仁：也谢谢你。这项工作才刚刚开始，也希望你们年轻的同志能够加入进来，一道把这项事业发扬光大。

伦理学问题的研究与思考
——访中共中央党校宋惠昌*教授

王 乐**

建设有中国特色的伦理理论体系、推动中国伦理学事业的发展、促进党政干部的道德建设,是改革开放以来新时期中国伦理学研究的重要内容。2018年6月,王乐副教授就相关问题专访了中共中央党校的宋惠昌教授。在访谈中,宋惠昌教授回顾了自己关于马克思主义伦理学的研究历程、强调了马克思主义的立场与方法对于当代中国伦理学建设的重要意义,并对伦理学研究的现状和未来给予了评论和展望。

---

* 宋惠昌,中共中央党校哲学教研部教授。
** 王乐,中共中央党校哲学教研部副教授。

一、马克思主义伦理学

王　乐：宋老师，您好！感谢您接受访谈！据我了解，1983年11月，您为中央党校干部班开设《关于马克思主义伦理学的几个问题》课程，是中央党校干部班的课堂上首次讲授马克思主义伦理学课程。自那以后，这门课程在中央党校一直延续至今。就我自己而言，2014年到中央党校干部班讲授的第一堂课，也是《马克思主义伦理学的基本问题》。我非常感兴趣的是，当时是什么原因促使您开展这方面的教学和研究呢？

宋惠昌：中国的马克思主义伦理学研究，大致是与中国的马克思主义哲学研究同时起步和发展的。"文革"前，基本上我们的哲学研究是向苏联的哲学研究看齐的。以苏联哲学为基础，其影响是两方面的：一方面，为我们的哲学研究打下基础；另一方面，也在一定程度上导致了修正主义、教条主义等错误思潮。"文革"后，我们对之前的研究进行了批判，批判是研究的基础。因此，在一定意义上，可以说，对"文革"时期哲学研究的批判开辟了哲学研究的新时期。后来，随着对哲学学科重视程度的提高，从哲学学科中分化出一部分人，开展伦理学学科的研究，逐步设立学科点。正因为伦理学是从哲学分化出来的二级学科，因此，刚开始从事伦理学研究的人，"半路出家"的人较多。我也算是这其中的一员。当时，正赶上中央党校刚刚复课不久，部门让大家报讲题。我一看，自己关注了一段时间的道德伦理这么重要，却没有人报。我就报了《关于马克思主义伦理学的几个问题》，当时，在党校研究和开设伦理学课程可以说是异军突起。即便如此，这门课程后来一直作为中央党校主体班次的课程，延续了下来。

王　乐：**从 1983 年至今，已有 35 年的时间。在这期间，中国的马克思主义伦理学研究取得了较大的进展，但同时也面临来自学科内部和社会大环境的一些问题和挑战。您能否从新时代的角度出发，结合您自己的伦理学研究历程，谈谈对马克思主义伦理学的理解**？

宋惠昌：在马克思主义以前，传统的伦理学大都是建立在唯心史观基础上的。马克思主义哲学产生以后把关于道德问题的研究放在了唯物史观的基础上。这样，伦理学才成为一门科学，这就是马克思主义伦理学。研究和宣传马克思主义伦理学，对于建设社会主义精神文明是有直接现实意义的，马克思主义伦理学的几个基本问题如下：

首先，是道德的本质和社会作用问题。伦理学的研究对象是道德，因此，要了解伦理学的基本原理，就要把道德的本质和作用等问题搞清楚。这个问题，包括以下几个子问题：其一，道德的概念界定问题。马克思主义伦理学认为伦理学的研究对象是道德，主要是研究共产主义道德的形成、发展规律及其作用的一门科学。马克思主义伦理学对道德的定义是：道德是一种特殊的社会意识形态。它是建立在人们的自觉的基础上，依靠社会舆论和内心信念的力量，来调整人与人之间、人与社会之间关系的行为规范和准则的总称。其二，道德的历史特点和阶级特点。道德是由经济关系所制约的，而社会经济基础的演变，必然制约着道德的发展，社会经济基础的发展，必然反映在道德上，使道德出现不同的历史特点。在阶级社会中，生产关系表现为阶级关系，因而，道德带有明显的阶级性。其三，道德的社会作用的特点。作为一种社会意识形态，历史唯物主义关于社会意识的相对独立性以及社会存在的反作用的基本原理，完全适用于道德。但是，由于道德本身反映现实的特殊性，道德的社会作用又有它自身的特点。与哲学、科学、艺术不同，道德反映社会现实的主要形式是道德原则、道德规范、道德范畴等，道德在调整人与人之间社会关系时主要表现为以下三个特点：一种强烈的自觉性、一种强大的社会舆论的力量、普遍性和广泛性。其四，道德活动的主要形式。道德在社会生活中发挥作用，必须通过一定的方式或形式，把道德原则、道德规范变成一种舆论力量，变成人们的一种内在的东西，自觉地来指导自己的行动。这种运用道德意识、灌输道德意识、接受道德意识并把道德意识转化为个人内在需要的过程，就是道德活动。其主要形式有道德评价、道德教育和道德修养。

王　乐：对道德的社会本质和社会作用展开研究，这可能是马克思主义伦理学最为显著的特征。但是，很多研究者也指出，这方面的研究容易停留在道德研究的外部，而缺乏对道德具体内容的分析和阐述。那么，马克思主义伦理学在这方面做了哪些工作呢？

宋惠昌：是的，这就是我要谈的马克思主义伦理学的第二个研究主题，即，共产主义道德的基本内容。共产主义道德也就是无产阶级道德，它是人类道德发展的最高阶段，因而在内容、性质、作用等方面，具有新的特点。

其一，共产主义道德的阶级基础和历史特点。"共产主义道德"的概念是列宁1920年10月在《青年团的任务》的讲演中，首先使用的。

他指出共产主义道德是从无产阶级阶级斗争的利益引申出来的，是为了把劳动者团结起来反对一切剥削和一切为小私有制服务的道德。可见，无产阶级的阶级地位和阶级利益，就是共产主义道德的阶级基础。恩格斯在《反杜林论》中指出，在当时欧洲社会中存在着三种道德：基督教的封建主义道德、资产阶级的道德和无产阶级的道德，这里边只有无产阶级的道德才是代表着现状的变革、代表着未来的那种道德。无产阶级是人类历史上最后一个阶级，承担着消灭自身在内的一切阶级的历史使命，正如马克思所说，无产阶级只有解放全人类才能最后解放自己。

其二，共产主义道德的基本原则。道德是人们的一定社会关系的反映，那么，人们的社会关系的客观基础是什么？是人们的利益。所以，道德的基本问题，就是关于如何认识和处理人们之间利益上的矛盾的问题。马克思、恩格斯说过，正确理解利益是一切道德的基础。具体说，一切道德实际上都要解决个人利益与社会集体利益之间的关系（即矛盾）。不同阶级对这一关系问题的不同认识和处理原则，便形成了各自道德的基本原则。所以，道德的基本原则，就是一定阶级用来调整个人利益与社会利益之间关系的原则。任何一个剥削阶级的阶级利益与整个社会的利益都是根本矛盾的，所以，剥削阶级的道德原则是不可能正确解决这一关系的。无产阶级不同，无产阶级的阶级利益与社会上绝大多数人的利益是一致的，共产主义道德的基本原则是无产阶级的集体主义原则。这一原则的实质是个人利益与社会集体利益的一致性。其基本要求是以个人利益服从集体利益为前提的个人利益与集体利益的统一。

其三，共产主义道德的主要规范。道德规范是用来衡量人们行为的道德准则，是基本的行为规则。道德规范是人们之间客观存在着的道德关系的一种概括反应,是通过长期实践,由人们的风俗、习惯和社会舆论逐渐固定下来的。在这一点上,道德规范与法律规范是不同的。法律规范一般是由国家立法机构制定或认可的,由国家的强制力量、用严格的法律程序来保证实施的,并用明文的条令固定下来。道德则不具备这样明确、严格的固定形式,没有法定的条文。共产主义道德规范是共产主义道德的基本原则在人与人之间关系上的具体体现,因而,具有广泛的适用性;同时,在实践中,共产主义道德规范,反映了人民向前进的精神需要,因此它应当高于一般人的道德水平,反映的是社会先进阶层的精神面貌。包括以下五个方面的主要规范:全心全意为人民服务;共产主义劳动态度;爱护公共财物;热爱科学、坚持真理;爱国主义和国际主义。

其四,共产主义道德的主要范畴。道德范畴是人类道德实践经验的历史成果,是反映道德现象的一些基本概念,是人们的道德关系的概括和总结。从属于道德原则和道德规范,是一定道德原则和道德规范的体现,通过自我的道德评价而实现一定的道德原则和规范的要求。因此,正确掌握道德范畴,对于进行道德评价、道德教育和道德修养,有重要的指导意义。马克思主义伦理学用唯物史观看待道德范畴,使这些范畴具有科学意义。

王　乐:那么,在您看来,马克思主义伦理学比较有代表性的道德范畴又有哪些呢?

宋惠昌:我想,马克思主义伦理学中代表性的道德范畴有以下四个:(1)义务。道德范畴意义上的义务,与法律规定的义务不同,与权利没有必然的关系。指的是个人对社会的一种自觉的道德责任感,是人的内心的道德需要,与通常说的天职有类似的意思。(2)良心。

道德上的良心，是以个人信念为基础的一种自我道德意识，也可以说是个人对自己的道德评价能力。（3）荣誉。道德上的荣誉范畴，与义务、良心等有密切联系，一方面是社会对某种道德行为的价值判断，另一方面也是一个人对自己言行的社会价值的判断。（4）幸福。共产主义道德上的幸福范畴，是人们在改造客观世界的实践中，由于理想和目的的实现而感受到的精神上满足，是创造与享受的统一。无产阶级认为整体幸福高于个人幸福，马克思说，为大多数人造福的人才是最幸福的人，可见，幸福与荣誉是一致的。（5）共产主义道德在社会生活中的基本要求。共产主义道德原则、规范、范畴，在社会生活的不同领域、不同方面，都有具体的表现形式，这就形成了一系列不同的道德要求。比如在个人和婚姻家庭生活方面、职业生活方面、社会公共生活中的一般交往方面，等等。

王　乐：然而，马克思也经常说，道德范畴具有特定的意识形态特征，甚至具有扭曲性和蒙蔽性。如果在马克思主义伦理学中，我们依然需要提炼相关的道德范畴，那么如何理解它们的社会功能呢？

宋惠昌：这就涉及"共产主义道德的历史作用"这个主题了。共产主义道德是推动社会发展的强大精神力量，但是，它在不同的历史阶段中的作用是不同的。以社会主义初级阶段为例，有人曾在一个时期内指出，在社会主义初级阶段提倡共产主义道德，这是"超越了历史阶段"，是"左"的表现。这种看法显然是不对的。这里的关键是如何认识共产主义道德在社会主义社会中的客观基础和特殊的历史作用。其一，在社会主义社会要大力提倡共产主义道德是由社会主义经济基础的性质决定的。社会主义以公有制为基础，从本质上讲，属于共产主义社会的一个发展阶段。这种经济基础的性质，决定了只能是以共产主义为核心的意识形态。其二，提倡和普及共产主义道德，是社会主义精神文明建设的重要内容之一。社会主义精神文明建设中的思想建设，主要内容概括起来，最重要的就是革命的理想、道德和纪律，使我们的社会成员成为有理想、有道德、有文化、守纪律的劳动者。其中，道德教育显然占有重要地位。正如苏联早期教育家 A.C. 马卡连柯所说，我们对人提出的道德要求，应当高于人们行为的中等水平。道德要求大家都向最完善的行为看齐。其三，在现阶段提倡和普及共产主义道德，是为向未来的社会过渡创造必要的精神条件。我们奋斗的最终目标，是实现共产主义的社会制度。未来的共产主义社会，是具有高度物质文明和高度精神文明的最理想的社会。列宁说："在那个社会中，既不是现在的生产率，也不是现在的庸人。"[1] 人的改造，不是经济发展的自然结果，必须通过自觉的教育过程。

最后，我想强调的是，批判和肃清剥削阶级的道德影响也是马克思主义伦理学的重要课题。同马克思主义的意识形态一样，共产主义道德的形成、发展过程，是和形形色色旧道德进行斗争并逐渐取代它们的过程。旧道德不会因为它所反映的旧经济基础被推翻而马上消失，反而将残留相当长的历史时期，所以，社会主义社会中继续存在剥削阶级道德的影响是不可避免的。因此要从实际出发，具体研究各种剥削阶级道德在现实生活中的流毒和影响，有针对性地清除。主要包括封建道德的影响和资产阶级道德的影响。不仅如此，我们在研究和宣传马克思主义道德的过程中，应当坚持理论联系实际的原则，始终坚持革命批判精神。

---

[1]《列宁全集》第 25 卷，北京：人民出版社 1988 年版，第 456 页。

二、政治伦理学

王　乐：习近平总书记指出，我们党的作风建设永远在路上。我注意到，宋老师一直关注领导干部的道德建设问题。2011年，您在《学习时报》发文时提到，鉴于干部道德的特殊性，干部道德品质超出了个人道德甚至是职业道德的范畴，其状况不仅直接影响执政的好坏，而且关系到整个社会的道德状况。2014年，您出版的《权力的哲学》一书，专门研究领导者的职业道德问题。那么，能否结合您的这本专著，谈谈您对领导干部道德建设方面的研究体会？

宋惠昌："官德"的问题，在传统社会，指的就是"为官之道"，在现代社会，指的是领导者的职业道德问题。在社会生活中，党政干部职业道德存在的问题是多方面的，但最集中的就是腐败问题。官员腐败的现象也是多方面的，但是，归根结底，腐败现象的实质是"以权谋私"。那么，"以权谋私"从何而来呢？首当其冲就是党政干部的道德素质。从思想根源上讲，是某些党政干部"权力私有"观念在作祟。这些人往往会把"职权"当作私有物，用其谋取私利。也就是说，"权力私有"是"以权谋私"的缘由。大量事实证明，"权力私有"观念催生了诸如"寻租"之类的"以权谋私"现象，而"以权谋私"之所以产生，是权力高度集中的必然结果。因此，要解决"以权谋私",必须克服权力高度集中的弊端,"把权力关进制度的笼子里",自觉接受人民群众的监督,使社会主义社会的权力成为名副其实的公共权力。

王　乐：所以，基于领导与权力这两个概念之间的关系，您认为，对领导干部的道德问题的研究就有必要首先对"权力"概念进行更深入的探讨。

宋惠昌：是的。随着改革开放的纵深发展，人们更加深刻地认识到党政干部的道德建设是一个关系全局的重大战略任务。所以，十八大以来，党中央和国务院很重视党政干部的道德建设工作，从制度上、思想上和教育上均出台了很多具体的措施，也取得了一定的成效。但是，同时也要看到，通过几次考核或培训是不可能从根本上解决问题的。我们必须要以更广阔的视野、更深邃的眼光来看待问题，抓住问题的实质，揭露矛盾的深层，才能找出解决现代社会官德建设的根本出路。不难看出，当前官德建设的实质性的问题或者说深层次的矛盾，就是以权谋私。这里涉及一个核心概念"权力"。我的《权力的哲学》一书，围绕"权力"概念对官德建设进行深入的研究。主要问题包括：

首先，公共权力与人民群众的关系。其一，正确认识马克思主义的群众观点。1990年3月12日，中国共产党十三届六中全会通过的《中共中央关于加强党同人民群众联系的决定》明确指出："群众观点是马克思主义的基本观点。共产党员如何对待群众，是一个根本的立场问题，世界观问题，党性问题。要通过教育，使广大党员特别是领导干部懂得，历史活动是群众的事业，生气勃勃的创造性的社会主义是由人民群众自己创立的。要牢固树立人民群众是历史创造者的观点，向人民群众学习的观点,全心全意为人民服务的观点,干部的权力是人民赋予的观点,对党负责与对人民负责相一致的观点,党要依靠群众又要教育和引导群众前进的观点"。[1]

其二,要正确认识马克思主义群众路线。邓小平指出:"什么是党的工作中的群众路线呢?简单地说来,它包含两方面的意义:在一方面,它认为人民群众必须自己解放自己;党的全部任务就是全心全意地为人民服务;党对于人民群众的领导作用,就是正确地给人民群众指出斗争的方向,帮助人民群众自己动手,争取和创造自己的幸福生活。因此,党必须密切联系群众和依靠群众,而不能脱离群众,不能站在群众之上;每一个党员都必须养成为人民服务、向群众负责、遇事同群众商量和同群众共甘苦的工作作风。在另一方面,它认为党的领导工作能否保持正确,决定于它能否采取'从群众中来,到群众中去'的方法。"[2]

其三,要抓住群众观点和群众路线的灵魂:一切权力属于人民,每个当权者必须对人民负责。这是民主法治时代每个当权者应有的权力观。权力观是检验每个领导干部社会主义民主政治水平的试金石,能够清楚地考验出党政干部在思想观念上究竟是民主主义的还是专制主义的,是判断领导干部职业道德水平的根本标准。因此,必须使我们的领导干部真正懂得:权力机关及其领导人的权力,是人民赋予的。这是我国宪法的一个总原则:中华人民共和国的一切权力属于人民,而权力机关及其领导人都由选举产生,必须对人民负责;同理,中国共产党的权力机关及其领导人,也是党员大会或党的代表大会选举产

---

[1] 中共中央文献研究室编:《十三大以来重要文献选编》(中),北京:人民出版社1991年版,第937—938页。
[2] 《邓小平文选》第1卷,北京:人民出版社1994年版。第217页。

生，必须对选举者负责。也就是说，没有人民群众的认可、没有党员群众的认可，就没有领导者的权力。所以，"权为民所赋"，这是群众观点和群众路线的核心问题。群众观点和群众路线的实质，就是领导与群众的关系问题。对于我们的现行政治体制来说，党政领导机关与人民群众之间的关系在根本上是一致的；但是，在现实的实际政治生活中，这二者之间经常会生出各种各样的矛盾，所以，要学会正确处理领导与群众之间的矛盾。怎么处理？必须遵循对领导机关负责与对人民负责相一致的原则。

王 乐：习近平总书记强调，各级领导干部都要牢记，任何人都没有法律之外的绝对权力，任何人行使权力都必须为人民服务、对人民负责并自觉接受人民监督。所以，权力的哲学不仅要明确领导干部的权力来自于人民，而且要明确，领导者在行使权力的过程中也必须接受制约和监督。

宋惠昌：是的。这涉及权力制约与权力监督的关系问题。对于这个问题，需要特别注意的是：其一，社会权力结构是权力制约和权力监督得以实现的重要前提。纵观历史，人类社会一直是在各种权力的相互制约中向前发展的，同时，伴随着一定的权力监督。权力制约和权力监督的理论与实践，作为人类文明的伟大成果，充分显示了政治家们的政治智慧。一定社会的权力结构，不仅是一定社会的制度、体制的基础，而且反映其社会政治文明的发展状况。从人类政治文明的发展来看，权力结构的基本趋势是由专制主义政治走向民主政治的。随着从专制、人治向民主、法治的转变，人们对权力的本质的认识也在不断地加深，人们越来越明确地认识到，人民出让的权力，不能任意妄为。没有制约、不受监督的权力，通常都会走向人民愿望的反面。在当代社会的政治生活中，权力制约是民主政治的内在要求，而权力制约和权力监督的基础，则是一定历史时期社会的权力结构。

其二，健全权力制约机制。从根本上说，社会权力是国家权力的母体，后者是在前者基础上产生的。这里所说的社会权力，主要是指经济权力、政治权力、社会舆论权力。按其性质和职能而言，它们都是社会性质的权力，而不是国家的权力。国家是从社会分化出来的，是一种阶级统治的工具，是一种公共管理机构。国家机构便是国家权力的实体。在我国，国家机构主要指立法、审判、检察、行政机构，即通常我们说的国家机器。国家就是国家机器的总称。国家权力是由国家机器行使的，就其权力的性质而言，分属三个机构的立法权、审判权、检察权，它们之间具有共同的性质，有着密切的联系，其权力运行都具有法律性质，都是法律行为。所以，国家权力应当划分为法律权力和行政权力，它们的权力实体分别是国家的法律机构和行政机构。在我国的社会主义体制中，对于领导机关及其领导干部来说，行使权力是他们的重大政治行为，其最高宗旨就是维护和发展人民的自由和权利。因而，必须能够有效地防止行使权力过程中出现重大失误，从而保证做出重大决策的正确性，怎样才能达到这样的目标呢？其中，一个重要环节，就是要有健全的权力制约机制。在现代社会中，当人民把权力赋予权力机关及其当权者后，他们就开始面临着一种两难处境：一方面需要当权者为维护和发展公共利益而充分行使权力，另一方面又要防止当权者在行使权力的过程中以权谋私。如何妥善地解决权力运行中的这个矛盾，是人类社会长期以来不断进行探索，以求能够破解的一个难题。

其三，建立健全的监督机制。从文明时代开始至今，建立健全的监督机制无论是在封建时代、资本主义时代，还是社会主义时代，都是个共同的话题。人们把解决这个问题的经验逐渐地制度化，形成了一系列既能够使公共权力的运行充分为社会公众谋利益，同时，又能够有效地防止当权者在权力运行过程中以权谋私的那样一些制度。这类制度当中的重要方面，就是对权力运行进行有效的监督。所谓监督，一般就是监察、督促，运用诸如规范、问责、审计、预算决算审议、弹劾、财产申报等手段。监督是现代民主政治的一个重要组成部分。监督的实质内容，就是对权力运行的有效控制，迫使各种权力实体按各自的规范行使权力；在社会主义民主政治体制下，对公共权力监督的根本目的，是使权力的运行能够充分地为人民谋利益而不是损害人民的利益。因此，真正的监督机制，对公共权力的运行来说，并不是消极的，而是积极的，它不仅是对社会公共利益的维护，而且也是对当权者的一种保护。

王　乐：无论是中国还是西方，"权力"在思想史上都是极富张力的概念。其中的一个基本问题就是，理解权力的价值属性。因为，把权力仅仅作为政治活动中一种工具性的力量来理解，而不追问或不强调其规范性，这在关于权力问题的研究中也并不鲜见。

宋惠昌：权力绝不是一个"价值中立"的现象。我们应该考察的是价值视野中的权力观。当代人类文明发展的内涵极为丰富、范围极为广泛，其中一个重要内容，就是价值观的变革。价值观变革的直接影响，就是政治文明的不断进步。从一定的意义上说，权力是一种价值，同时，它又是实现某种价值目标的特殊手段。所以，价值观变革的一个突出反映，就是以民主、法治、文明为本质内容的权力观具有更深刻、更广阔的价值视野。价值视野中的权力观的根本性的变革，必然在更高的层次上形成新的权力运行机制，从而，推动领导干部政治文明水平的提高。价值观的变革是社会变革的一种反映，中国当代价值观的变革，集中表现为一种文化变革、意识形态变革，归根到底是人本身的变革。人的主体意识的增强，人的更加自由的解放，就是中国当代价值观变革的实质和基本趋势。当然，价值观这些历史性变革，都会不同程度地反映在权力观的变化上，而这对于社会主义市场经济、社会主义民主政治和法治建设，对领导干部职业道德建设，产生了深远影响。比如说——

其一，由一元封闭向多元开放的观念变革。"一元"的价值观是"一统"的、"单一"的、"纯粹"的、"绝对"的等类观念。"多元"或者"多元化"反映的是独立权利主体之间的平等竞争关系，它是对人的个体价值的充分肯定，在本质上是人的个性解放的强烈要求。它的实质是人们适应时代的发展，打开地区和国界的狭隘眼界，把自己的发展纳入到现代社会共同的发展道路中去，使自己的发展成为整个社会和时代发展的有机组成部分。

其二，由国家本位向公民本位的观念变革。质而言之，国家本位意识指的是在处理国家（广义的国家自然包括政府）与公民之间的关系问题时，把国家（以及政府、集体等）的利益摆在至高无上的地位，而对公民个体的利益则采取漠然视之的态度，甚至借口维护国家利益、集体利益而任意侵犯公民的利益。国家本位的价值观直接表现为一种片面的权力本位意识，实质上也是一种官本位意识。我国社会主义政治体制改革的一个目的，就是要在现代民主和法治的基础上，真正解决被颠倒了的国家与社会之间的关系问题，防止国家和国家机关由社会公仆变为社会主人的现象发生。这里的关键，是以公民本位的价值观取代国家本位的价值观。

其三，由拜物教意识到以人为本的观念变革。拜物教意识，即"对异化物之崇拜"的意识，如偶像崇拜、英雄崇拜、权力崇拜、领袖崇拜等。正确认识拜物教意识，关系到对社会主义社会究竟有没有异化现象的认识。"以人为本"是与"以物为本"是相对立而言的。当然，这里所说的"物"，是广义意义上的。本质上讲，与"人"相对立的"物"，就是作为拜物教意识基础的各种"异化物"。所以，"以人为本"的理念，就是与各种各样的对异化物之崇拜——拜物教意识相对立的理念。"以人为本"就是要把人从拜物教意识中解放出来，强调人本身价值的至高无上性。这就是说，无论是在经济、政治、文化上，都要毫不含糊地把人作为中心、作为根本、作为目的。由此而引起的权力观的变革，那就是人成为权力行为的主体，人具有了至高无上的价值。

三、应用伦理学

王　乐：除了马克思主义伦理学和政治伦理学，您在应用伦理学方面也有自己的思考成果。就国际而言，应用伦理学产生于20世纪上半期，发展到20世纪80年代，应用伦理学已经成为国际伦理学研究的一个重要领域。就国内而言，我们的应用伦理学研究始于20世纪80年代。

宋惠昌：是的。应用伦理学是伦理学的一个分支，是根据现实道德生活的需要，借助于各种学科的知识、方法把伦理学的基本原理、原则和规范应用于现实或未来的重大社会问题而形成的伦理学科。由于伦理学自产生之日起，就是一门实践性很强的学科，本身包含了应用的要求。

古希腊亚里士多德的《尼各马可伦理学》和中国古代的《论语》等书已经包含着应用伦理的思想。当然，古代伦理学家关于应用伦理学的思考是零散的、不系统的，研究主要集中于家庭伦理、职业伦理，个体道德等几个领域。从19世纪末到20世纪初，自然科学的发展引起了社会生活的巨大变化，促进了现代应用伦理学的产生和发展。就国外研究状况而言，20世纪上半期，法国哲学家阿尔伯特·施韦泽在《文化哲学》中提出了涉及一切生物的"尊重生命"的道德原则；美国环境伦理学家奥尔多·利奥波尔德在《沙乡年鉴》中提出了大地伦理学原理，标志着应用伦理学的产生。70年代以后，应用伦理学的研究蓬勃发展，到70年代末，美国大学开设了300多种商业伦理学课程；80年代末，美国关于应用伦理学的问题，已有几千门课程。应用伦理学家不仅研究理论，而且日益走向生活，对一些重大社会问题（如人工授精、试管婴儿、安乐死）给予道德价值判断和道德方法的指导。如今在英美政府决策中，也越来越注意参考道德哲学家应用伦理学研究的成果。原东欧，苏联等国家的应用伦理学研究从20世纪50年代后期发展起来。例如苏联契尔科洛夫斯基在《宇宙的智慧和宇宙人的智慧》中提出了"宇宙伦理学"。中国应用伦理学研究真正起步于80年代。自1983年提出了"应用伦理学"后，出现了有关生命伦理学、科技伦理学、医学伦理学、核伦理学、政治伦理学、教育伦理学、性伦理学、经济伦理学、管理伦理学、环境伦理学，商业伦理学的研究专著。自1986年起，中国伦理学会与日本社团法人伦理研究所联合举办每年一期的中日实践伦理学研讨会，推动了中国对经济伦理、生命伦理和环境伦理的研讨。各分支学科的研究成果为概括、综合应用伦理学的基本理论奠定了基础，同时，也提出了建构应用伦理学体系的要求。翻译介绍的专著涉及经济伦理学、医学伦理学、生命伦理学、科技伦理学、性伦理学、政治伦理学等领域，对我国应用伦理学的发展提供了启示，但是，由于国情不同，基本立场、出发点和方法不同，远远不能满足我国应用伦理学发展的需要。因此，要建立并完善适合中国社会发展实际情况的应角伦理学体系。

王　乐：您是国内学界较早介入应用伦理学研究领域的学者。也是在20世纪80年代这个时期，您申报并获立了国家哲学社会科学基金项目《应用伦理学基础》，后来出版了专著《应用伦理学》，系统全面地论述了应用伦理学。这本书为建立和完善一种适合中国社会发展的应用伦理学体系做出了贡献。那么，在新时代的社会历史条件下，能谈谈您对应用伦理学的认识吗？

宋惠昌：我于2001年出版的专著《应用伦理学》试图以马克思主义世界观和方法论为指导，概括并系统阐述应用伦理学的基本原理，为应用伦理学诸多分支学科的发展提供基础理论指导；概括、总结应用伦理学各分支学科研究的成果，建构起应用伦理学的框架体系；探索应用伦理学与理论伦理学互相促进的辩证关系。应用伦理学是研究伦理道德在人类各个实践领域里应用的科学。但它不是一般的伦理学原理的简单延伸和应用，而是借助于各学科的知识、方法和手段，对存在于人类广泛的实践活动领域里的伦理道德问题进行理论思考。因此，它是具有新的对象、新的视角、新的方法，从最新的科学研究的实践出发所形成的一系列科学理论，如科技伦理、生命伦理等。它一经出现就受到学者们的极大关注，目前已经成为世界上人文社会科学中的"热门"之一，成了人们心目中无可置疑的"显学"。可以预言，关系着人和自然的生存和发展、影响着人类社会和自然界前途及命运的应用伦理学，在未来的21世纪，将是最受人瞩目的学科之一。

王 乐：科技伦理是应用伦理学中一个重要方向。现代科技的发展，特别是高新科技的发展，冲击着社会生活的各个领域，促使人们在社会关系和思想观念上发生深刻变化，也引发了人们的道德困惑。比如，科技工作者在现实的科学研究工作中就常常会遇到一些复杂的伦理道德问题，甚至陷入道德困境。因此，科学地解决科技发展中的

道德难题，使人们树立正确的科技伦理观念，是使得科学技术特别是高新科学技术健康发展的重要思想文化条件。

宋惠昌：是的。现代科学技术的发展，不断冲击着社会生活的政治、经济、文化等各个领域，向我们提出了许多新课题，其中包括一系列新的伦理道德问题。首先，现代科技发展对人们震动最大的是对传统伦理道德的冲击。随着科学技术的发展，对传统的固定的人际关系产生了深刻影响，明显地动摇和破坏了在人际关系上的一些传统道德观念，比如在父子关系上、上下级关系上等，天然尊长的地位在受到挑战。其中，对于人身依附关系的冲击是最大的。其次，现代科学摧毁了宗教的统治，给人类思想带来了大解放。但是，随着文明的发展，科学技术似乎又给人们展现了一些令人担心的前景。特别是在西方的一些发达资本主义国家中，科技成果一旦运用于社会生活，就会产生或可能产生某些消极现象，带来不良的道德后果，使人们在享受高度物质文明的同时满怀忧虑。概言之，对科学（从广义上说也包括技术）与道德的关系问题的认识，目前有几种代表性的观点——

第一，把科学发展与道德进步看作是不相容的，对科学发展的道德意义持否定态度。这种观点是以卢梭为代表，认为科学发展对道德有败坏作用，科学越发展，人类在道德上将越堕落。这类观点实际上是把科学发展及其成果的运用在资本主义条件下出现的畸形现象绝对化的结果。

第二，认为科学对道德应保持中立，因为科学发展与道德是毫不相干的。这种观点是以实证主义哲学家维特根斯坦、卡尔纳普等为代表的，认为科学是关于真伪的判断，它研究的是客观事实；道德是关于善恶的判断，没有真理与谬误的区别，是属于人的感情领域的，不存在科学价道问题。实际上，科学不可能在脱离一切社会关系的"社会真空"中发展，它的活动必然要受到一定的社会—伦理关系的制约。

第三，科学决定论。持这种观点的法国化学家贝特洛，认为科学是道德发展的唯一基础，只有科学才能保证人们具有最崇高的品德。持这类观点的人还认为，只有科学家才是人类道德的最高典范。这种观点把复杂的社会生活简单化、把科学的作用绝对化了。

第四，道德决定论。持这种观点的比利时社会学家德·曼，认为科学不可能对道德产生任何重大影响，相反，科学本身是处在道德的决定性影响之下的。这种观点把道德的作用绝对化了。

王　乐：1987年，您出版《现代科技与道德》时，正值我国科技伦理学研究的起步阶段，所以您的这本著作一出版便立刻引起热烈关注。从1987年出版至今，已经30多年了。这30多年是新中国社会建设，也是科学技术迅猛发展的30年，国内的伦理学研究与社会道德环境都发生了一定的变化。那么，您认为应当如何厘清道德与科技的关系呢？能否谈谈您对新时期科技伦理的理解？

宋惠昌：最基本的，是要运用马克思主义的基本观点，澄清在这些问题上的模糊认识，理清道德与科技的关系。

首先，科学与道德在社会生活中是既有区别又有联系的。作为理论形态的科学，是对客观世界及其规律的正确反映，一切科学的认识都是真理；道德作为人们行为的规范、准则，是对人与人之间伦理关系的反映。它们分别属于不同的认识领域，因此，社会作用也是不同的。科学所阐明的规律可以指导人们改造世界的实践活动，而道德则是用来调节人们之间的社会关系的。但是，不能由此得出结论说二者是毫不相干的。实际上，科学与道德之间存在着密切的联系。先进的道德与科学是一致的，它们都是对客观实际的正确反映。总之，作为社会意识的两种不同形式，科学与道德是互相渗透、互相影响的。

其次，在科学与道德的关系问题上，还有另一个重要方面，即作为社会生产力的科学技术的发展与道德进步的关系问题。从根本上说，科学技术的发展是人类道德进步的重要推动力；反过来，进步的道德意识是科学技术发展的重要精神条件，也可以称之为道德上的保证或科研工作的精神支柱。

第三，从总的历史发展趋势来看，科学技术的发展与道德的进步是互相促进的。但在不同的历史条件下，这种关系的表现又比较曲折复杂。比如说，在腐朽、没落的生产关系之下，或者在反动的政治制度下，科学技术成果的社会运用，可能会出现某些难以理解的消极道德现象。因此，就要运用唯物史观的科学方法，透过现象，认识本质，才能正确认识科学技术发展与道德进步之间的真实关系。

前段时间，人工智能"阿尔法狗"（Alpha Go）一举战胜围棋世界冠军这件事引发人们的讨论和思考，使得许多人长期以来形成的常识陷入了一种难解的思想矛盾之中。这些思想矛盾，主要反映在现代高科技的发展与人类智能的关系问题上。比如说，智能机器人的"本领"究竟能不能超过人类？人工智能的日益发展能不能造成对人类的真正威胁？再尖锐一点说，就是智能机器人能不能最终成为人类的主宰？这些问题的实质是正确认识科学技术的特殊作用，真正坚持科学。这里所谓科学，指的是人类的一种特殊意识形式，即科学意识、科学的认识论、科学的方法论，质而言之，我们可以称之为科学精神。事实证明，我们必须真正以科学的认识方法论，即以科学精神来对待科学技术发展过程中出现的各种各样的全新现象，才能真正解决在人工智能问题上所遇到的各种思想困惑。科学认识方法的基本要求，就是我们必须按照客观事物的本来面目，揭示客观事物的本质和发展规律，从而得到一种理性的认识成果。运用到案例中，就是要正确认识机器人与人的本质区别。人是什么？人是最高的价值主体，人是目的，而不是工具。无论怎么样"高明"的机器人，都不会成为价值主体，都没有自身的目的，因为它们毕竟是人造的机器，它们是人的一种工具。

四、伦理学的方法

王　乐：今年是我国改革开放40周年。这40年来，我国的伦理学研究不断发展，也有越来越多的青年学者加入这个队伍，特别是马克思主义伦理学的研究队伍。您作为伦理学研究的前辈，对青年伦理学人有怎样的期许？

宋惠昌：期许谈不上，我就简要地谈谈青年学人在从事这项研究时应该注意的方法吧。我认为，第一，一定要老老实实地从基础理论做起，打牢基础。现实生活中，我们的一些理论研究者，尤其是青年理论工作者，变得越来越急功近利，干工作越来越急于求成，思想的浮躁会给整个社会带来浮躁。结果，日日浮沉于这个浮躁的世界，他们的眼界日益狭隘，思想也就越来越浅薄，久而久之，就会成为一些实际上没有思想的人。因此，一定要耐下性子来，通过冷静沉思，钻到书本里，研究几个基本的哲学问题，打牢理论基础。基础不牢，地动山摇。当然，这离不开冷静的思考。因为冷静的沉思，必须经过反复地观察、不断地思考、深入地体悟，才能达到宁静致远的思想目标。这就是说，要保持思考不受时间的限制，特别是不能限定思考成果的完成时间，这样，才能保证思考的连续性。

第二，要关心现实，重视生活实际。研究伦理学一定要细心研究人际关系。不了解社会、社会生活，伦理学研究就没有希望。作为研究对象而言，哲学是探讨宇宙中最普遍的关系问题的，这其中，最重要、最根本、最有决定性意义的关系，就是人与人的关系、人与社会的关系、人与自然的关系，这就是说，以人为中心的现实关系，理所当然地要成为伦理学研究的主题。其实，无论是整个古代、近代，还是西方古代近代的伦理学文献中，对人际关系的研究，一直都居于中心地位。但是，在当代社会曾经有那么一个时期，随着哲学对人的研究的忽视，伦理学对人际关系的研究也被边缘化。显然，这对于人类文明的发展趋势，是一种背离。哲学研究抛弃了人这个最高的价值主体，这样的哲学研究还有什么意义呢？所以，随着人类认识的深化，哲学家们越来越深刻地认识到，人应该成为当代哲学研究的中心，人际关系应当成为伦理学研究的中心。

王　乐：是的。而且，这一点对于马克思主义的伦理学研究尤为重要。因为，关心现实，重视生活实际，关心真实的人，恰恰是马克思主义伦理思想最重要的理论品质。

宋惠昌：关心现实，不仅体现在你研究的主题上，而且体现在你研究的方法上。这就是我要谈到的第三点，要重视调查研究。伦理学要注重调查研究。调查研究的直接目的，是要通过切实的调查，获得对事物真相的认识。把握了事物的真相，我们才能获得对事实的真理性认识。但是，由于现实社会生活复杂多变的特点，使我们在调查研究的过程中，常常是真假难辨，有的时候被假象所蒙蔽，甚至以假为真。所以，调查研究的真功夫在于，千方百计地排除假象，寻求事物的真相。在这里，有一个问题是需要特别注意的，这就是不少的假象是某些人有意制造的。也就是说，这些人出于某种利益的需要，而以人为的假象来掩盖真相。所以，在这样的情况下，我们在调查研究中，要获得对事实的真理性认识，不但要有正确的方法，即要运用辩证唯物主义的方法，而不是运用形而上学和唯心主义的方法，排除假象的干扰，正确认识事物的真相；而且还必须具有寻求真理的勇气和良知，不惜代价，去揭示事物的真相。

王　乐：非常赞同您的说法。**伦理学研究，尤其是马克思主义伦理学研究，应该在广泛阅读和深入思辨的基础上，重视经验和实证的调查研究。我想，这种重视经验的态度方法不仅适用于对事物的考察，更适用于与人之间的交流。**

宋惠昌：是的。所以，我想强调的第四点是，青年伦理学者要开展正常的学术讨论和交流，要真刀真枪地讨论和交流学术问题。一般来说，任何人的思想在刚刚形成的时候，都不可能就是完美的，不可能没有任何的其他声音，不可能没有任何阻挠、反对而一帆风顺。恰恰相反，我们思想的成熟就是在一次又一次针尖对麦芒的交流与争锋中才实现的。因此，能不能冷静接纳异见，能不能耐心地听取针锋相对的反对意见，能不能真实地讨论学术问题，这是对一个理论研究者的研究素质的考验。此外，第五，在理论研究上不要怕犯错误。尤其是社会科学的理论研究者，鉴于社会科学本身不像自然科学那样，有明确的答案。所以，理论研究者一定要认识到理论研究者首先是一个不怕犯错误者。搞科研的过程实质上是一个不停地自我学习的过程，离开了学习，停止了学习，就没有了当科研人员的资格了。我这里说的学习，主要包括两个方面，一个是向书本学习，一个是向人学习，而向人学习是指向社会上的一切人学习。实践证明，向社会上的一切人学习，是比向书本学习更重要的一种学习。在我看来，每一个人都有着自己特殊的人生经验教训，他们身上蕴藏着丰富的知识，每个人都是一本书。所以，我们如果能够以平等的态度，向自己周围的一切人学习，是取得进步的一个根本途径。

王　乐：向周围的人学习和交流，也包括与国际同行的交流。

宋惠昌：是的。所以第六点，我想说的是，伦理学研究要有开放的国际视野。这是因为，首先，就伦理学学科本身而言，伦理学研究关于人的价值、人类精神和人类社会所面临的普遍性问题，实行国际化，是学科发展的必然要求。其次，是全球化的既有内容。当今世界是一个地球村，很多道德伦理问题，诸如食品安全、资源环境等，都不仅仅是一个国家面临的问题，而是国际性的。未来的学术研究趋势一定是全球化和国际化视野下的时代化和民族化。因此，理论研究者一定要有世界眼光。

马克思主义伦理学的几个基本问题
——访湖南师范大学唐凯麟*教授

周强强**

在马克思主义伦理思想史上，有学者倾向于根据马克思恩格斯文本中出现的反对道德的表述而得出马克思恩格斯缺乏道德伦理观念、拒斥道德伦理思想的结论。如果这种观点成立，那么，马克思主义伦理学就根本不可能存在。2018年6月，围绕马克思主义伦理学的几个极具争议性的基础问题，周强强博士对湖南师范大学唐凯麟教授进行了专门访谈。唐老师认为，马克思恩格斯没有道德伦理思想的看法完全是一种误读。通过对体系概念的反思和重新定义，我们不仅可以论证马克思主义存在一种伦理学理论，而且马克思主义伦理学可以构成一种体系性的伦理理论，其理论核心就是人的解放。

---

* 唐凯麟，湖南师范大学道德文化研究中心教授。
** 周强强，湘潭大学马克思主义学院讲师。

一、马克思恩格斯的道德伦理观念

周强强：唐老师，您好！感谢您从百忙之中抽空来接受我的采访。其实，与其说是采访，不如说是就马克思主义伦理学中的几个极具争议的基本问题来向您学习和请教。时间宝贵，我就直奔主题了。自 20 世纪 70 年代以来，英美分析的马克思主义学派就马克思是否具有道德思想展开了激烈的争论。其中，马克思主义的非道德论者依据经典文本中某些批判和否定道德的词句，得出了马克思恩格斯没有道德伦理思想的结论；而马克思主义的道德论者则致力于构建马克思主义的道德伦理体系。双方的争论之所以持续不断，是因为马克思恩格斯的经典文本中存在着一种对待道德的悖论性态度，即，马克思一方面将道德视为需要拒斥的意识形态，而另一方面却又对资本主义社会剥削人、压迫人表现出极大的道德义愤。马克思恩格斯是否具有道德伦理思想，这可以说是马克思主义伦理学能否成立的前提性条件。所以，首先想请唐老师谈一谈，您对马克思恩格斯关于道德伦理观的理解和看法。

唐凯麟：关于马克思恩格斯没有道德伦理思想的看法是一种误读。造成这种误读有如下几个原因：第一个原因是，在马克思恩格斯那个时代，社会上确实有一种思路叫做伦理社会主义，他们把社会主义看成一个单纯的道德问题。马克思恩格斯对这种观点是持批判态度的；第二个原因是，德国古典哲学以及作为其后继者的青年黑格尔学派都是在道德问题上各显神通，他们将社会的改造和改革简单地归结为一个道德的问题。毫无疑问，马克思恩格斯对这种看法也是持批判态度的。特别是空想社会主义也是持这种观点的，他们主张通过教育诉诸人们的理性，认为社会主义只要改变人们的观念、唤起人们的道德情操就可以实现。我们可以看到，马克思恩格斯在著作中有时确实对道德持有批判的态度，但这种批判是出于上述语境和背景的。我们要在这样的语境和背景中去理解马克思恩格斯的批判，决不能因此而得出马克思恩格斯否定道德、没有自己的道德伦理思想的结论。

在马克思看来，不能将社会改造和社会道德状况改变之间的因果关系相互颠倒了。也就是说，不是通过解决道德的问题就能解决社会的问题，而是只有解决社会的问题才能解决道德的问题。这个观点也就是马克思后来所说的"存在决定意识"观点。那么这里就提出了一个问题，马克思恩格斯到底有没有涉及道德呢？他们有没有对伦理学给予关注？他们有没有自己的伦理思想？

过去学界也一直存在着马克思恩格斯没有道德伦理思想的说法，认为马克思恩格斯甚至是否定道德伦理的，他们仅仅强调革命、强调阶级斗争。其实，马克思主义的一个基本观点是，社会的改造不是一个简单的道德改造的问题，不能倒果为因。道德状况是由社会存在决定的，你要改变社会的道德状况，就要改变整体性的社会存在。所以，马克思创立了历史唯物主义，他将历史的起点定义为现实的人、活生生的人。费尔巴哈虽然超越了康德和黑格尔晦涩而抽象的概念返回到了现实的人，但他又把现实的人抽象化为感性的存在。马克思则超越了费尔巴哈，将现实的人、活生生的人确立为历史唯物主义的起点。

现实的人、活生生的人的存在，就要穿衣吃饭；要穿衣吃饭，就要进行劳动生产；进行劳动生产，就会结成一定的生产关系。而且，人只有通过一定的生产关系，才能够改造客观世界并且改造和完善自身。正是因为有这种生产关系制约着人，才产生了对人的道德要求。如恩格斯在《反杜林论》里面讲到的："人们自觉地或不自觉地，归根到底总是从他们阶级地位所依据的实际关系中——从他们进行生产和交换的经济关系中，吸取自己的道德观念。"[1] 马克思恩格斯在伦理的问题上是运用唯物史观从社会的整体来进行考察的。他们特别反对的是伦理社会主义的观点，反对把社会的改造变成为人的纯粹的观念的改变。所以，那种认为马克思主义没有自己的道德伦理思想的说法是对马克思恩格斯思想的误读。

周强强：通过回到当时的语境和背景，我们可以看到，马克思恩格斯是在唯物史观的基础上来看待道德的，马克思恩格斯批判的是各种建立在唯心主义和旧唯物主义基础之上的道德观。那么，我们是否可以说，马克思恩格斯在谈论道德伦理问题时，提供了一种与以往的伦理学不同的理论基础呢？

唐凯麟：是的，马克思恩格斯在探讨伦理道德问题时，确实提供了一种完全不同的理论基础和世界观的基础。正因为这样，所以马克思恩格斯批判那些企图单纯地依靠改变人们的道德状况、改变人的思想、改变人的观念进而去改变社会现实的空洞说教。马克思恩格斯的结论是，人的改造和社会的改造是同步的。为什么有剥削呢？为什么有人压迫人呢？为什么有自私呢？这是因为造成这些状况的生产关系

---

[1] 《马克思恩格斯全集》第 20 卷，北京：人民出版社 1971 年版，第 102 页。

是建立在私有制这个基础上。列宁说过，在私有制的基础之上，人人只为自己。你不当主人，就要当奴隶。这是由生产关系所决定的。我们要改变人压迫人、人奴役人的状态，就需要改变这种生产关系，改变这种社会存在。可见，解决人类的道德问题，是要从整体上来进行改造。是社会的不道德造成了人的不道德，而不是反之。由此显示出马克思恩格斯道德伦理观的一个特点，即，它不是简单的由伦理到伦理或由道德到道德，而是把伦理道德问题当做一个社会性的整体问题来解决。所以，在一定的意义上可以说，唯物史观就是马克思恩格斯的伦理观。

周强强：唯物史观和道德伦理的关系问题可以说是马克思恩格斯是否有道德思想的核心问题。许多学者认为，恰恰是因为马克思恩格斯创立了唯物史观，并且通过唯物史观而将道德视为需要拒斥的意识形态，他们才会完全否定道德。唐老师，既然您认为唯物史观就是马克思恩格斯的伦理观，那么这是不是意味着，我们必须要在唯物史观的基础上来理解马克思恩格斯的道德伦理观呢？

唐凯麟：是的，我们必须要在唯物史观的基础之上来理解马克思的道德伦理观；人的发展是和社会的发展同步进行的，不能脱离社会的发展单独来谈人的发展，不能离开社会的改造来谈人的改造，这才是马克思的道德伦理观。空想社会主义之所以是空想的，原因就在于他们看到了资本主义社会的矛盾，但他们将社会的改造诉诸人们的理性觉醒，主张依靠教育唤起人们的觉悟。这样他们就找不到实现社会主义的道路和物质力量。要知道，我们若要消灭人的不道德状况，那么需要消灭的则是使这种不道德状况得以产生的社会存在的根源。

二、作为体系的马克思主义伦理学

周强强：如果我们能够承认唯物史观，承认唯物史观视域中的伦理道德的合法性，那么，我们就可以在历史唯物主义的基础上解读马克思主义的伦理思想。唐老师，您是我国马克思主义伦理学研究的前辈和专家。在您看来，马克思主义伦理学的主题和对象有哪些？

唐凯麟：在回答这个问题之前，我首先得指出，现在我们对"伦理学"也好、"道德哲学"也好，所下的定义都是很片面的。因为我们简单地将它们定义为一种关于人与人之间，或者再加上人与自然之间的关系的行为规范的学问。这就容易把"伦理学"或"道德哲学"视为一种单纯的规范学或准则学。实际上，伦理学要解决的是人的生存、人的发展以及生命的价值与意义的问题；伦理学是关于人的自由发展和人的精神完善化的价值科学。[1]

人为什么要遵循伦理道德规范？这里存在一个自由与必然的关系问题。过去人们把自由与必然对立起来，讲必然就没有自由，讲自由就否定了必然，这是一种机械论。自由是人的本质，而人的本质是社会性的，社会是人存在的一种形式。作为一种这样的存在形式，人必

---

[1] 唐凯麟：《论伦理学的逻辑起点：一种依据马克思主义文本的阐释》，载《湖南社会科学》2004年第1期。

然要受到包括社会在内的客观世界的必然性的制约。按现在的话来讲，就是要讲规矩。你越讲规矩，你就越自由。正如孔子所讲，七十从心所欲而不逾矩。从心所欲就是自由，这种自由是合乎规矩或规范的。人们抬脚动手都是自己的自由选择，但不能破坏规矩，这才是真正的自由。明清之际，戴震讲的就是这个问题。他提出了"归于必然适完其自然"的思想，认为按必然办事实际上得到的就是自由。正如你到街上去，如果你遵循交通规则就是自由的，如果你违反交通规则就寸步难行。

马克思主义伦理学的主题就是要解决人的自由发展和精神完善的问题。也可以说，马克思主义伦理学就是一种人学，是一门关于人的学问。在这一点上，马克思恩格斯的追求其实和我们中国传统的追求不谋而合。中国的儒家就是讲如何成为一个完善的人。但是，儒家离开了社会来谈人的完善，把人的完善归结为单纯的道德修养问题，也就是"成贤成圣"的问题。然而，马克思主义伦理学则认为，如果要实现真正的自由和完善，就需要一个能够产生自由和完善的社会。马克思主义伦理学的科学之处就在于此。现在我们讲伦理学往往就是讲规范，但人为什么要受到规范制约呢？我有思想、有感情、有理性，我为什么要受制于规范呢？我们常常讲不清这个道理。这也就是因为，我们在理论上常常没有讲清楚自由与必然的关系问题。

周强强：您讲的这个问题，我也深有同感。在学习的过程中，我感觉现在的伦理学的范围过于狭窄。不管是功利主义还是道义论，都是强调对个体行为的规范。于是，伦理学的基本问题由"我们应当如何生活"变成了"我应当如何行动"。而伦理学的范围则由关涉人生整体性的幸福与意义，窄化为只注重个体行为的对错判断和善恶评价。

我特别认同您对伦理学的定义：伦理学不仅仅是一种单纯的规范学或准则学，更是关于人的自由发展和人的精神完善化的价值科学。伦理学就是要解决人的生存、人的发展以及生命的价值与意义的问题。

唐凯麟：是的，伦理学就是要解决人的生存、人的发展以及生命的价值与意义的问题。因此，只讲规范是不够的，规范必须要讲清楚规范的理由，必须要讲清楚自由与必然的关系。这个问题在伦理史上争论了很久，但在理论上把这个问题较好解决的人是黑格尔。黑格尔用思辨的方式把这个问题讲清楚了。从政治学的角度，他指出：你要有权利就必须要履行义务，你要有相应的义务就必然有相应的权利，既没有离开权利的义务，也没有离开义务的权利。从伦理学的角度，他指出：你要自由，就必须要把自然的必然性、客观的必然性变为自己自觉的要求。只有这样，你才能够"从心所欲而不逾矩"。

与之相比，马克思是在唯物史观的基础上真正解决了自由与必然的关系问题。他之所以要探讨从资本主义社会到社会主义社会的发展规律，就是为了解决人的解放的问题。所谓解放，就是要把人的世界、人的关系还给人。人是个什么东西呢？在马克思看来，人就是一个社会的存在物，而解放就是要实现个体与社会的和谐。由此出发，我们才可以提出伦理学的根本问题：你怎样处理个人与他人、个人与社会，以及个人与自然的关系？只有实现这些关系的和谐，你才能获得自由，个人的精神才能完善。而马克思主义的伦理学就是按照这样的一个逻辑生成的。

周强强：也就是说，马克思主义伦理学是一门关于人的学问，是一种人学。那么，我们是否由此可以讲，马克思主义是一种人道主义呢？

唐凯麟：马克思主义确实是一种人道主义。我们之所以不敢讲马克思主义是一种人道主义，是因为我们过去长期批判人道主义，认为人道主义就是资本主义的。人道主义怎么就只能是资本主义的呢？有资产阶级的人道主义存在，但是，决不能将人道主义和资本主义画等号。更不能认为既然资本主义讲人道主义，那么我们就不能讲人道主义。自由、平等、博爱都不是资产阶级的专利，而是人类文明的结晶。《独立宣言》的主要执笔者之一帕特里克·亨利讲："不自由，毋宁死"。在这里，真正的问题是，我们该怎样理解自由？过去，实现少部分人的自由是建立在剥夺大部分人的自由的基础上。而马克思对这种自由是持批判态度的。那么，我们的自由能够建立在别人不自由的基础之上吗？我们打算建立的那个社会又将是怎样的呢？答案是：那将是一个我的自由不仅不会妨碍你的自由、而且更会有利于或促进你的自由的自由人的联合体。所以，马克思恩格斯把共产主义的目标定义为，每个人的自由而全面发展是其他一切人自由而全面发展的条件。马克思恩格斯的目标之所以是崇高的，是符合人的本性的，理由就在于此。我理解，这就是马克思讲的人性复归。

现在的伦理学一般都谈"应当"、谈"规范"、谈"要人们怎么样"。这很容易成为一种道德说教。伦理学绝对不是讲"要你们应该怎么样"，而是要告诉人们"什么使你们更好"。马克思本能地厌恶道德说教。为什么要讲应然呢？应然不也是由人造出来的吗？正如列宁曾经讲的，几何公理要是触犯了人们的利益，那也一定会遭到反驳。之所以讲应然，就是因为人要获得自由、要发展自身，所以才必须遵循行为规范。正因如此，我给学生讲伦理学，从来不讲应该怎么样。应该要怎样，是你自己去做选择，我只把道理讲清楚。现在我们大谈应该怎么样，但真正的问题是，那些规范是你规定的，我为什么要遵守呢？教学应该是引而不发，结论由你自己来做，而我只把道理讲清楚。伦理学的高明之处不在于告诉人们应该怎么去做，而是教会人们去思考怎么做、怎么做到更好。

现在我们的伦理学以及思想政治教育出问题就出在这个地方。你不讲为什么、不讲所以然，只讲应该怎么做。这就变成了一种说教，这样的伦理学绝对是没有生命力的。当然，我们也不能说我们把所有的问题都解决了。随着科学技术的发展，现代社会出现了很多以前没有的问题。比如说，现在的人工智能、大数据、云计算等新技术就提出了一系列的新问题，而且，这些问题也都是一些根本性的问题。比如，未来人类的繁衍如果都是通过工厂化的流水线来完成的，那么到那个时候家人与家人之间的亲情就可能会被消解掉了。我们不能为了科学技术而科学技术，而是要用伦理的眼光来引导科学技术的发展，科学技术的发展始终要以人为本。

周强强：马克思主义伦理学关注的对象是人，关注的主题是人的自由发展和精神完善。那么，马克思主义伦理学是否能够建构作为一种完整的理论体系？

唐凯麟：这个问题是一个本不成问题的假问题。马克思主义伦理学本来就是一个理论体系，其核心议题就是如何实现人的解放。而共产主义就意味着人的自由解放与全面发展。马克思其实非常厌恶那些为了体系而体系的哲学。因为，这往往会使得哲学家在建构体系的过程中，为了理论体系的需要而牺牲现实，牺牲现实的人。德国古典哲学就存在这个问题。黑格尔为了其体系的完备性而牺牲了他的辩证法。康德也是这样的，为了实现其理论的体系化而把世界二分化了，世界由此就被割裂为此岸世界和彼岸世界。

我们不能为了体系而体系。这涉及我们如何理解"体系"这个问题。"体系"或者所谓"科学体系",是一个有逻辑起点和自身内在逻辑的系统。我们所指的体系是事物自身内在的逻辑,而不是人强加的纯概念性的主观建构。如果把体系理解为纯概念性的主观建构,那么马克思肯定是没有理论体系的,并且马克思极力反对这种理论体系。如果我们把体系理解为你研究的问题自身的内在逻辑的发展、自身内在运动的规律,那么马克思当然就有体系。马克思的《资本论》就是一个这样的体系。我们现在不管研究什么东西都喜欢主观臆构一个体系,这种做法绝对是不科学的。实践和历史已经证明,人为的主观臆构的体系,为了实现其体系的完备性,必然会伤害到理论体系的现实性与科学性。事物是不是有一个自己内在的逻辑,这是客观存在的。我们认为马克思主义伦理学是一个理论体系,就是在把体系理解为根据事物自身内在的逻辑而形成的理论系统这个意义上来讲的。如果你把体系理解成为主观建构的概念游戏,从有到无,从无到有,诸如黑格尔所讲的体系,那么,很显然马克思没有这样的理论体系,而且马克思正是要批判这种理论体系。马克思之所以反对这种理论体系,就是因为,像康德和黑格尔这样的体系哲学大家都是从某个概念出发,根据概念的运动而建构起一个理论体系,结果将他们思想中好的东西都扼杀掉了。比如,黑格尔讲矛盾,但他的矛盾到了普鲁士王国那里就消失了,没有矛盾了。这就形成了黑格尔的体系与方法的矛盾。黑格尔为了他的体系的完善而牺牲了他的方法。而马克思的贡献就在于,打破黑格尔的体系,**拯救黑格尔的辩证法**。

周强强：您将"体系"理解为作为研究对象的问题自身的内在逻辑发展及其内在运动的规律，进而指出作为人道主义的马克思主义伦理学也是一种理论体系。但是，结构主义的马克思主义的代表人物阿尔都塞却认为，在马克思的思想发展过程中，存在着一个"认识论的断裂"。他将马克思的思想区分为早期的非科学的"意识形态"阶段和晚期的"非意识形态"的科学阶段，认为马克思对伦理道德的提及或强调只是马克思思想"不成熟"的一个标志，而在马克思走向成熟以后就再也没有给伦理道德留下什么地盘了。不知道您是怎么看待阿尔都塞的这个观点？

唐凯麟：这是西方马克思主义中很有影响力的一个理论。西方马克思主义学者不仅区分早期的马克思和晚期的马克思，甚至还区分马克思和恩格斯，认为恩格斯和马克思到后来也分道扬镳了。其实不然，马克思的思想是从黑格尔和费尔巴那里继承过来的，他们那个时候就在思考人的自由何以实现的问题。当马克思发现了自己的东西之后，他开始运用科学的世界观来研究资本主义社会。然而，马克思对资本主义社会的解剖和批判最终还是要回归到他对于人的解放这个问题的一以贯之的思考上来。这里怎么会存在后期的马克思反对前期的马克思呢？怎么就讲前期的马克思是人道主义的，而后期的马克思则是科学主义的呢？我是不赞成所谓的青年马克思和老年马克思彼此矛盾这种看法的。

马克思走的是由费尔巴哈所开辟的这条道路。费尔巴哈把黑格尔抽象的思辨抛弃掉了，返归到了现实的人，但是他又把人全面地感性化了。马克思虽然也是从人出发的，但是马克思发现了唯物史观。由此，马克思不再像费尔巴哈那样从感性的人出发，而将现实的人、活生生的人视为历史的一个起点。恩格斯曾经就说过，费尔巴哈的贡献就在于否定了黑格尔的抽象的思辨，进而返回到了现实的感性的人，但是他对人彻底的感性化的理解又将这条道路堵死了。马克思就是要将这条道路继续走下去。由此，马克思不得不进入经济领域，即，资本主义私有制这一社会经济形态。马克思《资本论》的最终结论还是关于人的；剩余价值学说就是关于资本主义如何压榨人和剥削人的。所以，怎么就存在早期的马克思和晚期的马克思彼此矛盾的说法呢？

当然，人在思想成熟的过程当中，都经历了一个过程，包括毛泽东。但是，最后他形成了自己的思想体系。他开始用自己的理论去分析和解剖中国当时的社会状况。毛泽东在针对某些具体问题的讨论时肯定也会出现晚期的思想和早期的思想相互矛盾的现象，这是不可否认的，因为这是认识的发展所要经历的一个必然的过程。马克思最初批判资本主义制度时是一个人道主义者，但后来马克思讲，人道主义是完成了的自然主义，自然主义是完成了的人道主义。马克思这里所说的自然主义不是中国的老子所说的自然主义，而是指科学的规律。成熟的马克思将后期的科学主义和前期的人道主义辩证地统一在了一起。所以，你不能简单地讲，马克思晚期的思想和早期的思想是相矛盾的。马克思在不同阶段解决的问题不一样，这样自然会出现晚期得出的某些结论与早期的某些结论不一样的地方。因为，早期的时候还只是初步的、大概的认识。在把这个初步的认识具体化的时候，我们会遇到许多具体的问题。而在我们解决这些具体的问题时，当然就有可能出现和我们早期思想相矛盾的地方。比如说，我自己的经历。我现在80多岁了，那么我早期的思想和现在的思想就完全是一样的吗？你难道发现不了一些矛盾之处？当然不是。毕竟，一个思想家的思想发展过程，就是不断地修正、不断地具体化其理论思想的过程。抽象地谈论人的解放，怎么谈呀？人的自由与解放问题也就是所谓的人的发现问题，并不是由马克思第一个提出来的，而是由启蒙思想家所提出来的。马克思是要去寻找一条真正能够实现人的解放的道路。而马克思的思想有一个基本的前提，那就是人和社会不能分割，人的解放必须以社会的解放为前提和基础。然而，社会的解放又何以可能？于是，马克思开始深入研究资本主义社会的矛盾。所以，在这个意义上，马克思思想发展的内在逻辑是十分清晰的。

三、马克思主义伦理学的现在与未来

周强强：唐老师，您和您这一辈的学者为了我国的马克思主义伦理学研究做出了杰出的贡献。您觉得，马克思主义伦理学本身具有怎样的形态和特点？

唐凯麟：这是亟待研究又必须自觉地回答的问题。以往我国伦理学界并没有集中深入地探讨过这个问题，有的教科书中虽有所提及，但一般都语焉不详，缺乏深入的有说服力的论证，难以引起学界的重视和认同。我觉得这个问题提得很好，能够唤起学界的重视和自觉。我个人曾经涉及过这个问题，但也没有超出上面讲的范畴。我觉得，马克思主义伦理学从理论形态上讲，既不是什么德性论，也不是什么功利论，而应该是以人为中心的社会主义公益论。这种公益论超越了传统的功利论和传统的德性论，真正实现理论伦理、规范伦理和应用伦理的统一和升华，现实目的论和工具论的统一和升华。既然"道德是人类精神的自律"，那么，马克思主义伦理学就应该为人的自由和解放提供价值导向。这就是马克思说的，任何解放"都是把人的世界和人的关系还给人"。

周强强：当前，在世界范围内，又掀起了一股关注马克思主义规范性理论的潮流，您认为这股潮流产生的原因是什么？我们又应该如何看待这一潮流呢？

唐凯麟：这个潮流要放到西方哲学由分析哲学、语言哲学向关注社会现实生活与价值规范的政治哲学、道德哲学这一转向的大背景中来看待。社会发展越来越复杂，人们面临越来越多的现实的道德问题，需要伦理学来规范和引领。比如，经济学领域中的制度经济学就和马克思的《资本论》有着千丝万缕的联系。马克思主义没有单纯的经济学，马克思讲的是政治经济学。而制度经济学是将马克思的政治经济学普遍化为一种制度。这里讲的制度不只是政治制度，而是包括文化习俗在内的一个更为广泛的制度的概念。制度经济学家指出，自由主义的经济学是脱离现实的死板的公式推演，是"黑板经济学"，跟现实中的经济现象根本就是两码事。现实中的经济现象不会按照自由主义经济学家的公式推演出来，它是现实的活动，会受到文化传统和风俗习惯的影响，由此也出现了交易成本、产权理论和"搭便车"等一系列理论。实际上，制度经济学的基本前提就是马克思所讲的不能离开政治来谈经济。只不过，他们将政治制度泛化为文化制度。我们看到，这几届的诺贝尔经济学奖获得者大部分都是制度经济学家。所以，为什么会出现你所说的这样的一种潮流，我们可以由此一窥端倪。何况，就连罗尔斯也认为，马克思是人类宝贵的财富，是值得尊重的，现在还没有人能超过马克思对资本主义的批判。现在有一种理论认为，是马克思拯救了资本主义社会。因为，马克思把资本主义的矛盾和弊端都揭露出来了，而资本主义为了维护其统治则不得不去缓和这些矛盾。可以说，福利社会、保险制度就是为了缓和资本主义制度本身的矛盾而提出来的，以免矛盾达到失控的状态。现在，资本主义社会为了维护其统治，形成了一个从摇篮到坟墓的保障体系。他们似乎以为，当工人阶级的生老病死都有制度性的保障之后，也就不会再去闹革命了。

与此相应，西方马克思主义研究也就出现了许多结合现实问题的流派。过去很长时间内，我们对西方马克思主义的反对是过激的。西方马克思主义其实揭露了许多当代资本主义的矛盾。如丹尼尔·贝尔在《资本主义文化矛盾》里所描述的，资本主义社会确实就是这样子，把人工具化了，把人变为了一个齿轮或者一颗螺丝钉。而且，现在资本主义又采取了新的办法，即，大肆推行大众文化和消费主义。人在娱乐的大众文化和疯狂的消费过程中感到无比的快乐。

大众文化和消费主义的实质目的是让人越来越依赖资本主义制度。大众文化的含义就是有限地提高人们的文化水平，然后引导人们沉浸于那种降低人们的思想水平和独立思考能力的粗制滥造的文化产品的享受当中。在某种程度上说，好莱坞电影就是这样的一个典型。而消费主义则创造了诸如超前消费、信用消费和分期付款等新型的消费方式，其目的就在于让人沉溺于物质享受的同时陷入到繁重的、持续不断的劳动当中去。在这样的生活状态之下，工人都在忙于挣钱还贷款，哪还有时间和精力去闹革命呢？人们沉浸在这种物质消费的甜蜜生活当中，成为了消费狂。人们不再关注现实的社会问题，因为他们对这些问题都不感兴趣了，并且认为这些只是政治家应当关心的问题。实际上，这是一种比暴力统治更加可怕的软统治。看似你是按照自己的意志在享受，其实你是处在一个广泛的无形的统治和奴役之下，被改造成按照计算机计算的生活方式之中。人们丧失了独立思考的能力，对尖锐的社会问题采取一种漠不关心的态度。可以看到，现在的美国政府虽然在世界上的声誉每况愈下，但本国民众的支持率却还是不错的。美国现在就像一个印钞机，全世界的财富都源源不断地流向了他们。正如《21世纪资本论》提出的那样，现在的资本家成了一种世袭的资本家。真正的资本家开始退出了管理者的行列，变成了董事会的成员，坐收红利而不从事实质性的管理工作，真正进行统治和管理的人员是那些职业经理人。所以，他们将矛盾转化为工人和高管之间的矛盾，而资本家自己却置身事外。

周强强：世界范围内所掀起的这股关注马克思主义规范性理论的潮流，是当代世界深刻变化的反映和产物。中国已经深深地融入了现代世界，未来三十年，这种融合还将继续下去。那么，您觉得在未来三十年，中国的马克思主义伦理学研究将呈现出怎样的趋势和可能形态呢？

唐凯麟：应该肯定，当代中国的马克思主义伦理研究已经有了长足的进步，无论是理论研究还是人才培养上都取得了巨大的成果。这些情况为马克思主义伦理学迎接新的挑战、走向新的境界积累和准备了充分的条件。这是我们必须肯定的，也是我们理应抱有的理论自信。但是，也应该看到，在当代中国，马克思主义伦理学还是一个亟待发展、亟待完善的理论领域和科学学科。未来三十年，中国的马克思主义伦理学的理论建构，应该是一个对传统理论继续扬弃并不断创新的过程。这个过程既是对现代社会发展实践的积极反应，又是面向未来的一种理论预期。至于它可能的趋势和形态是什么，我们现在很难做出精确的概括。如果要做初步的设想，我以为，当代中国的马克思主义伦理学，既应当是对中国传统伦理文化向现代化伦理文化的创造性转型和机制性的再造，也应该是对现有的马克思主义伦理学的创造性开拓，以及，对世界伦理文化的积极成果的吸纳和本土化的产物。它应该是一种不仅形成自己的话语系统从而具有中国特色、中国气派、中国风格，同时又应该能够同世界进行广泛的平等对话的科学的道德理论。我期待年轻一代的中国伦理学人能够朝着这个目标不断努力！

马克思主义伦理学：主题、历程与视域
访中山大学章海山[*]教授

曹康莉[**]

马克思主义伦理思想史与西方伦理思想史研究是中国伦理学界在新时期的重要方向。章海山教授在1984年、1991年分别出版的《西方伦理思想史》及《马克思主义伦理思想发展的历程》是这些领域的重要作品。2018年7月，曹康莉对章海山教授进行了访谈。在访谈中，章海山教授介绍了他的学术经历和学术观点，回顾了他所经历的我国西方伦理学研究和马克思主义伦理学研究的发展历程，论述了马克思主义伦理思想的主题、方法和未来趋向。

---

[*] 章海山，中山大学哲学系教授。
[**] 曹康莉，中山大学哲学系硕士研究生。

一、西方伦理思想研究的转型与发展

曹康莉：章老师，您好！非常感谢您能接受访谈。您是我国伦理学界的前辈，不仅亲身经历了中国伦理学从无到有的创建过程，而且在西方伦理学和马克思主义伦理学等多个研究领域都做出过开创性的工作。您的那部《西方伦理思想史》可以说是我国学界在新时期最早的西方伦理研究的一部代表作。[1] 所以，让我们大致沿着时间的线索，请您谈谈，您当年是如何走上西方伦理思想研究的道路的？

章海山：我最早研究西方伦理思想是在改革开放以后，也就是大概在上世纪80年代初开始。当时为什么开始研究西方伦理思想呢？这就要从我的学习经历谈起了。我1958年进入北京大学哲学系学习，1963年成为周辅成先生的研究生，因"文化大革命"到1968年底才离开北大，在北大总共待了整整十年。

当时苏联是社会主义的老大哥，中国以苏联为榜样，学术上也是这样。1958年到改革开放之前，就（甚至）是改革开放以后一段时间，中外哲学史的授课内容（都）受到苏联哲学家日丹诺夫的影响。日丹诺夫的核心观点是认为，西方哲学的整个历史就是唯物主义和唯心主

---

[1] 章海山：《西方伦理思想史》，沈阳：辽宁人民出版社1984年版。

义的斗争。当时，我作为学生，觉得这套理论过于简单，无法说明哲学史上复杂的现象和问题，因此也无法接受日丹诺夫把整个哲学从古希腊到费尔巴哈的历史都被简化成了两个主义的斗争的做法。

但是，在那个特殊时代，唯物主义和唯心主义之争的模式不仅被用来解释西方哲学历史，还被用来解释中国哲学的发展。很明显，这套主义之争的解释路径与中国哲学更难以契合。比如说先秦百家争鸣时期的儒家、道家、法家、墨家等思想，除非牵强附会，（否则）根本没办法将它们恰当地归属于唯心主义阵营或唯物主义阵营。改革开放初期，整个学术界都还受这种僵化思想的影响，哲学史的研究也还沿用唯物主义和唯心主义斗争的解释模式。

曹康莉：您的思想是从何时开始发生转变的呢？

章海山：1961年，我在北京大学哲学系读本科的时候，周辅成先生开设了"西方伦理思想史"的课程，我担任课代表。在这门课上，周先生不是用唯物主义和唯心主义的斗争解释西方伦理思想史，而是从统治者的道德和人民的道德这一组角度进行解释。通过运用新的解释方式，许多原本费解的内容都可以解释得通了。改革开放初期，大学里除了西方哲学史课程以外，其他像西方文化史、西方思想史、西方伦理思想史等的课程都是没有的。而我对西方伦理思想史感兴趣，当时也做了一定研究，所以，当我1978年调入中山大学，最初研究西方伦理思想时，就在中山大学开设了一门选修课："西方伦理思想史"。这门课也受到了学生的喜爱，毕竟学生老是听唯物唯心之争也都听烦了。

其实，周先生已经基本界定了西方伦理思想史的人物、断代、框架结构。而我主要是沿着他的教诲继续前进。在授课的基础上，我撰写了一本专著《西方伦理思想史》。这本书也没有按照惯常使用的唯物主义与唯心主义斗争的观点架构内容。而且，这本书抛开了西方哲学史，专门讲西方伦理思想史。在这本书中，我表达的基本观点是，在西方伦理思想史上，从古希腊到近代的伦理思想家都是从他们的人性论中引出各自的伦理思想的。有的从人的理性推出伦理思想，有的则从人的感性推出伦理思想。他们似乎都没有从他们的哲学中推出伦理思想。所以，我就从人的感性和理性两条路线出发研究他们的思想。我的西方伦理思想史研究就是按照这样的线索来分类和展开的。《西方伦理思想史》1984年出版后，反响还不错。

曹康莉：所以，可不可以说，在您开始进行西方伦理思想研究时，国内关于这方面的知识体系的建构才刚刚起步？您自己也是受周辅成老师启发，从研究的新范式出发，重新梳理西哲史，从而建构西方伦理思想史的？

章海山：也不能这么讲。把西方哲学和西方伦理学分开，而不是简单地从西方哲学中引出西方伦理学，最早是周辅成先生采取的做法。当时，周先生已经非常清楚和自觉地要把"西方伦理思想史"作为一门独立的学科分支来教授，要在西方伦理思想史与西方哲学史之间做出区分。改革开放之后，学术界一般都会把哲学史和伦理学史当作两个独立的学科分支。各有各的理论渊源和理论基础，各有各的原则和规范，也各有各的理论范畴。教育部门也从学科方面作了规定。如，在哲学一级学科下，有八个二级学科，伦理学是其中的一个二级学科。

实际上，我也是受周辅成先生的影响，所以在撰写《西方伦理思想史》时，自觉地把西方伦理思想史与西方哲学史分开。我对每位伦理思想家的探讨基本上不涉及他们的其他哲学思想,也暂时搁置他们的哲学思想与伦理思想的关系,而只是纯粹地研究他们的伦理思想。当然,西方伦理思想家也都是哲学家,伦理思想与哲学思想密切不可分。之所以将两者独立开来,这只是为了更清晰地介绍西方伦理思想的发展历程,而且也可以不必涉及唯物主义与唯心主义的斗争。这一做法是否符合西方伦理思想发展的规律?是否符合学术规范?仍然都是可以探讨。

曹康莉:从您的介绍中,我们是否可以认为在周辅成先生之前,我国的西方伦理思想史研究一直依附于西方哲学史的研究中,直到周先生在北大开设"西方伦理思想史"课程以后,西方伦理思想史才作为独立于西方哲学史的知识板块出现?您是否记得周先生为开辟这一知识板块还做过哪些工作?

章海山:可以这样认为,在周先生之前,我国学术界根本没有专门提出"西方伦理思想史"这一学科概念。先生在上世纪50年代初就开始编辑《西方伦理学名著选辑》。精编细选,历经十载,直到1964年才由商务印书馆出版。在该书的"编者前言"中,先生说:"本书是为了帮助同志们学习马克思主义以前伦理思想的发展而提供的一些资料。我们原来是想编辑一部完整的西方伦理学史资料选集,但是在进行中遇到不少的困难。我们发现要编好这种资料选集,首先还需要把西方伦理学史一书写好,然后编选资料才有所依循。但是,写好一部西方伦理学史,这还不是短期内可以做到的事情,所以,不得已只好先编选出目前这一部《西方伦理学名著选辑》。"[1]西

---

1 周辅成编:《西方伦理学名著选辑》上卷,上海:商务印书馆1964年版,第1页。

方哲学史则一直存在，但是在当时西哲史的教材和专著中很少介绍哲学家的伦理思想。

上世纪50、60年代，学术刊物很少，据我所知，研究西方伦理学史方面的论文很少。最有水平和最有影响的是周先生在1962年9月9日《文汇报》发表的《希腊伦理思想的来源和发展线索》一文。该文讲了四个问题：伦理学来源于阶级斗争；为奴隶制社会生活决定的特点；围绕"中庸"、"和谐"为中心的形式；争论的问题与派别。先生通过研究希腊伦理思想中的和谐观念及其重要性，强调伦理学来源于阶级斗争，服务于阶级斗争。毛泽东主席肯定了这一借古喻今的观点。他在当年9月15日阅后，做出批示："所谓伦理学，或道德学，是社会科学的一个部门，是讨论各阶级各不相同的道德标准的，是阶级斗争的一种工具。其基本对象是论善恶（忠奸、好坏）。统治阶级以为善者，被统治阶级必以为恶，反之亦然。就在我们的社会也是如此。"[1] 并且推荐给刘少奇、陈伯达阅读。

曹康莉：周辅成先生称得上是新中国伦理学的开创者之一。作为周先生的弟子，您在学生时期受到周先生的指点。当您走上学术道路之后，周先生的思想是否还持续影响您的学术研究之路？

章海山：刚才已经提到过，我在上世纪70年代末开始撰写《西方伦理思想史》时，主要依据的就是周先生在上世纪60年代讲课的框架和线索，并且征求了先生的意见。先生大力支持我，让我大胆地写，写出自己的观点和想法，要有自己的独立见解，不用顾忌他的观点和看法。为指导我的写作，他对我的请教有问必答。我记得，在我写作

---

[1]《毛泽东文稿》第十册，北京：中央文献出版社1996年版，第186页。

《西方伦理思想史》一年多时间里,他给我写了十多封信,进行十分详细的指导。比如说,1981年11月9日,他回信答复我所提出的问题时就说:

试答所问几点:

一、伦理学史自应有特殊问题,发展路线当然不能等同于唯心唯物之争。但要找出这路线,还需对各期伦理思想、各个伦理学家的思想的特点作详细研究之后才能作出结论。暂时依属于哲学史上的路线斗争这是初步入手方法。你如能把各期有代表性作家各选数人研究,我想你一定会有独创的见解。

二、从抽象理论上说,有唯心唯物革命与反动之争,这是十分容易的。这好似一般分别无产阶级与资产阶级一样。但一落到具体的人、具体的思想上,要分别上列各大类,却是很困难的。好多年来,思想弄得一塌糊涂,一个人一个思想,时而被颂为革命、唯物,时而被贬为反动唯心,这教训够严重的。我想今后对古人今人都应当实事求是才对。

三、伦理学史,应当以道德发展史为依据。研究道德发展史,就不能忽略各时代的文化精神、风俗习惯。这些精神,在文学艺术中表现较具体,较差表现在法律、政治、宗教中更具体。所以,要把伦理思想史弄好也还需要牵涉思想史、文化史、社会史才行。不过不能把主从关系弄颠倒了。伦理学史究竟还是伦理学的历史。

四、国外现代出版的西方伦理学史,也有一些,俄文的也有一二种,但我至今尚未见到原书,待我见到时,当告你或为你复制一份。

我之所以大段引用先生的信,一是因为先生的观点对于我们今天研究伦理学史仍然有指导意义,仍然有重大的启迪作用;二是从中可以窥见先生对后辈是多么地关爱和细微周到。

二、马克思主义伦理思想的主题与特征

曹康莉：章老师，我们注意到，在您出版《西方伦理思想史》之后，关于西方伦理学的写作反而不算很多了。

章海山：是的。在这以后，我只发表了少量的西方伦理思想史方面的论文。这主要是受到外文资料不足和外语水平不高的困扰。在我们那个年代，初中学的是牛津英语不是美式英语，高中学的是俄语，大学也是俄语，研究生时候是英语。我自己根基比较好的是俄语，英语水平并不算高。当时，外语不教口语，只教书面的外语。本科的时候，有位俄语老师给我们开专业课，一个学期都教授列宁的《唯物主义和经验批判主义》原文。这门课涉及的俄语十分深奥。我是认真把这门课学完了，俄语水平更是进步了不少。在此之后，其他的现代俄语著作对我来说就轻松很多了。

另外，当时西方伦理思想史的资料也不全。有的主要是国内的中文资料，俄文资料也有一些，仅有的一些英语资料大多是周先生给我的。所以，我综合考虑了一下，如果继续西方伦理思想史研究的话，一是语言关难过，一是资料难找，所以就放下西方伦理思想史，转向了马克思主义伦理思想史的研究。在我看来，马克思主义伦理思想是整个西方伦理思想史发展的结果或者说巅峰，研究价值非常高，而我

自己通晓俄语，所以，研究马克思主义伦理思想在苏联的发展就会有语言优势。

另外，研究马克思主义伦理思想史对我来讲有个优势。我在北大读本科和研究生时，当时受"左"的思潮影响，学生专注学习外语和专业课程被认为是走"白专"道路，要受到批评甚至是批判。而我那时对马克思、恩格斯和列宁的著作感兴趣，正好就专读马克思、恩格斯和列宁的著作。我把当时已出版的马克思、恩格斯和列宁全集认真阅读一遍，还认真做了摘要、笔记和心得。同时，我还阅读了相关的研究论文，以及当时在国内能够找得到的俄文论文，也认真做了笔记和读后心得。这些在"文革"中没有被扔掉，一直保存了下来。

曹康莉：学者个人的特质以及时代的要求是影响学者选择研究方向的重要因素。您的这番调整，后来被证明是一个十分明智的选择。您在 1991 年出版的那部《马克思主义伦理思想发展的历程》[1]，也使您成为国内新时期马克思主义伦理学的开拓者之一。那么，您当时是如何着手马克思主义伦理学的研究呢？

章海山：上世纪 80 年代，在研究马克思主义伦理思想史的过程中，我又把当时已经出版的《马克思恩格斯全集》和《列宁全集》又读了一遍，对其中一些有关伦理思想的论著反复精读。读马克思主义经典文本要讲究方法，对伦理学研究来说，不一定要一篇一篇的全部精读，而是要着重把握其中有关伦理思想的核心文献和与自己研究的主题相关的文献。实际上，马克思恩格斯著作中与伦理思想直接相关的为数不多，比较直接的有《路德维希·费尔巴哈和德国古典哲学的

---

[1] 章海山：《马克思主义伦理思想发展的历程》，上海：上海人民出版社 1991 年版。

终结》(张仲实译本译为《费尔巴哈论》)、《德意志意识形态》、《反杜林论》、《家庭、私有制和国家的起源》等著作。其他的主要有《共产党宣言》、《1844年经济学哲学手稿》、《政治经济学批判》、《经济学手稿(1861—1863年)》、《资本论》第1卷等。这些著作中都包含着丰富的伦理思想,涉及社会经济基础与道德的相互作用以及道德历史演变的关系,等等。

我之所以从研究西方伦理思想转向研究马克思主义伦理思想,是因为后者是西方伦理思想发展的结果或者顶峰。西方伦理思想的历史发展为马克思主义伦理思想奠定了理论和文化的基础。当时,我开始着手研究马克思主义伦理思想,就是想搞清楚,为什么马克思主义伦理思想能够作为西方伦理思想发展的必然结果而出现?马克思主义伦理思想从西方伦理思想中吸取了什么精华?马克思主义伦理思想与西方伦理思想又有什么不同?所以,我利用自己的既有优势,扬长避短,开始研究马克思主义伦理思想史。

曹康莉:您将马克思主义的研究对象概括为"真、善、美"。而且您认为,马克思主义伦理学的研究对象,主要是"善"。那么,我想问的是,马克思主义伦理学在研究"善"这个问题时,同其他的西方伦理思想传统又有什么不同或独特之处呢?

章海山:马克思主义伦理学和西方传统的伦理学在回答"善的源泉和基础是什么"这一问题上存在根本的不同。从古希腊到近现代的西方伦理思想大多从人性角度研究和推演出"善",推演出各种道德原则和规范以及理论。他们的研究注重的是结果,要求道德研究为人的行动提供规范指导。而马克思主义伦理学则把道德的"善"建立在经济基础上,从经济基础推演出人类的各种利益关系,最后得出道德的原则和规范。所以，马克思主义伦理学更注重道德的现实来源和根基。当然，虽然它也研究具体道德的表现和规范，但似乎没有其他的西方伦理思想传统那么细致入微。

曹康莉：这是否可以说，马克思恩格斯的伦理思想主要是一种道德发生学的说明，其核心问题是探讨道德如何产生？

章海山：不能那么说。马克思恩格斯伦理思想中，确实注重道德的社会根源。他们在伦理学史上第一次明确提出道德归根到底是社会经济状况的产物，第一次明确提出在阶级社会中道德具有明显的阶级性。在此基础上，他们论述了道德的历史性和历史演变，批判了错误的道德永恒不变论。这是他们在其所处的历史条件下，针对当时的错误理论，而必须强调道德的经济基础和阶级性。例如《反杜林论》、《费尔巴哈论》、《家庭、私有制和国家的起源》等著作，都侧重于研究道德的起源、道德的时代性和阶级性，以及道德的历史演变和对未来社会道德的展望。相比之下，道德的具体规范和范畴，没有被提到首要位置。

曹康莉：这里有个延伸问题。对于研究者来说，马克思恩格斯的原典就在那里，存在了一个多世纪。青年一代面对的文本和老一代学者基本完全相同。如果老一辈学者对马克思恩格斯的伦理思想已经进行了很多卓有成效的研究，那么，您认为青年学者在这个领域还可以有哪些创造空间呢？

章海山：中国的研究传统多是诠释学的，一代代人面对同样的经典文本做出了符合一代代人理解方式的新诠释。比如《论语》和《道德经》，这两本经典著作都没有多少文字，但一代代的思想家还是可以从时代需要出发，以不同视角切入研究，不断挖掘并做出独具创见的成果。研究马克思恩格斯的经典著作也可以这样。

首先，对马克思主义要有一个严格的定义，列宁在《卡尔·马克思》一文中，对马克思主义下了一个经典的定义："马克思主义是马克思的观点和学说的体系。"[1]因此，马克思主义伦理学就是马克思的关于道德的观点和学说的体系。按照这种理解，马克思主义伦理学就是研究马克思关于道德的观点和学说的体系。但是，马克思直接和道德相关的论述在他的理论体系中并不多，而恩格斯相对来说更集中些。马克思和恩格斯在伦理学方面的直接文献不多，使得我们对马克思主义伦理学的研究面临着和针对孔子、老子的研究同样的问题：如何在不多的文本中挖掘出新东西、做出新成果。

我认为，即使文本是固定的，但切入点和视角可以常用常新。当前可以从全人类的共同价值和人类命运共同体的视角出发，创新地研究马克思主义伦理学。习近平总书记在 2015 年 9 月 28 日第 70 届联合国大会一般性辩论时的讲话中提出："和平、发展、公平、正义、民主、自由，是全人类的共同价值，也是联合国的崇高目标。"[2]他就任总书记后首次会见外国人士就表示，国际社会日益成为一个你中有我、我中有你的"命运共同体"，面对世界经济的复杂形势和全球性问题，任何国家都不可能独善其身。"命运共同体"是中国政府近年来反复强调的关于人类社会的新理念。2011 年《中国的和平发展》白皮书提出，要以"命运共同体"的新视角，寻求人类共同利益和共同价值的新内涵。

---

1 《列宁全集》第 26 卷，北京：人民出版社 1988 年版，第 52 页。
2 《习近平谈治国理政》第二卷，北京：外文出版社 2017 年版，第 522 页。

人类命运共同体和全人类的共同价值的理论是对马克思主义在新时代的新发展。我想，从这个视角切入开展研究马克思主义伦理学，重新解读马克思主义伦理学的经典文本，一定可以把马克思主义伦理学研究提到一个新的高度，有助于创立中国特色的马克思主义伦理学，有助于创立适应新时代社会主义市场经济的马克思主义伦理学。这样，马克思主义伦理学的研究就不会故步自封，而是有了新的广阔空间。

曹康莉： 非常赞同您的看法。文本差不多是固定的，但是社会的发展能够不断地为文本解读提供新的视角。那么，就您的研究而言，您会如何概括您在马克思主义伦理学方面的核心观点？

章海山：马克思主义学说体系的核心是人的自由全面发展，每个人的自由发展为一切人自由发展的条件。人类的共同价值也在于此。人的自由全面发展必然包括道德的自由全面发展。人类道德的自由全面发展到底是什么样的状态、有什么样的原则和规范？以及，什么是每个人道德的自由全面发展？它又如何能成为所有人道德自由全面发展的条件？这些都是马克思主义伦理学需要深入探究的问题。刚才提到，我把马克思主义的研究对象概括为"真"、"善"、"美"，而马克思主义伦理学研究的主要是"善"。所以，"善"与"真"和"美"的关系也是我一直关心的问题。"善"和"真"的关系已经有了一些研究，有学者认为"真"是经济基础和社会历史条件。但"善"和"美"的关系在马克思主义伦理学中还少有人问津，特别是如何把伦理学研究和美学的研究结合起来，这还基本是个空白领域。

三、马克思主义伦理学的发展与历程

曹康莉：您刚才谈到马克思主义伦理学的研究对象、主题和您的基本观点。大致属于"论"的方面。接下来，能否请您介绍一下"史"的方面。根据您的观察，新中国成立以来，我国的马克思主义伦理学的发展历程大致是怎样的？

章海山：解放（中华人民共和国成立）以后，大概在1952年进行了院系调整，全国范围内哲学教学人员都被调到北大去了，其他学校的哲学系都被取消了，只有北京大学哲学系一家。当时受苏联的影响，大学的学科也进行了调整，其中伦理学和心理学被当作资产阶级学科取消了。

但是50年代末60年代初的时候，苏联又开始研究伦理学尤其是马克思主义伦理学。受此影响，中国学术界也开始慢慢恢复这方面的研究。当时还翻译过苏联学者施什金的《马克思主义伦理学》。此书对我国伦理学界有一定影响。

新中国成立后，国内最早研究和教授伦理学的是中国人民大学。1960年左右，中国人民大学以罗国杰老师为首，宋希仁、许启贤等老师共同组建了伦理学教研室，这是新中国最早建立的伦理学教学研究机构。在北京大学，周辅成先生开设了"西方伦理学思想史"课程。

当时，华东师范大学的周原冰教授和中国社科院的李奇研究员也研究马克思主义伦理学，李奇研究员还招收了一名伦理学研究生刘启林。不过，当时的伦理学也没有被设置为一个独立的学科。

20 世纪 60 年代初，吴晗在中共北京市委理论刊物《前线》杂志上，以"吴南星"为署名，发表了一篇题为《说道德》的文章。他在文章中说："道德是阶级的道德，道德是随着阶级统治的改变而改变的。但是，也有另一面，那就是无论是封建道德，还是资产阶级的道德，无产阶级都可以吸收其中某些部分，使之起本质的变化，从而使之为无产阶级政治、经济服务。"[1] 同年，针对人们在讨论《说道德》一文时提出的问题和意见，吴晗在《前线》杂志上又发表了一篇题为《再说道德》的文章，对自己的"道德观"进行进一步的阐发。[2] 后来，吴晗在《光明日报》上署名"吴晗"发表了一篇题为《三说道德》的文章，坚持自己的观点。[3] 本来是作为学术问题开展讨论的，但后来演变成政治的大批判。于是，吴晗的作品也成为反动作品的代表，他的道德理论也受到批判。伦理学似乎也受到牵连。"文革"期间，伦理学的教学和研究被迫中止了。

20 世纪 50、60 年代，虽然伦理学作为一门学科只有很短时期出现，但是关于道德理论的研究还是有的。比较有代表性的就是周原冰教授和李奇研究员。

自 1947 年开始，周原冰教授开始着力于道德科学领域的理论研究，取得了卓著的成绩。在他留下的 20 种专著、300 多篇论文和杂文

---

[1] 常君实编：《吴晗全集》第 8 卷，北京：中国人民大学出版社 2009 年版，第 224—226 页。原以吴南星为笔名，载《前线》1962 年第 10 期。

[2] 常君实编：《吴晗全集》第 8 卷，北京：中国人民大学出版社 2009 年版，第 229—231 页。原以吴南星为笔名，载《前线》1962 年第 16 期。

[3] 常君实编：《吴晗全集》第 8 卷，北京：中国人民大学出版社 2009 年版，第 9 卷，第 378—384 页。原载《光明日报》1963 年 8 月 19 日第 2 版。

中，《谦虚与骄傲》一书共有俄文译本和朝、蒙、藏、维吾尔等四种少数民族语的译本，对党的思想道德建设产生了积极、重要的作用；《道德问题论集》则集中反映了周原冰教授自20世纪40年代末至60代初关于道德科学的研究成果，对我国的马克思主义伦理学的学科建立产生了重要作用；[1]《共产主义道德通论》一书更是周原冰教授三十年潜心研究道德学科的结晶。[2] 李奇研究员在当时发表了论文《谈谈个人利益与个人主义》、《动机和效果的辩证关系》、《关于道德的继承性和阶级性》[3]，在当时起到了良好学术效果和社会效益。此外，当时很重视道德教育。道德教育被纳入思想政治工作，而且作为重要的组成部分。尤其是在1963年开展了轰轰烈烈的"学雷锋"运动之后，全民受到了一次有效而深刻道德教育，大大提高了全民的道德素质，极大地改善了社会风气。

曹康莉：改革开放以来，我国的马克思主义伦理学研究又有什么新的进展和新的特点呢？

章海山：改革开放初期，我国伦理学的研究是受到苏联研究模式的一定影响，但不能说研究的就是苏联模式下的伦理学。随着我国改革开放的不断深入，社会主义道德建设的不断深入，适合中国特色的伦理学体系也不断形成和发展。值得一提的是，在1981年以来，中国人民大学连续主办了多期"全国高校伦理学教师培训班"。其中培训了很多学员，后来比较有成就的伦理学者基本上都是从这个培训班中出

1　参见周原冰：《道德问题论集》，上海：上海人民出版社1964年版。
2　参见周原冰：《共产主义道德通论》，上海：上海人民出版社1986年版。
3　李奇：《谈谈个人利益与个人主义》，载《光明日报》1958年3月30日；《动机和效果的辩证关系》，载《新建设》1962年第5期；《关于道德的继承性和阶级性》，载《新建设》1963年第11期。

来的。大家后来开玩笑说,这个培训班就是伦理学界的"黄埔一期"、"黄埔二期"。

曹康莉:您能具体谈谈中国特色的伦理体系吗?作为社会主义道德建设的成果,这个体系包括什么内容?它是怎样形成和发展的?

章海山:党中央十分重视新时代社会主义道德建设,以中央文件形式指导社会主义道德建设,并且不断在理论上总结经验。党的十一届三中全会以来,特别是党的十二大确立了在社会主义现代化建设的同时,建设高度的社会主义精神文明的战略方针。指出社会主义精神文明的核心是思想道德建设方面,1986年9月党的十二届六中全会通过的《中共中央关于社会主义精神文明建设指导方针的决议》中,又明确提出:"社会主义精神文明建设的根本任务,是适应社会主义现代化建设的需要,培育有理想、有道德、有文化、有纪律的社会主义公民,提高整个中华民族的思想道德素质和科学文化素质。"[1] 1992年10月,党的十四大提出建立社会主义市场经济体制,以及以爱国主义、集体主义和社会主义思想教育为主旋律的思想道德建设方针,并且确定思想道德建设必须紧紧围绕经济建设这个中心,为经济建设和改革开放提供了强大的精神动力。

党的十四届六中全会通过了《中共中央关于加强社会主义精神文明建设若干问题的决议》,做出了加强社会主义思想道德建设的战略部署,指出当前加强社会主义道德建设,是在当代中国历史大转折、世界国际格局大变动中提出来的,具有伟大的现实意义和理论意义。随着历史的转折,人们的道德观念和道德规范会发生相应的变化;由于

---

[1] 《中共中央关于社会主义精神文明建设指导方针的决议》,http://cpc.people.com.cn/GB/64184/64186/66695/4494872.html

社会主义市场经济体制有个建立、完善的过程，还由于其他种种原因，社会的一些领域中出现道德失范现象。因此，党制定了在改革开放和社会主义市场经济的条件下，加强道德建设，逐步建立适应新时期的道德体系、原则和规范，建立良好的道德风气，保证社会主义现代化建设的顺利进行等一系列措施。

2001年10月，中共中央颁布了《公民道德建设实施纲要》，这是我国社会主义道德建设的一件大事。它总结了社会主义建设时期以来道德建设的经验，尤其是改革开放以来的经验，为我们今后的道德建设确立了指导思想和方针原则、具体内容、实施途径，使我国的道德建设进入一个新的阶段。《纲要》的颁布充分说明我国道德建设的连续性和承继性，当前公民道德建设不仅继承弘扬中华道德优秀传统，而且继承发扬了我们党领导人民长期革命斗争与建设实践中形成的优良传统道德，承前启后，确立适应发展社会主义市场经济的社会主义道德体系，也从理论和实践上解决了当前道德建设中的一系列难点、热点问题。可以说，《纲要》初步确立了形成与发展社会主义市场经济相适应的社会主义道德体系。

2004年2月，中共中央、国务院颁布《中共中央国务院关于进一步加强和改进未成年人思想道德建设的若干意见》，提出了加强和改进未成年人思想道德建设的战略任务，并指出，"实现中华民族的伟大复兴，需要一代又一代人的不懈努力。从未成年人抓起，培养和造就千千万万具有高尚思想品质和良好道德修养的合格建设者和接班人，既是一项长远的战略任务，又是一项紧迫的现实任务。我们要从确保党的事业后继有人和社会主义事业兴旺发达的战略高度，从全面建设小康社会和实现中华民族伟大复兴的全局高度，从树立和落实科学发展观，坚持以人为本，执政为民的高度，充分认识加强和改进未成年人思想道德建设的重要性和紧迫性，适应新形势新任务的要求，积极应对挑战，加强薄弱环节，在巩固已有成果的基础上，采取扎实措施，努力开创未成年人思想道德建设工作的新局面。"[1]

2006年10月党的十六届六中全会通过《中共中央关于构建社会主义和谐社会若干重大问题的决定》，提出"树立社会主义荣辱观，培育文明道德风尚"，并且作为社会主义核心价值体系的基本内容之一。号召全党全国人民以马克思主义为指导，"进一步形成全社会的共同的理想信念和道德规范，打牢全党全国各族人民团结奋斗的思想道德基础"[2]。

2012年11月党的十八大报告提出："全面提高公民道德素质。这是社会主义道德建设的基本任务。要坚持依法治国和以德治国相结合，加强社会公德、职业道德、家庭美德、个人品德教育，弘扬中华传统美德，弘扬时代新风。推进公民道德建设工程，弘扬真善美、贬斥假恶丑，引导人们自觉履行法定义务、社会责任、家庭责任，营造劳动光荣、创造伟大的社会氛围，培育知荣辱、讲正气、作奉献、促和谐的良好风尚。深入开展道德领域突出问题专项教育和治理，加强政务诚信、商务诚信、社会诚信和司法公信建设。加强和改进思想政治工作，注重人文关怀和心理疏导，培育自尊自信、理性平和、积极向上的社会心态。深化群众性精神文明创建活动，广泛开展志愿服务，推动学雷锋活动、学习宣传道德模范常态化。"[3]

党中央的一系列文件充分表明党和政府对社会主义道德建设史无

---

1 《中共中央国务院关于进一步加强和改进未成年人思想道德建设的若干意见》，http://old.moe.gov.cn/publicfiles/business/htmlfiles/moe/moe_1201/200703/20055.html

2 《中共中央关于构建社会主义和谐社会若干重大问题的决定》，http://cpc.people.com.cn/GB/64093/64094/4932424.html

3 《胡锦涛文选》第三卷，北京：人民出版社2016年版，第638页。

前例的重视，同时也为伦理学的教学科研指明了方向，推动了伦理学的发展繁荣。在此期间，以罗国杰教授为代表的伦理学工作者，以马克思主义为指导，总结我国新时期社会主义道德建设的经验，逐步建立和完善适应新时期要求的、具有中国特色的、以马克思主义为指导的伦理学体系。其中不仅涉及伦理学基本问题、道德原则和规范、道德本质和道德基本范畴、道德价值和道德评价、道德教育和道德修养等一系列理论，而且在继承中外优秀传统基础上，初步建立了富有特色的新型伦理学学科体系，确立了社会主义道德建设的目标、核心、基本原则和要求，确立了社会主义道德建设的方法和途径，确立了社会主义道德建设的道德教育和道德修养要求，确立了社会主义道德建设在社会公德、职业道德、家庭美德等方面的三大任务，等等。这在世界道德建设史上都是独创的，也是史无前例的。

曹康莉：如果说改革开放以来，我国的社会主义道德建设从中国现实出发逐渐摸索和建立起一套有中国特色的社会道德体系，那么，这段历史时期中的马克思主义伦理学研究，也就是说，这方面的理论构建又有什么标志性的事件或成果呢？

章海山：改革开放以来，我国的马克思主义伦理学研究起步不算早，发表的论文也不算多。1986年，宋惠昌先生在红旗出版社出版了《马克思恩格斯的伦理学》。可以说，这是我国第一本从马克思主义伦理学史的视角去研究马克思恩格斯伦理思想的专著。

在我1991年出版《马克思主义伦理思想发展的历程》之前，国内学界似乎还没有人明确提出"马克思主义伦理思想史"这个范畴，几乎也没有这方面的论文发表。1993年至1994年，中国人民大学的许启贤教授在《道德与文明》杂志上连续刊发了《马克思主义伦理思想发展史论纲》。他说:"马克思主义伦理思想发展史是马克思主义者运用辩证唯物主义和历史唯物主义的方法揭示人类道德的起源、本质、结构、社会作用及其发展变化规律的历史,特别是揭示无产阶级道德、社会主义道德、共产主义道德产生、发展变化、社会作用以及如何培养社会主义、共产主义新人规律的历史。它是由马克思恩格斯创立的。列宁、斯大林、毛泽东等在不同历史条件下继承和发展了马克思主义伦理思想。他们的战友和学生们的伦理思想,以及一大批为马克思主义伦理思想的宣传、丰富、发展进一步系统化作出贡献的伦理学专业工作者的思想,也是马克思主义伦理思想的组成部分。"[1]

2012年,中国社会科学出版社出版了宋希仁教授撰写的《马克思恩格斯道德哲学研究》。他说:"我这是力求在《马克思恩格斯道德哲学研究》一书中,系统地梳理和总结马克思恩格斯道德哲学思想,对他们在不同时期有关道德哲学的论述进行具体分析和归纳,以求对马克思恩格斯道德哲学思想作出比较合理的、内容充实而有根据的阐述。"[2] 这是我国伦理学界目前研究马克思恩格斯伦理思想最有水平的专著。情况大致如此。

曹康莉: 确实,在上世纪80年代末90年代初,马克思主义伦理思想史研究有一个高峰,出版了好几本代表性的著作。但是,这方面的研究,特别是对马克思主义伦理思想史经典文本的研究,在90年代中后期很少有新作推出。您本人在出版了《马克思主义伦理思想发展的历程》这部著作后,似乎也没有继续这一领域的研究。可不可以说,马克思主义伦理学研究在20世纪90年代的减弱是一

---

[1] 许启贤:《马克思主义伦理思想发展史论纲(一)》,载《道德与文明》1993年第5期。
[2] 宋希仁:《马克思恩格斯道德哲学研究》,北京:中国社会科学出版社2012年版,第499页。

个普遍现象?

章海山：基本情况是这样的。马克思主义伦理思想史在90年代的研究成果减少，有一个主要原因就是应用伦理学大热。许多年轻的学者把精力都放在对应用伦理学的研究上了。这种情况除了学理原因之外，还因为应用伦理学的特殊属性：它涉及的领域宽广，只要找到一个还未挖掘的新方向就容易作出创新性成果。相比之下，马克思主义伦理思想史研究就要艰难得多了。首先，马克思恩格斯的经典文本和延伸文本为数众多，读下来而且读懂读通已经很难了。其次，关于这方面的研究，老一辈学者的见解不乏真知灼见，如果没有新的文献材料和分析工具，青年学者很难有创新性的成果产出。

曹康莉：这样说来，在马克思恩格斯的文本被梳理得差不多了，但新的问题和新的范式又尚未产生的时候，马克思主义伦理学研究热的退潮也就在所难免。而这项研究的再次复兴，可能要等到新世纪以后。此时，外来资料的传入起到了学理上的刺激作用。

章海山：是的。在新世纪，中国的社会主义建设进入一个新时期。尤其是在党的十八大后，习近平总书记提出人类命运共同体理论，推动中国特色的马克思主义发展到一个新阶段。马克思主义伦理学和马克思主义伦理思想史的研究也迎来了新的机会，开拓了新的视野，出现了更多新的领域，就会产生更多新的成果和新的话语。此外，我国学界对国外马克思主义流派的深入研究和译介，对它们关于马克思主义伦理思想的研究和反思，也启迪着近年来我国马克思主义伦理学和伦理思想史的研究向纵深拓展。

四、马克思主义伦理学的视域与趋势

曹康莉：进入新世纪以来，国内外的学术交流日益广阔和深入。许多国外的马克思主义伦理学成果也陆续传入中国，这在某种程度上甚至塑造了中国学者的问题意识。但是，回顾老一辈学者的研究成果，其中有一个重要特点，就是紧扣道德生活实际、坚持从原典中提炼问题。那么，在您看来，中国现阶段的马克思主义伦理学研究应当建立怎样的问题意识？怎样处理实践和经典之间的关系？

章海山：现在的青年学者如果从事马克思主义伦理学的研究，我想，除了要着重研究马克思主义的经典文本之外，还建议把研究国外马克思主义作为重点之一。毕竟，马克思恩格斯的经典文本已经基本固定，但国外马克思主义把他们的文本向外扩展了很多。所以，从国外马克思主义入手解读马克思主义经典，也是研究马克思主义伦理学的重要途径之一。比如说，国外马克思主义研究者经常争论青年马克思和晚年马克思之间的关系，那么，青年马克思的伦理观点和成熟后的马克思的伦理观点究竟是什么关系，这就是一个值得研究的问题。

但一定要注意，我们要有自己的立场，不能完全被西方学术牵着走。而且，还要适应中国实际情况。因为我们的任务之一，要在理论上和实践上建立适合社会主义市场经济的伦理体系。当前中国的伦理学者可以把这个目标与习近平总书记关于全人类共同价值的论述结合起来。如此一来,围绕马克思主义伦理思想的文本解读就广阔得多了。老一辈学者对原典的解读固然有借鉴之处,但老一辈往往受到外语水平的限制,掌握的国外相关资料也有限。而年轻一辈精力足、外语好,也有经常出国接触外来资源的机会,所以完全可以进入当代马克思主义伦理学研究的世界语境之中,可以与当前国际上的主流研究成果直接对话。我是想做点这方面工作,但已经力不从心了。

曹康莉:所以,在中西交流上我们要以一种开放的心态,把有借鉴意义的国外理论拿过来,再结合中国实际,推动中国伦理学的发展。您知道,目前中国传统文化得到更多重视,中国传统伦理思想也处于复兴时期,那么,您是如何看待马克思主义伦理学与中国传统伦理思想之间的关系呢?

章海山:很显然,我们当前的伦理思想必须要建立在中国优秀的传统道德的基础上,这是最基本的。但是,难就难在批判地继承上。因为,我们必须回答,对于中国传统伦理,到底要批判什么,又要继承什么。按照毛泽东同志的说法是要"古为今用"。那么,哪些可以为我们所用,哪些不能为我们所用,至今学术界还在不断深入探究,还没有很明确的答案。这个问题从上世纪60年代起直到现在,一直困扰着学术界。知名度比较高的一个尝试回答,是冯友兰先生提出的"抽象继承法"。按照"抽象继承法",比如说,可以把"忠"字里面"忠于皇帝、忠于朝廷"的内容去除,而取其抽象意义,用来表述"忠于党、忠于人民"的含义。如果不用这种方法,古代的"忠"是有它具体内容的，又该怎么进行批判？怎么进行继承？面对这样的问题，伦理学界现在从理论到实践都还在继续探讨，都在力求给出为学界所认同的理论，所以这还是值得继续研究的问题。

这方面华东师大的朱贻庭教授有一些想法，他发表的论著《关于中国传统伦理现代价值研究的方法论思考》[1]和《"源原之辨"与"古今通理"——继承和发展传统文化的方法论新探》[2]以及《中国传统道德哲学六辨》[3]提出的对中国传统道德的批判继承很有新意，提升到一个新高度，对于解决这一理论难题很有启发和帮助。

曹康莉：那么，进一步说，研究马克思主义伦理思想和继承中国传统文化之间是什么关系？

章海山：广义说，马克思主义伦理学继承和弘扬了全人类伦理学的优秀传统和成果，当然也包括了中国伦理学的优秀传统和成果，这是一层关系。但更为重要的是"马克思主义伦理学中国化"这一重大问题。马克思主义伦理学应当也必须中国化，必须建立适合中国新时代社会主义道德建设的马克思主义伦理学。它必须建立于中国传统文化中的优秀道德传统和优秀伦理思想成果的基础上。这两者的结合才会构成有中国特色的社会主义伦理体系。当然，如何结合是一个难题。它需要伦理学工作者付出艰辛的努力，需要在社会主义道德建设的实践中，不断探究，不断总结。

---

1 朱贻庭：《关于中国传统伦理现代价值研究的方法论思考》，载《长沙电力学院学报》1998年第6期。
2 朱贻庭：《"源原之辨"与"古今通理"——继承和发展传统文化的方法论新探》，载《探索与争鸣》2015年第1期。
3 朱贻庭：《中国传统道德哲学六辨》，上海：文汇出版社2017年版。

曹康莉： 在老一辈伦理学人的开拓下，中国的马克思主义伦理学已经打下了良好的基础。而您也知道，国内的马克思主义伦理学研究，如今又出现了许多积极的状况。越来越多的青年学人都投入到这项事业中。那么，您对青年一代的马克思主义伦理学研究者又有何建议、寄语和期待呢？

章海山：在我看来，从新中国建立到目前，较早的有周辅成、周原冰和李奇等老先生研究马克思主义伦理学和西方伦理学。改革开放之后，中国伦理学研究可以说已经有了三代人。第一代是以罗国杰等为代表的学者，新时期马克思主义伦理学的开创者和奠基者，大多已年过八旬，有的已经去世。第二代是以万俊人等为代表的中年的伦理学界的精英。第三代就是以中国伦理学会近几年评出的"杰出青年学者"为代表的年轻学人。中国伦理学发展的重任落在第二代、第三代身上。

说到给青年一代马克思主义伦理学研究者提建议，我教书的时候反复给学生讲，要在坚持马克思主义指导的前提下，做到"四多"。"四多"就是要多看、多想、多写、多发表。我想，这对青年一代还是有借鉴意义的。

第一是多看。要多看中外资料。周辅成先生教我时，总是说让我扎扎实实打好基础，不要看了一点资料就去写东西，而是要先把中西文献通读精读。

第二是多想。根据看到的资料思考哪些问题是开拓性、创新性的，如果一个问题已经有人做了而且成果已经不少，并且还不错，那就不要再轻易进入这个领域。对于那些还有许多创新空间的领域，才是要重点考察和把握的。一定要找到一个突破口，如果你的硕士博士论文写的是别人都讲过的东西，那就没什么价值了。所以，一定要多思多想，这样总能找到突破口。而且要扬长避短，找到自己优势所在和弱点所在，并以此为基础进行学术研究规划。比如说，外语好就多找点外语文献研究，外语不那么好的就最好不要碰全是外语资料的研究领域。

第三是多写。硕士博士刚一开始可能不会写文章，这就需要不断训练，写多了自然就会知道如何写了，而且写作水平会不断提高。换句话说，多写多练，才能不断提高。

第四是多发表。现在和我们当时不一样，如果发表不了论文，硕士和博士就拿不到学位，甚至不能毕业；教师、科研工作者就不能评职称，这就会影响后续研究。

中国的伦理学研究，包括马克思主义伦理学研究在内，希望就在第二代和第三代学者的身上了。第二代学者是现在的领军人，第三代在后面跟着。伦理学现在的情况整体还是不错的、有前景的。

马克思主义伦理学何以可能
——访英国肯特大学戴维·麦克莱伦[*]教授

李义天 张霄[**]

确立马克思主义伦理学的知识合法性，建构马克思主义的道德基础及其伦理主题，是当代马克思主义研究的重要前沿方向之一。2018年5月，李义天教授与张霄副教授前往英国坎特伯雷市，就马克思主义伦理学的理论可能及其主要问题，与国际知名马克思主义学者戴维·麦克莱伦进行访谈。在交流中，麦克莱伦教授阐述了他所理解的以人的本质为基础、以人的自由全面发展为主旨的马克思主义道德观念，解释了平等、正义等道德价值在马克思主义伦理学中的地位及局限，并对马克思主义伦理学的思想背景和研究方法提出了自己的看法。

---

[*] 戴维·麦克莱伦（David Mclellan），英国肯特大学政治与国际关系学系教授。

[**] 李义天，清华大学高校德育研究中心教授。张霄，中国人民大学哲学院副教授。

一、人的本质与道德基础

李义天：麦克莱伦教授，您好。很多中国学者与您有过访谈，还有不少中国媒体对您进行过专访。在阅读这些访谈内容时，我发现，其中大部分问题或主题都是关于如何理解马克思主义的整体或一般特征，比如，马克思主义的辩证法、历史唯物主义，等等。但是今天，我想特别关注并与您探讨的是马克思主义的伦理学，也就是马克思主义的道德基础及其伦理主题。所以，请允许我开门见山地提出问题：您认为，在马克思主义理论中，我们有可能讨论一种被称作"马克思主义伦理学"的思想理论吗？

麦克莱伦：是的，我认为可以。因为，当你阅读他的著作，尤其是早期著作时，你会发现诸如"人的本质"（human nature）和"异化"（alienation）这样具有深刻伦理意义的概念。我认为，这些概念不仅在他早期的著作中，而且在后期的著作中也有所体现。对于马克思主义者来说，这里始终存在一个非常强大的潜在道德基础。

李义天：但是，许多学者都认为，在马克思主义理论中并不存在一个规范的标准或维度。因此，即使我们可以说马克思主义非常强调对资本主义的批判，我们不能从马克思恩格斯那里找到一种道德哲学

来支撑他们的批判。

麦克莱伦：我不同意这个观点。我认为马克思的思想中存在规范性维度。这个维度就是马克思关于人的本质的概念。在这方面，我认为，马克思的思想在一定程度上源于亚里士多德。对人而言，"人的本质"概念的全部意义就在于它可以承认人自身的发展及其潜能的实现，从而使人能够与植物或动物区别开来。任何事物都有其特殊的本质和特殊的发展方式。这种观念对于马克思同样不陌生。"人的本质"概念及其对人类发展的意义极为清晰地呈现在马克思的早期著作中，例如《1844年经济学哲学手稿》。当然，有些学者觉得马克思在早期著作中关于道德的讨论并未延续到他的后期著作中。我并不这样认为。只不过，的确是在马克思早期的著作中，这方面的讨论体现得更为明显。在那里，您可以看到人的本质、人的发展等观念。出于同样的原因，您也可以看到某种能够促进这种发展的社会形态。也就是说，当我们实现这种社会的时候，它将极大地促进我们作为人的发展与繁荣。

李义天：可是，您又如何理解马克思所说的"人的本质"？因为，正如马克思自己所承认的那样，并不存在抽象的人的本质。我们所拥有的只是这种或那种特殊的人的本质。因此，如果我们把道德的基础置于"人的本质"概念，并且只要存在这个概念，就意味着能够推导出规范层面的道德理论，这是否会让我们曲解了马克思？

麦克莱伦：我不能肯定我完全理解了您的问题。如果您所说的"抽象"，指的是一种超历史的、不会随着生产方式的变化而变化的"人的本质"，那么，这显然不是马克思的思考对象。我想，他所持有的一种规范性的人的本质概念，将在共产主义社会中得到彻底实现。目前我们还无法完整地构想它。而且，在此之前的原始社会和阶级社会的生产方式，恰恰是以各种方式在阻碍这种人的本质的发展。我并不想说这是一种抽象的人的本质。但有一点是肯定的，至少马克思会说，您不可能看到它在现存社会的任何一个环节里实现。因为，在阶级社会中，无论是封建主义社会还是资本主义社会等等，都不可能真正寻求人类的发展。

毫无疑问，马克思对于究竟是什么构成了人类的潜能及其发展，是有着明确看法的。您可能会问，他是从哪里得到这些想法的。它们当然不是来自天上，也不是来自类似这种意义的抽象。我相信，这些观念部分地来自过去的哲学家和他们的论断（尤其来自亚里士多德），部分地来自马克思对他所生活的特定社会的观察，以及对于那种在他看来能够促进人类发展的社会关系的反思。所以，马克思的这个概念并不完全是靠抽象得来的。我认为，他与友人的交往以及他在自己所身处的社会中的工作经历，足以让他瞥见人类潜能的存在方式。所以，如果这是您的问题，我会比较犹豫，是否应该使用"抽象"这个术语来解释马克思的人的本质概念。毕竟，在这个语境中使用这个词可能会带来误导。

李义天：可是，麦克莱伦教授，如果人类的真正本质至今尚未被实现，而且我们截至目前也还未能充分地构思它，那么我们是否还有把握说，我们在未来的共产主义社会中仍有许多机会可以将它实现？

麦克莱伦：您是在问我自己对于这个问题的理解，还是在问我所认为的马克思对于这个问题的理解？这两者是不同的。

李义天：您介意两方面都谈谈吗？既告诉我们您自己的理解，也说说在您看来，马克思对这个问题可能持有的态度。

麦克莱伦：那我先谈第二个问题吧。我觉得这个问题可能容易一些。在我看来，马克思对于人类历史的整体发展进程具有一种强烈的决定论观点。从这个意义上说，他是启蒙运动的优秀继承者。他认为理性和科学的进步终将带来人类的自由，带来社会主义和共产主义的实现。这种观点不仅立足于理性和科学，同时也建立在马克思这样的观点之上，即，迄今为止的人类社会都形成于阶级斗争，而被无产阶级统治的社会将在一个长期的历史进程中，逐渐建立起一个对于全体成员都有积极意义的社会。同时，他还认为，资本主义日益固化的生产方式必将由于自身的矛盾而崩溃。所以，资本主义社会必将让位于社会主义以及最终的共产主义。因此，在我看来，马克思是非常乐观的。但是，马克思也认为，社会主义是一个长期的历史进程，社会主义只有在资本主义把它全部的能量消耗殆尽的条件下才能实现。这是一个相当漫长的过程。按照马克思的观点，可能是几十年，甚至可能是几百年。尽管如此，马克思对于共产主义的实现以及真正实现人类之潜能的那个社会的到来，依然是非常乐观的。

现在，回到您的第一个问题。我认为，我没有理由像马克思一样这么乐观。我的意思是，我并不完全赞同马克思关于资本主义灭亡的看法。诚然，经过一个漫长的过程，资本主义必将灭亡，但我并不那么乐观地认为，某种形式的社会主义必将到来，尽管我真的希望这会发生。这部分地是因为，未来实在是难以被决定。任何想要对它进行预测的人，您知道，往往都被证明是错的；他们在这个问题上往往是自找麻烦。而且，在一定程度上，我认为现在已经不同于马克思在思考这些问题时所处的19世纪。在那个时候，人类历史的发展方式是相当清楚的。您能看到，它在以前进的方式运动，它时刻都处于进步之中，而且似乎变得越来越好。然而20世纪发生的种种事情，特别是两次世界大战以及近年来的环境危机,严重地阻碍了人类的进步,挫伤了人类关于进步的信心。人类在19世纪所取得的许多进步都遭到了严重的质疑。所以,我很担心,我对即将到来的社会阶段可能并没有马克思那样的乐观。虽然我们能够尽力去实现它,但是我对它的到来并不充满信心。

二、平等与需要

李义天：但是，您知道，在伦理学或道德哲学中，我们能够从一种道德哲学传统中区分出不同的维度。我们可以说一些是道德基础，一些是道德原则，一些是道德判断。所以，尽管人的本质概念能够被视为马克思主义伦理学的道德基础，但我们的问题是我们能够从这样一种基础中推断出什么？我们从中能够得出什么样的道德原则？

麦克莱伦：我认为，您或许能够从马克思的"人的本质"观念中得出一些道德原则。这些在人类社会中发挥作用的原则，势必影响并有效促进马克思所谈及的"人的本质"。很明显，这些原则的范围非常广泛，包括社会的、政治的、法律的以及社会的其他组织部分。在马克思这里，特别需要说明的是，这些道德原则必定涉及最一般的生产资料所有制。这是道德原则的基础。随之而来的观念便是，相比于处在竞争的社会而言，人类应当并将更加频繁地共同协作。您可以将之称为"协作原则"。

除此之外，这里还存在另外一个似乎有争议的原则，即"平等原则"。我相信，这是一个有趣的问题。极度富裕与极度贫困的并存，是一个真实的问题。您也许会说，克服这个问题的方法之一，就是坚持社会平等。我想这是正确的。但我不确定的是，平等原则是否能够构成马克思所设想的共产主义社会的一条道德原则。

这一点可以在《哥达纲领批判》里找到依据。在那里，马克思讨论了共产主义的两个发展阶段，他称之为共产主义的低级和高级阶段，或者说，社会主义阶段和共产主义阶段。当社会主义从资本主义中产生出来时，社会主义表现为一种平等主义的社会形态，在那里，每个人都根据他所付出的劳动成比例地获取其应得。如果一个人工作了8个小时，那么他就可以让自己得到8个小时的价值。但是，马克思非常谨慎地指出，这实际上仍是一种资产阶级的法权观念。而在共产主义社会，写在旗帜上的将会是"按需分配"。从理论上讲，"需要"不是那种可以按照平等主义的方式来处理的对象。因为，同样是为了发展自身，有的人也许需要的非常少，而有的人也许需要的就很多。比如说，如果您是一位画家，在作画时所需要的仅仅是一把刷子，一张油画布，一些颜料。真的就只有这么多。如果您是一位小提琴家，为了自身的发展，您需要的是一把高质量的小提琴。而这件东西就极其昂贵。所以，平等原则似乎不容易在一个真正的共产主义社会得以实现。它至多是迈向共产主义过程中（即，社会主义阶段）的一条原则。

有鉴于此，我并不建议您在马克思的"人的本质"概念基础上界定所谓的道德原则。要知道，当您从共产主义的立场出发寻找原则时，这种说法存在着很高程度的抽象性。另外，我并不认为，共产主义社会真的会具有很多"原则"。您或许会说，在人类发展以及针对资本主义社会的批判中，诸如"平等"这样的原则是有价值的，而且是必要的；当超越资本主义而实现了社会主义的时候，这些原则同样是需要的，而且重要的。因为它们会带来一定的社会政策、制度安排、法律设计等等。不过，考虑到共产主义社会的现实可能性，我认为它们与马克思看待这类事情的方式是不相容的。

李义天：但是，平等不仅是一个如何平等分配资源的问题，同时也是一个如何平等对待每个人的问题。从这个意义上说，"按需分配"虽然不代表资源分配的平等，但它却是共产主义条件下平等待人的特定方式。在我们当前社会中，由于生产力的有限和阶级利益的对立，所以不得不设定特定的统一标准，为了资源的平等分配而斗争。比如，在资本主义社会，人们根据资本的标准来分配资源和劳动产品；在社会主义社会或共产主义社会的第一阶段，就像马克思在《哥达纲领批判》中阐释的那样，分配根据的标准是每个人提供的劳动。当然，正如您所说的那样，马克思意识到仅仅按劳分配是不够的。因为这种分配方式忽视了不同人的不同需要，没有认真对待这些不同的需要，而仅仅把人片面地看作"劳动者"而已。所以，一旦我们有了足够的生产力，支持我们建构一个更高层次的共产主义社会，我们就应当去考虑，如何对不同个人的不同需要给予平等的满足。这当然不是说，平等地分配资源以满足各人的需要，而是说，在共产主义条件下，如果我有需要 A，那么我能够在这个方面得到满足；如果你有需要 B，那么你可以在那个方面被满足。尽管资源在我们之间的分配是不平等的，但我们得到对待的资格或方式却是平等的。所以，平等的观念和原则在共产主义社会中依然发挥作用。

麦克莱伦：我认为您的观点有道理，但我只是部分地同意。您知道，这种表述会使得平等观念变得十分狭隘，几乎变得冗余。因为，如果你需要 A，而我需要 B，并且在这个社会中我们所拥有的资源足够我们根据人的需要来分配，那么，这个时候，平等体现在何处？这是不是等于说，我们都有一个平等的权利使得我们的需要得到满足？

在我看来，这虽然是理解平等的一种方式，但我对基于权利的平等观念仍然是不满意的。因为，"权利"概念本质上是个人主义的概念。特别是在当代资本主义社会中，它往往被用来证明个体之间彼此对抗的合理性。因此，所有关于权利的讨论，其实在深层次上都是阻碍甚至反对社会联合的。这也就是为什么，尽管您可以主张人们有平等的权利使自己的需要得到平等的满足，但我仍然在某种程度上不愿意去采用这种表述的原因。对我而言，平等观念是冗余的。我不认为平等观念会有助于我们理解共产主义社会的本质。诚然，我在社会主义社会中能够发现平等，但是，共产主义社会的要求却是不同的。

李义天：我想，关于平等的讨论和理解必定是复杂的。仅仅在自由主义政治哲学内部，平等理论就表现为多种立场。更不要说，在澄清平等或权利的内涵及其历史意义之前，我们从马克思主义的角度切入只会使问题变得更加复杂。但是，您知道，即便我们搁置这个问题，不去深究"同等地满足不同的需要是否涉及平等"，这里也仍有另外一个关于按需分配之恰当性的问题亟待考察：即，在共产主义的条件下，每个自由全面发展的个体是否会具有错误的或者不当的需要？

麦克莱伦：根据马克思的观点，这里的答案也许谈不上"错误"与否。马克思有理由指出，他并没有以任何方式勾勒未来共产主义的社会本质。而这恰是对19世纪空想社会主义的一种批判；后者幻想着奇迹般的观念，即，在一个理想社会中，全体人员都可以被组织协调起来。与此不同，马克思认为这首先是工人阶级的任务，尤其是当他们开始决定他们究竟想要什么的时候。

人们在共产主义社会中是否会持有错误的需要，对这个问题，我认为并不容易回答。在共产主义社会，一些个体也许会错误地理解自身的需要、他人的需要或社会的整体需要。但是，对这类问题，如果使用我们现有的抽象概念，是很难得到妥善回答的。很明显，马克思乐观地认为，一旦共产主义社会被建立起来，人类本就具有的那种协作和联合等本质，都将得到全面的实现；而人们确立并意识到的种种需要，也将会促使人的本质的实现，而不是与之对立。

三、正义与道德

张 霄：在您看来，马克思的思想如果包含评价或规范的维度，那么，何种道德价值是最关键的？我的意思是，在比如自由、平等、正义、共同体、自我实现等这样的价值中，您认为马克思恩格斯会更为看重哪个？

麦克莱伦：我想可能是"正义"吧。至于"平等"，我并不认为平等观念可以跨越历史。在我看来，平等观念既是资产阶级社会的产物，也是资产阶级社会没有实现的产物。自由、平等这些观念都是这样。工人阶级根本就没有那么多自由，没有那么多平等，更谈不上什么永恒的自由或平等。也就是说，资本主义社会没有实现它自己宣称的东西。

至于正义，你也可以说，它是一条共产主义的原则。但我更想谈一下的是，这些原则在共产主义社会是否存在这个问题。有一种说法声称，在共产主义社会，根本不需要这些原则。我的朋友 G.A. 科恩（G.A.Cohen）教授就曾写过一篇非常引人注目的文章，试图论证为什么在共产主义社会中社会科学无需存在。[1] 很不幸，他几年前去世了。

---

1 G.A.Cohen, "Karl Marx and the Withering of Social Science", *Philosophy and Public Affairs*, Vol.1, No.2 (Winter, 1972).

在那篇文章里，科恩说，这是因为社会是透明的，人们可以充分认识到正在发生的事是什么。而在资本主义社会，自由和平等只是表象。它们只会误导人。所以我们不得不透过外表去发现真实的东西。然而，在共产主义社会，如果真实的东西本身就是可见的，那你就无需任何形式的社会科学去揭示任何被遮蔽的东西。在我看来，这是一个非常有趣的观点。这就是为什么当你提及上面这五种道德价值的时候，我有点犹豫的原因。

李义天：可是，许多学者认为，对马克思主义而言，正义概念不足以也不适合于作为它的核心道德价值。比如，艾伦·伍德（Allen Wood）就持有这样的看法。我最近应邀翻译了他的一篇新作，题目就是《马克思反对从不正义出发批判资本主义》。[1] 伍德依然坚持并延续他从上个世纪 70 年代开始就一直认同的那些观点，即，马克思不认为资本主义是不正义的，马克思不是依据正义来批判资本主义。

麦克莱伦：毫无疑问，正义被马克思视为一个道德价值。马克思认为，资本主义社会的核心道德价值确实包括正义、平等或自由。它们也被写进了资产阶级的宪法，但问题在于，它们几乎没有得到应用。从这个意义上讲，马克思可能有理由认为资本主义是一个不正义的社会，因为它并没有实现它自身所承诺的正义。不过，资本主义社会不仅就其自身而言是不正义的，而且，它还因为妨碍了适用于其他社会的正义观念而是不正义的。资本主义无法实现正义，但社会主义也许可以。但是，我认为这里存在大量的问题，特别是正义本身的含义。

---

1 [美] 艾伦·伍德：《马克思反对从不正义出发批判资本主义》，李义天译，载《中国社会科学》2018 年第 6 期。

如您所知，艾伦·伍德和诺曼·杰拉斯（Norman Geras）之间的争论是围绕这些问题的。而我支持的是杰拉斯。

李义天：这正是我问这个问题的原因！您知道，当研究马克思主义伦理学时，我们不得不首先面对或处理两个挑战：一个是，如果在马克思主义中存在道德的合理位置，那么，我们该如何解释道德既是由经济基础产生，但又相对独立于这个基础，而不是以完全依赖的、被决定的方式存在？另一个挑战是，正如恩格斯在《反杜林论》中谈到的那样，道德在不同民族和时代之间，变化是极其迅速的，以至于我们无法在道德中找到任何普遍的、稳定的或永恒的东西。对于这一点我们又该如何处理？

麦克莱伦：我认为这两个挑战具有内在一致性。它们都涉及马克思主义者在唯物史观框架内如何理解道德的本质问题。正如我刚才阐述的那样，马克思会以进步和发展的视角看待历史，因而每种生产方式都从自身当中产生自己的道德。资本主义的生产方式有自己的道德，未来的共产主义生产方式也有它自己的道德。但是，如果你继续保持马克思的视角的话，那么你会发现，一些人处于特权地位而另一些人处于附属地位，这样的状况无论在以前或当下被看作多么的"合乎道德"，它们也必定会在历史的运动中被超越。所以，问题并不在于道德既然是由经济基础或社会语境产生因而是依赖性的或不稳定的；问题在于，如果这就是道德的事实，那么，资本主义社会的道德将会怎样产生或被置换为社会主义社会的道德。马克思会说，是资本主义社会催生了社会主义社会，而我们就处于这样的节点之上。这个节点包含着巨大的进步，并将催生未来社会，即共产主义或社会主义社会。那时，新的物质对象无疑地会创造出新的不同的道德。因此，您所担忧的这两点不是马克思主义伦理学必须应付的挑战，而是我们由此出发的起点。

张　霄：不可否认，马克思、恩格斯在世的时候，他们对道德的态度并不友好。一般认为，恩格斯在《反杜林论》里已经对道德问题做了经典表述，所以我们对此无需继续深入。但有意思的是，在马克思主义思想史上，许多重大的争论都涉及伦理学或道德问题，有很多争论甚至围绕道德问题展开。例如恩格斯刚去世不久，伯恩施坦就发表了《社会主义的前提和社会民主党的任务》，提出要用"伦理社会主义"替代"科学社会主义"，用康德的伦理学去重建历史唯物主义。伯恩施坦的言论在德国社会民主党内引起了轩然大波，考茨基为此还专门写了一本书，《伦理学与历史唯物主义》，对伯恩施坦进行公开反驳。您是知名的马克思主义历史学家，您如何看待这一历史现象？

麦克莱伦：在我看来，你的问题涉及两个方面：一个关于马克思、恩格斯的道德观；一个是问马克思主义思想史上为什么会出现很多有关道德的争论。让我分别来回答你的问题。

关于第一个问题，正如你所说，马克思、恩格斯在某些场合对待道德的态度是不太友好的。这在他们说过的一些非常有名的语句中都有明显的体现。比如，在1864年写给恩格斯的一封信中，马克思在和恩格斯交流为国际工人协会起草文件的相关事情时说："我必须在章程导言中采纳'义务'和'权利'这两个词，以及'真理、道德和正义'等词，但是，对这些字眼已经妥为安排，使它们不可能造成危害。"[1] 他们之所以会这样对待道德，是因为在他们看来，那些通过诉诸道德而

---

[1] 《马克思恩格斯全集》第31卷，北京：人民出版社第1版，第17页。

组织社会的方式完全属于幻想。实际上，那些涉及真、善、美、正当性等观念都同他们生活于其中的社会格格不入。但在另一个方面，马克思在他的作品中却充满了道德义愤。他谴责资本主义社会对待工人的方式，认为这种方式剥夺了工人作为人的个性。因此，没有人怀疑，马克思的作品中确实带有非常强烈的道德观。在我看来，人们之所以在这个问题上会被误导，是因为他们对道德持有不同理解。他们所说的道德往往是对他们所处社会的道德的描述。而马克思却有他自己的道德观。

现在我来说说第二个方面：马克思主义思想史上为什么会有那么多关于道德的争论。我不确定你是如何看待从马克思去世直至第一次世界大战爆发这段时间里马克思主义的发展的。我的意思是，在这段时间里，马克思主义其实发生了很大的变化。我认为，恩格斯把马克思的辩证法变成了一种可以解释所有事物的世界观。我将其称为某种形而上学，一种关于物质及其辩证运动的形而上学，涉及质变量变、普遍联系等方面。也可以说，整个社会的基础是物质的。显然，如果用这样的观点看待事物，也就不存在所谓的道德问题。因为，你所得到的只是物质的一种运动。而这种物质运动基本上又是被规律决定的。因此，这种观念似乎没有给人类的自由意志留下任何空间。于是，有的马克思主义者就把道德还原到人类的需要体系之中，而有的马克思主义者则试图将康德的道德概念引入马克思主义。这样一来，就产生了唯物的马克思主义和用康德的道德原则评价观念的马克思主义。这两样东西似乎可以同时并存。因为，康德式的道德被认为不依赖于任何社会物质条件；道德的合理性在其自身发出的绝对命令。但是，这么做是不可能真正解决问题的。

四、背景与方法

张　霄：马克思主义发展史上确实出现过关于马克思主义的许多不同理解。它们恰恰构成了马克思主义伦理学的思想背景。也就是说，马克思主义对待道德问题的不同态度，在一定程度上，似乎正是这些不同理解的折射或反映。为了说明之所以会出现上述不同态度，有一种观点认为，这是因为至少存在两种类型的马克思主义：一种是建立在自由意志基础上的马克思主义，一种是建立在决定论基础上的马克思主义。您如何看待这种区分？

麦克莱伦：的确。当你说有两种马克思主义的时候，你可以用这两个术语来形容。许多学者也用这些术语来写作。在马克思主义思想发展史上，你可以说有一条脉络非常强调决定论，倾向于把马克思主义看作一种类似于科学的社会科学。在这点上，恩格斯起到了很大的作用。他在马克思墓前的讲话中说，马克思的历史唯物主义在社会科学领域中的贡献，就像达尔文的进化生物学在自然科学领域中的贡献一样。

此外，还有另一条思想脉络，似乎可以追溯到早期马克思并贯穿马克思的一生。但我不认为后期马克思和恩格斯遵循着这条脉络。马克思追随黑格尔，并且他的观点跟黑格尔的辩证法一样，认为在人类的意识与物质实在之间存在着辩证关系。当然，黑格尔是一个唯心主义者，马克思在《资本论》中也说黑格尔是头脚倒立的。他要把黑格尔颠倒过来，使其靠脚站立。尽管如此，黑格尔的辩证法却指出了人类的意识与物质实在之间相互影响的辩证关系。这显然给讨论人类自由或自由意志的有限形式留下了空间。这样说来，人类的确创造了历史。正如马克思在1851年所说，人类创造了他们自己的历史，但他们是在自己所继承的特定环境中创造历史。你不可能像发明创造那样凭空创造。你需要处理那些被你继承下来的各种材料，并且知道你能做什么、不能做什么。但这并不妨碍你发挥主观能动性。这个观点也贯穿于列宁的思想中。他在研读了黑格尔后，发生了思想上的革命。他说，一个人如果不了解黑格尔的逻辑学，就不可能理解《资本论》。在我看来，列宁对革命的态度与此有关。黑格尔哲学显然激发了他"人可以创造历史"的想法。因此，马克思主义这里不仅仅只是决定论。我们可以换个角度看问题。正如卢卡奇所说，意识是在理论上对革命的反思和解释。意大利的马克思主义者葛兰西也认为，你可以借助这些意识而行动。这不是一种唯意志论，而是一种强调做事并把事做实的行动主义。

在某种意义上，我想，这也许就是你所说的两种马克思主义吧。它们在20世纪有非常强的两个版本：一个是苏联的马克思主义，一个是西方马克思主义。

张　霄：就马克思主义伦理学的建构而言，似乎承认自由意志或至少承认主体能动性的马克思主义解释更合适一些。但是，您知道，在伦理学史上，大多数伦理学理论正是从人的自由意志，从人的需要、欲望出发来解释人的道德行为的。您认为，马克思也会从这种角度来理解和阐释道德现象吗？

麦克莱伦：我认为答案是否定的。对道德现象的理解和阐释，带来的是关于道德的观念。而关于道德的观念，或者任何其他观念，都根植于社会的土壤。从某种意义上说，任何观念，如果不是对社会现实的反映，则必定是幻想的东西。马克思就是这样看待空想社会主义的。他认为空想社会主义追求的东西是不现实的。但是，反过来看，从特定的社会土壤中所产生的各种观念（包括道德观念）也可以掌控社会，比如，封建社会的宗法观念。所以，要知道社会主义的道德观念是怎样的，就要从产生这种观念的社会土壤的角度出发，就要看看适合这种观念的社会土壤到底是怎样的。在马克思看来，任何社会都在不断变化，发展成另一种社会；孕育未来的力量或许非常薄弱，但它们的确在推动人类社会朝新的方向发展。他会说，他的思想适合于这个未来的力量，也就是不断成长的工人阶级和无产阶级运动的力量。它们必将成为新社会的基础。

马克思的道德哲学问题是一个长期被讨论并引起了很多争议的问题。特别是近年来围绕有关正义概念的争论。马克思是否持有一种历史的正义概念？或者，是不是每一种生产方式都有自身独特的且正当的正义概念？对于后一个问题给予肯定回答，这种观念如今很强势。对此，我在中国人民大学的朋友段忠桥教授有不同的意见，我必须说，我对他的认同要比我对艾伦·伍德的认同更多一些。

如今这样的问题很值得讨论。有些人认为，马克思的确持有一种跨历史的人性概念和正义概念。这些概念可以被用来思考所有人类社会的相关问题。比方说亚里士多德，就有这样一种跨历史的人性概念和正义概念。可是，后来的人之所以不满意他的理论，很大程度上恰恰是因为他关于女性和奴隶的观点不能被现代人所接受。这样看来，亚里士多德的人性概念和正义概念也是历史的、时代的产物。那些为未来社会制定的道德原则，也是从当代社会的土壤中生发出来的。因此，我并不想超出我自己所处的时代。我认为，马克思在这方面是位一以贯之的黑格尔主义者。他也不想跨越历史。

张　霄：伍德也好，科恩也好，他们都往往被视作当代英美分析马克思主义的代表人物。从您的评论中，似乎可以看到，您觉得我们当前不可能沿着分析马克思主义的路径来构建马克思主义的伦理学。是这样的吗？例如，像科恩的那种基于平等价值的构建方案也是不可能成功的吗？

麦克莱伦：我想大概不可能。我不太认同英美的分析马克思主义者对马克思主义的观察和看法。当然，我也认同科恩的某些作品。他在上个世纪70年代对马克思历史理论的辩护工作，绝对是出色的。但我认为，许多英美的分析马克思主义者往往是从非常个人主义的立场出发。他们所使用的分析哲学框架本身，就和马克思本人思考问题的方式格格不入。所以说，如果马克思自己都非常自豪地说自己受到了黑格尔的影响，那么，试图用这种追求精确含义的分析方法再现马克思的思想，其结果就很可能不符合马克思本人的原意。因此，分析的方法很难充分地重新解释马克思。

尽管分析马克思主义者做了不少工作，有些工作也非常出色，然而，他们其中有些人却是在用非常个人主义的分析方法来看待社会，也就是说，他们从个人开始，并以这种方式确立和论证所有个人的事务。但这根本不是马克思主义看待事物的方式。例如，乔·埃尔斯特（Jon Elster）曾经写了一本大部头的书，试图从分析哲学和强硬的个人主义的立场重建马克思的思想。[1] 你会发现，当读完这本书的时候，你很难再说这里面究竟还有多少是属于马克思的东西。而这不足为奇。因为，他是从一种非马克思的观点出发的。所以，我并不认为，花大力气去建构那种分析式的马克思主义会有很大的前途。因为这不可能。像科恩、埃尔斯特，还有约翰·罗默（John Roemer）一样采取这种方式的人，正是因为经历了如此版本的英美马克思主义，后来才变成了非马克思主义者。

必须要说的是，英美的分析马克思主义也是时代的产物，是英美社会自由主义思想的产物，是那种在20世纪八九十年代占主导地位的撒切尔—里根经济学的产物。它们也体现了这种经济学对个人主义的马克思主义的支撑。然而，当这种经济基础在20世纪90年代开始衰退、直到2008年爆发危机的时候，英美的分析马克思主义也随之淡出人们的视线。因此，我并不太相信他们的工作可以为马克思主义的伦理学奠定稳固的基础。

李义天：的确，目前有很多讨论马克思主义道德问题的著作，但实际上，它们并没有严格地以马克思主义的方式展开。其中有些作者也不是马克思主义者，因为他们已经把马克思的基本观点修改得太多了。但无论如何，目前的热烈讨论至少反映出人们的一种需要，即，需要马克思主义的伦理学来处理诸如正义、平等、自由这样的伦理话题。所以，如果讨论马克思主义伦理学是非常必要的，同时，如果马克思主义的伦理思想也确实并不是充分或完整的，那么，我们该如何在这个方面展开工作以满足上述需要呢？

1　Jon Elster, *Marking Sense of Marx*, Cambridge University Press, 1985.

麦克莱伦：是的，我对此表示认同。毫无疑问，马克思主义的道德维度并不是那么明显或清晰。您知道，任何一种体系宏大且有规范性的政治理论，其中必定存在明显或有力的道德维度。例如，自由主义的政治理论就有一个非常有力的道德维度。如果缺少这方面，那么这种政治理论的影响力也会受到限制。而这也许正是马克思的政治哲学近两个世纪以来没有得到充分重视和理解的原因之一。如果其中存在更多的、更明显的、对人们更有吸引力的道德维度，那么，不仅马克思主义的道德哲学，而且马克思主义的政治哲学，都应该变得更加有影响。因为，这些方面都是人们想要的东西。他们需要这些东西去指引他们的私人生活和社会生活。这的确是马克思主义理论中没有被充分讨论的方面。

在 20 世纪 70 年代，当马克思主义在大学非常流行的时候，许多学生都会来我的课堂。我关注这些年轻人，他们非常喜欢马克思主义。但是，马克思主义虽然有很多东西可以教给他们如何理解自己的社会，却没有太多的东西教给他们如何处理现实的人际关系。比如说，我应该怎样对待我的母亲和父亲？我应该怎样对待伴侣？我应该怎样对待我的孩子？我应该怎样对待我的朋友？对于各种各样的东西，马克思主义并没有提出特别有说服力的看法，因而我们不得不求助于其他思想。

我认为这是一个遗憾。年轻人需要一些处理社会关系的指导原则，即便他们打算反抗它。然而，这在马克思主义那里却很难发现，似乎马克思主义对此说的很少。对我而言，不能在课堂上给予他们这方面指导，是一种耻辱。我相信，某种马克思主义形式的道德指导是必要的。而如果马克思主义真的存在道德维度，将更为有益。有了它，我们能够更好地对自己和社会进行规范性和批判性思考。

马克思主义也会吸引更多的人。所以，我同意您的观点，马克思主义的道德维度和道德哲学十分必要。我想您在中国也许可以看到一些不同的东西。

李义天：我们今天提了太多问题了！无论如何，非常感谢您的耐心解答。我想，今天这次关于马克思主义伦理学的对话是富有成效的。这方面的诸多问题也值得我们共同关注和长期讨论。毕竟，我们依然生活在道德之中，我们依然需要道德来实现一个更美好的世界。

麦克莱伦：是的，你俩提了很多问题。但很明显，你俩对这个问题领域已经有了很多自己的想法。这是你们所从事的专业工作。干得不错！

社会主义、正义与历史唯物主义
访英国肯特大学肖恩·塞耶斯*教授

李旸**

肖恩·塞耶斯是当代英美学界新黑格尔主义的马克思主义的代表人物，"马克思与哲学协会"联合创始人，学术期刊《激进哲学》、《马克思与哲学书评》创办人。2017年10月和2018年5月，肖恩·塞耶斯教授来京参加学术研讨会期间，李旸博士与他进行了两次访谈。在访谈中，塞耶斯教授回顾了当代英国马克思主义与社会主义思潮现状，对分析马克思主义关于正义问题的争论进行了批判性的反思，并对社会主义的前景提出了自己的看法。

---

* 肖恩·塞耶斯（Sean Sayers），英国肯特大学哲学系教授。
** 李旸，北京大学马克思主义学院讲师。

一、当代英国马克思主义与社会主义思潮

李　旸：塞耶斯教授您好！感谢您接受本次访谈。您是当代英国学界为数不多的公开的马克思主义者和社会主义者，您所创办的《激进哲学》和《马克思与哲学书评》亦是英国马克思主义研究的重要平台，能否介绍一下您的马克思主义和社会主义立场是怎样形成的？您在马克思主义方面的研究主题经历了一个从辩证法和历史唯物主义到正义、道德和伦理学，再到劳动与异化理论的变化过程，这种思想逻辑的背后是否存在某种历史逻辑？这些主题与您对社会主义命运的关注之间有何联系？

塞耶斯：1962年我上大学期间，英国左翼运动和学生运动正在兴起，我积极地参加了"反殖民运动""反核运动""反越战运动"等激进政治运动。与此同时，和现实相应的新的思想元素也产生了，人们开始广泛地阅读马克思、萨特等人的著作，他们被视作激进思想的代表人物。当我于1969年在肯特大学得到教职时，当时的大学里还没有任何激进思想的课程或平台，所以我创办了《激进哲学》，目的是为了给人们提供一个讨论和出版马克思主义等与政治运动相关的激进思想的平台，可以说，《激进哲学》是20世纪60年代激进政治运动的直接产物。创刊后反响很热烈，不少同仁都认为学术界应当更积极地

响应当时的现实。当时的肯特大学是一所新成立的大学，充满自由精神，在肯特大学我可以自由地讲授和研究激进思想，我大量地阅读马克思的著作并对他的哲学产生强烈兴趣，而马克思的哲学又与黑格尔有密切关系，所以我又开始阅读黑格尔并讲授黑格尔的课程，在这个过程中完成了我的著作《黑格尔、马克思与辩证法》。从那时起，我在思想上开始形成一种黑格尔主义的马克思主义的哲学和唯物主义，并将自己视作一名马克思主义者。20世纪70年代，分析的马克思主义这一学派在英语世界兴起，代表人物科恩（G.A.Cohen）的著作在当时学术界产生重大影响，这一学派的一个突出特征就是反对辩证法。我感到有必要对其进行回应，于是从黑格尔主义的马克思主义的立场对分析的马克思主义进行批判。随后，伍德（Allen Wood）、科恩、杰拉斯（Norman Geras）等众多英美学者展开了一场围绕"马克思与道德（正义）"的影响广泛的学术争论，我也介入这场论争之中，写了一系列关于马克思的道德和正义思想的文章，并主编相关论文集《社会主义与道德》。我后来关注劳动和异化范畴，也与当时的政治环境和现象有关。1979年撒切尔执政后政治环境有相当大的改变，英国的资本主义性质更加深化，1985年英国发生了一场声势浩大的矿工罢工运动，从关注这些工人的状况出发，我开始思考劳动在人生命中的作用和意义，并试图理解马克思关于劳动作为人的本质的思想。我在阅读关于劳动的文献时发现，对劳动有经济学、社会学、政治学、管理学等方面的研究，但关于劳动的哲学著述却几乎没有，直到我读到黑格尔的《美学》中关于"创造性劳动"的部分，才真正找到马克思劳动概念的哲学基础。对马克思的道德和正义思想的研究以及在此问题上对分析的马克思主义的批评和对于劳动、异化的研究构成了我后来的《马克思主义与人性》和《马克思与异化》这两本著作的主要内容。自20世纪80年代起，英美左派的实践和政治影响变得很弱，我不再积极介入现实政治，而是作为一个左派和马克思主义者继续写作和教学。退休后我希望自己在期刊方面的经验和技能有用武之地，特别是我在编辑《激进哲学》时期主要负责书评部分的工作，这使我萌生了创办一本关于马克思主义和左派思想的书评期刊的想法，同时，互联网使得期刊的编辑和传播更加便捷，于是我创办了电子学术期刊《马克思与哲学书评》。最近我很高兴地得知《马克思与哲学书评》已被中国最有影响力的学术资源平台中国知网编入文献索引。

李　旸：您研究马克思的思想时着重强调黑格尔的影响，并自称隶属黑格尔主义的马克思主义学派，这一学派的代表人物有哪些？是否有作为共识的观点或方法论？当今英国黑格尔主义的马克思主义与卢卡奇、柯尔施等人对马克思主义的黑格尔主义阐释有什么异同？

塞耶斯：当今英国黑格尔主义的马克思主义与卢卡奇所开启的黑格尔主义的或人本主义的马克思主义属于同一个传统，卢卡奇当然是这一传统中最早也是最重要的人物。卢卡奇开启人本主义路径之后，在20世纪五六十年代，特别是《1844年经济学哲学手稿》在欧洲出版后，人本主义的马克思主义研究在欧洲更为兴盛，包括西欧的萨特、马尔库塞、弗洛姆以及东欧的沙夫等思想家，他们视自己的理论为对苏联正统的批评和反叛。而阿尔都塞的结构主义的马克思主义是对这种人本主义思潮的直接反应，他认为人本主义的马克思主义的研究过于模糊和意识形态化，缺乏有力和准确的科学维度。阿尔都塞的学说在欧洲吸引了众多追随者，并产生相当大的影响，一时间黑格尔被弃之不理。结构主义的马克思主义反黑格尔主义、反历史主义和反辩证法的倾向与分析的马克思主义是一致的，所以我站在黑格尔主义的马克思主义立场同时反对阿尔都塞主义和分析的马克思主义，只不过由于分析的马克思主义是在英国本土产生且在英国影响更大，所以才成为我更直接的批判对象。20世纪末，在英国逐渐出现了重新重视黑格尔和黑格尔哲学的学术风气，我和切提（Andrew Chitty）、亚瑟（Chris Arthur）、麦卡尼（Joseph McCarney）等有共识的学者成立了"马克思与哲学协会"，作为英国黑格尔主义的马克思主义的活动平台，这一协会至今仍然活跃，每年举办学术会议和研讨会。我们的共识在于，黑格尔对马克思的思想有着重要影响，要理解马克思，必须有一种对黑格尔哲学的理解作为基础。黑格尔与马克思之间最本质和最关键的共同点在于历史主义的视角，即从历史的角度来理解人和人的活动，理解社会和道德。根据历史主义，社会内部的冲突和矛盾将导致历史的变化和发展，且这种历史发展是一个辩证的过程。这是一种与分析的马克思主义完全异质的哲学视角。

李　旸：正如您所说，从英美分析哲学传统中所产生的马克思主义学派"分析的马克思主义"是您主要的批判对象之一，强调异化、辩证法、历史主义的当代"黑格尔主义的马克思主义"与强调精确性和科学性并反对辩证法的"分析的马克思主义"之间的分歧，是否同质于卢卡奇的"人本主义马克思主义"与阿尔都塞的"科学主义马克思主义"之间的分歧，这种分歧和总体上的分析哲学与大陆哲学之间的分立有无关联？您与分析的马克思主义创立者科恩同属西方左派中为数不多的公开宣称自身是马克思主义者的人物，并且在诸多英美左派学者随着苏东剧变等历史变化脱离甚至反对马克思主义的情况下仍然保持坚定的马克思主义和社会主义立场。马克思认为社会主义者或无产者应当实现联合，您与分析的马克思主义这种马

克思主义阵营内部的理论对立和分裂对社会主义的未来是否构成一种损伤？

塞耶斯：您的分析很敏锐。我与分析的马克思主义之间的分歧在本质上的确反映了范围更广泛的分析哲学与大陆哲学的分立。当代英国分析哲学和大陆哲学是两个完全独立的学术体系，几乎不交流、不对话，特别是英国的分析哲学体系对于大陆哲学是完全拒斥和冷漠的，这是我强烈反对的一种倾向。在18世纪，这两种哲学传统之间的交互性还很强，比如霍布斯和笛卡尔都曾阅读对方的著作并写批判性评论，直到康德时期亦是如此，康德的思想当时在分析学界和大陆学界有着同样充分的讨论和研究。在黑格尔之后，这两种传统之间的分歧开始凸显，黑格尔所开启的历史主义从未被分析哲学所接受和继承，黑格尔也一直被其视为思想异端，特别是在罗素和摩尔之后产生了反黑格尔主义的倾向，这种倾向在当今以分析哲学和语言哲学为主导的英语学界仍然很明显。当然也有一些当代英国思想家，比如泰勒（Charles Taylor）、麦金泰尔（Alasdair MacIntyre）、罗蒂（Richard Rorty）等尝试弥合这两种哲学传统之间的分歧。在这样的背景下，分析的马克思主义与黑格尔主义的马克思主义的分歧是不难理解的，但是双方在某种程度上不提供任何论证的简单拒斥是令人沮丧的。你说的这个观点很具有启发性，的确，我们与分析的马克思主义在政治上都属于激进左派和支持社会主义的立场，分歧只是纯粹理论和抽象层面上的分歧，这种对立的确对马克思所说的联合有消极影响。

二、马克思、历史唯物主义与正义问题

李旸：自 20 世纪 70 年代以来，英美学界复兴了政治哲学传统，平等和正义等政治哲学议题亦成为当代世界的重大现实问题。您刚才提到在英美马克思主义研究圈里发生了一场关于"马克思与正义"问题的大讨论，这场讨论在时空上已延伸到当今中国学术界。越来越多的中国马克思主义研究者关注马克思的正义思想，并就马克思是否持有正义观念展开论辩。在您看来，马克思是否有道德和正义观念或理论？

塞耶斯：马克思的确有道德和正义理论，但他的理论是一种对作为价值现象的正义的分析。他将正义看作一种历史现象，而非基于某种永恒的、绝对的理性原则。古今自由主义者，无论康德还是罗尔斯，都认为存在某种永恒绝对的正义原则，可以普遍适用而不论社会的性质或人们在社会中所处的位置。相反，马克思认为，正义等道德观念是从人们所身处的社会关系中产生的，这种思想继承自黑格尔，黑格尔认为道德和正义观念的基础是伦理生活和人们在这种生活中所处的位置。既然这些生活和位置是历史地变化着的，那么道德也是变化的。这种历史主义的观点有时被误解为道德相对主义，比如伍德就持这种看法。但是，黑格尔同时还持有一种进步的历史观，他认为历史是经历一系列发展阶段的进步过程，高级的道德观念会代替低级的道德观念。马克思持相同的历史主义观点。虽然资本主义社会中占主导的是资本主义生产关系和资产阶级的权利、正义观念，但并非只有资本主义一种生产关系和道德观念，社会中还有无产阶级的平等主义道德观念和封建阶级的道德观念。资本主义道德观念能代替封建主义的道德观念是因为它在一定社会环境下更有价值，但随着社会环境的变化，它也会被更进步的价值所替代。在今天的资本主义社会中，社会主义的平等价值日益产生影响，其根本原因在于社会主义已进入历史议程，已成为一种现实的社会力量，社会主义的社会经济关系已进入替代资本主义社会经济关系的过程中。并没有哪个社会是纯粹资本主义的，这是一种迷思。当今所有资本主义社会都含有社会主义因素，这是资本主义的权利观念被更高的道德观念所替代的基础。这种道德和正义理论是与分析的马克思主义或自由主义所讨论的完全不同的正义理论。

李　旸：您似乎将马克思的道德和正义理论理解为一种纯粹描述性的理论，认为马克思对正义只具有一种基于外部视角的历史分析，这在"马克思与正义之争"中属于很典型的一派观点，在根本上与伍德的看法有相似之处。在您看来，在历史唯物主义的分析和判定之外，马克思是否具有某种规范维度的道德观和正义观？虽然马克思反对从永恒普遍的角度去理解道德和正义价值，但这是否意味着他拒绝持有正义和道德等价值立场，或者说，他是否有一种基于社会主义和无产阶级的道德立场和正义观念？

塞耶斯：您的观点是对的，我也许过度强调马克思正义理论的描述性方面了，马克思的确有规范性的正义观念。社会主义理论并不只是一种纯粹描述性的理论，马克思的正义观念是基于社会主义运动和无产阶级的利益的，但必须强调这种观念仍然是历史的、相对的，因为无产阶级也只是历史性的存在。

李旸：当今英美马克思主义研究有一种转向规范理论的倾向，特别是在与政治哲学交叉的话语场里，马克思主义已被转译为一种激进平等主义的价值立场。这背后当然不乏理论和历史的逻辑。科恩对此有过明确解释，他认为当今发达资本主义国家发生的重大变化，比如作为革命主体的有组织的无产阶级的缺失，能源和环境危机对生产力持续增长的限制等，使传统马克思主义者所笃信的"必然性命题"失去了历史和实证依据，这要求当代社会主义者积极寻求社会主义平等的实现，在政治哲学领域里建立社会主义平等主义的正义体系，既为社会主义辩护，亦与自由主义争夺话语权和政治基础。您如何看待这种观点？从您所坚持的历史唯物主义视角来看，当今英美马克思主义者与自由主义进行论辩的"正义之争"有无意义？

塞耶斯：与自由主义进行争论当然有必要，在我看来，马克思主义是对自由主义和启蒙传统的延续和发展，但同时也是对其的批判，因为自由主义无法认识到自身价值的历史属性。马克思并不反对自由、平等的价值，他反对的是将这种价值永恒化，他与自由主义有本质分歧的地方在于什么构成自由和平等以及如何实现自由和平等。在马克思看来，自由主义的自由和平等是抽象的、不充分的、非历史的。无论是在当今中国还是在西方，自由和平等的价值都是尚未被完全实现且又亟待实现的进步价值。马克思对自由和平等这些价值的性质有更深刻的理解，为什么一个社会是不平等的？为什么这些价值在一个社会中没能被实现？在这些问题上，马克思主义能比自由主义提供更丰富和深刻的答案。分析的马克思主义那种过多与罗尔斯、诺齐克等当代自由主义人物争论的方式很容易最终导入自由主义，他们应该更多地同左派和社会主义者进行互动。他们对自由主义提出的批判大都是基于自由主义的哲学框架，实际采用的仍是自由主义的方法和社会哲学。要实现对自由主义的实质性批判，应当站在这种哲学之外提出一种超越性的批判，马克思正是这么做的。规范性的路径有其局限性，要真正解决实现自由和平等社会应当怎么改变和怎么做等问题，仅仅有规范理论是不够的，必须要有马克思主义的历史唯物主义理论。这是罗尔斯也好，科恩也好，其路径所缺失的方面。只有改变社会结构和生产关系，才可能实质性地推进和实现平等或社会主义。建构理论和说服人们虽然重要，但这是不够的，真正的社会变革必须通过政治和社会运动。

李　旸：在关于"马克思与正义"的争论中，伍德提出了"马克思从未基于正义批判资本主义"的鲜明观点，他引证了一些有力的文本依据，例如《哥达纲领批判》中，马克思明确说过难道现行的资本主义分配"事实上不是在现今的生产方式基础上惟一'公平的'分配吗"？您是否同意伍德的观点？若不同意，又应如何解释他所引证的文本？

塞耶斯：我不同意伍德的观点。我认为，正义批判虽然不是马克思对资本主义的首要批判，但却是他批判资本主义的一部分。在伍德所引证的文本中，马克思所说的"正义"是根据资产阶级的正义标准而言的。在马克思看来，正义标准是相对于历史时期而言的，是历史地变化的。在古代社会里，奴隶制被认为是正义的；封建社会中，农奴制被认为是正义的；而在现代社会适用的又是新的正义标准。在

《哥达纲领批判》中，马克思指出，根据现行的资产阶级正义标准，资本主义交易和权利是正义的。但是，在任何社会中都存在不同的、相互冲突的阶级及其各自相互冲突的正义标准，根据在当前社会已萌芽的未来社会主义社会的正义标准，这些权利和交易就是不正义的，人们也可以根据这些标准来批判当前的资产阶级权利和资本主义的平等交换。

李　旸：您认为马克思是基于某种与资产阶级正义相反的正义标准来批判资本主义的，而布坎南（Allen Buchanan）则提出过一种马克思对资本主义的"内在法权批判"。他认为马克思不需要诉诸于任何非资本主义的正义标准，只需通过揭示资本主义正义等道德范畴的意识形态虚幻性，即它们是如何基于虚假的事实和理由来为现存制度进行辩护的，就能实现对资本主义非正义的批判，比如马克思对资本原始积累的批判就是这样一种内在法权批判。您如何评价布坎南的观点？

塞耶斯：马克思是从历史视角来看待正义等道德范畴的，我认为布坎南也好，伍德也好，都没有看到这一点。布坎南说的有一定道理，资本主义正义是从现存社会生产关系中产生出来的，而不是马克思的某种主观选择或判定。必须指出的是，任何正义标准都是在历史运动过程中客观生成的。如果要历史地看待道德，那么就必须承认道德判断都是相对的。就封建社会而言，资本主义正义更优越；但就社会主义社会而言，资本主义正义就应该被批判。

李　旸：基于您刚刚所说，您似乎认为道德判断是一种纯粹客观的判断，而不是道德主体所做的选择。即便社会主义正义是历史生成的，并且它比资本主义正义更为优越的客观原因在于历史发展的进步性，难道马克思基于社会主义立场的正义观念不是他自身的一种主体选择吗？难道马克思的正义原则是一种客观性原则吗？

塞耶斯：是的，您说的是正确的，从另一方面来说，道德判断的确是人们所做的选择。在特定时代和社会中存在不同的正义标准，人们需要做出自己的选择。例如在马克思的时代存在资本主义和社会主义的正义标准，但有的人选择认同资本主义的正义标准，而有的人则认同社会主义的正义标准。您指出的这一点是正确的，马克思的社会主义正义的确是他自身的选择，就这一点而言，道德判断又是主观的。

李　旸：在当前时代，无论资本主义社会还是社会主义社会都面临不同程度的贫富差距以及其他关涉权利、平等的社会正义问题，您认为当代马克思主义者是否应当回应这些问题并进行马克思主义正义理论的建构？

塞耶斯：这项工作当然是重要的。如您所说，当代自由主义者和几乎所有政治思想家都关注平等、自由、正义等问题，马克思主义者也必须表明立场并回应这些问题。与自由主义政治哲学家进行辩论是必要的，但科恩也好，罗默也好，他们都是在自由主义的预设之下来讨论问题，我认为应当提出社会主义的正义预设。资本主义平等是交换平等，这是不够彻底的平等，社会主义的平等并不只是得回自己所贡献的劳动，马克思认为要超越资产阶级的权利和交换平等。而要建构这样的平等或正义理论，历史视角是必不可少的，我们并非基于普遍理性或去寻找某种普遍的价值基础，而是基于历史上更高级的社会和社会关系。这样的社会关系使人的幸福和发展得到更好的实现，并且能消除资本主义社会中的那些不平等。我主张一种历史的正义原则，我认为，想要为正义原则寻求某种普遍的、基于绝对理性或人性的证成是不可能的。正义原则表达的是特定社会关系中生成的规范，当人们的社会关系发生变化时，正义原则也会发生变化。在当前社会中，人们要么基于资本主义生产关系来证成正义，要么基于代表未来发展方向的社会主义生产关系来证成正义，即认为只有消除了剥削和阶级才可能解决平等和正义问题。用历史的视角来看待价值，这不是马克思的原创，这是黑格尔主义的传统。马克思是从这个传统中形成自己的思考方式的。正义原则应当反映现实中的某种力量或经济关系的某个方面。正义原则的提出者应当意识到这一点，应当从现实中去寻找价值的基础，而不是基于某种普遍价值。黑格尔在《法哲学》中指出，即便是乌托邦理论，比如柏拉图的理想国，也不是凭空而来的，不是从柏拉图的头脑中抽象产生的，而是反映着对现实社会的批判，是从现实中来的，只不过乌托邦理论是以神秘的形式来反映根植于现实社会中的某种力量，而马克思的社会主义理论则以清晰的方式来反映现实，指出这种理论是对现实中正在进行的社会运动的反映。

李　旸：您关于历史地看待正义的论述触及了当前马克思主义正义理论研究中的一个关键问题，即如何处理正义理论与历史唯物主义之间的关系。这一问题似乎构成了马克思主义正义理论建构的一个障碍。以伍德为代表的一部分学者认为这二者之间存在张力，指出在历史唯物主义的视域下，道德是虚幻的意识形态，是相对主义的。您如何看待这一问题？

塞耶斯：我不同意伍德的观点，我认为他误解了历史唯物主义看待道德的方式。道德并不是虚幻的，也不是相对主义的。道德观点植根于现实之中，它是相对的但也是现实的，它具有客观性的现实根基。

道德是历史的、相对的,并不意味着道德就是虚幻的、应当被摒弃的。伍德将道德建立在某种普遍的人性基础上,并以此认为马克思拒斥正义。他在这一点上是错误的。马克思确实将自身的道德观置于对人性或人的需要、幸福的理解之上,但这种人性是随着历史变化的具体的人性,而非某种普遍的东西。同样,我也不同意罗尔斯或科恩将道德置于普遍理性原则之上。马克思的一个伟大创见就在于他指出,所有价值或规范都是人类的产物、历史的产物。理解这一点就能规避伍德的误解,道德并不是虚幻的,相反,道德观念在人类生活中起着至关重要的作用,它的正当性来自于它所植根的现实历史基础。

李 旸:也就是说,在如何处理历史唯物主义与正义的关系问题上,您认为,马克思主义者应当谈论正义,但是要历史地谈论正义,是这样吗?

塞耶斯:是的,完全正确。马克思主义者并不拒斥正义,但是要指出所说的正义是植根于具体的历史和社会关系中的。

李 旸:刚刚您谈到了道德与人性,对人性的预设是大多数伦理学理论,特别是自霍布斯以来的近代西方伦理学理论的研究前提。在您看来,关于人性的研究在马克思主义道德和伦理研究中应占据什么位置?

塞耶斯:我认为人性问题是相当重要的。马克思的大部分道德思想都是基于人性而不是某种道德原则,在这一意义上,我认为马克思在伦理学领域里是一个自然主义思想家,相对于理性主义思想家而言。这里所说的人性是指人的需要、欲求、幸福等,马克思毕生致力于创造一个能够更好地满足人的需要、欲求和幸福的社会。但同样也要注意，人性是历史地变化的，没有一种既定的永恒人性，人的需要、需求都随经济的发展而变化。伍德等人的问题恰恰在于强调了人的需要的重要性，但却忽视了人的需要的历史特征。对人性的不同理解和不同的规范观点在根本上反映和代表着不同的社会力量和社会集团。霍布斯、休谟、边沁等人对人性的理解和伦理观点都代表着近代欧洲工业阶级的诉求。而马克思对人性的理解是完全不同的，他通过对异化劳动的分析指出，人是生产性的、创造性的存在物，而不仅仅只有消费的需求。而人性中生产性和创造性的需求是在当下的资本主义社会中无法被实现的。关于人性的这部分判定是在休谟、边沁等人的理论中看不到的。

李　旸：在我看来，马克思在异化劳动理论中所指出的那种人的本质或人性，更像是一种普遍和永恒意义上的人性，而不是您所说的历史意义上的人性，您觉得呢？

塞耶斯：您的确指出了我的学说的一个问题，我不确定我能否回答这个问题。的确，马克思确实像在永恒意义上说人是生产性的、创造性的存在物，这些属性应当是人类生活的永恒特征。但是，人性中的这些内容能否被完全实现是需要历史前提的，在不同的历史环境中其实现程度是不同的、变化的。在不具备实现人性中某些内容的前提条件时，对人性的相应理解也是不会出现的。在马克思之前的时代，没有关于劳动应当是创造性活动的提法，即便有也只是针对社会上层的小部分人而言的，也没有人这样理解过人性或强调过人性中的这些方面。马克思能够提出对人性的这种理解也正是历史发展的表现。所以，从这一意义上，马克思对人性的理解不是永恒意义而是历史意义上的。

三、历史唯物主义与社会主义的未来

李旸：您强调历史唯物主义相对于道德理论的优先性，但您所研究的异化理论也面临同样的挑战。学术界一种流行的观点认为，异化本质上是一个道德范畴，马克思早期带有浓厚人本主义色彩的异化思想与历史唯物主义的科学话语完全异质，为成熟时期的马克思所抛弃。您如何回应这一观点？又如何解释异化理论与历史唯物主义之间的相容性？

塞耶斯：异化具有一定的规范性维度，但它不是普遍性的道德概念。如果一定要说异化是一个道德范畴，它也不是那种非历史意义上的道德范畴，马克思所说的异化是一个历史范畴。是否将异化看作一种历史范畴取决于是否预设了某种普遍的、永恒的人的本质。人的本质是历史地变化着的，在马克思看来，劳动到资本主义社会才发生异化。封建劳动是强迫的、压抑性的，但并不是异化的；只有在雇佣劳动的条件下，控制劳动者的力量成为劳动者所无法理解、无法控制的力量，劳动才发生异化。马克思从历史的角度去理解异化，将异化视作从封建主义向资本主义过渡的一种积极发展。相对于奴隶或农奴的劳动，异化劳动或雇佣劳动是一种进步。这是一种我称之为"历史的人本主义"的观点，我在《马克思主义与人性》的最后一章对此有详细论证。[1]异化并不是纯粹的道德范畴，它所蕴含的更多是描述性内容，它是理解马克思经济学和资本主义批判的关键所在。马克思在后期的经济学思想中并没有抛弃异化范畴，而是对其进行发展和扩充。在《政治经济学批判大纲》中可以明显看到早期的异化劳动思想与后期的抽象劳动概念之间的关联，特别是当马克思说劳动成为纯粹抽象的、无差别的、否定一切个性和特性的活动时。[2]马克思在《资本论》的"商品拜物教"这一节里也分析了异化的经济和社会关系。这些后期思想不仅不构成一种断裂，反而是对马克思早期著作中异化劳动思想的细化和丰富。马克思后期虽然没有直接使用异化这一术语，但异化的思想仍然存在。尽管马克思对资本主义的批判带有一定的道德维度，但这并非其主要内容。若将异化看作纯粹道德范畴，那么就会得出资本主义是全然消极的结论。但马克思并不这么看，他认为自我异化和自我异化的扬弃走的是一条道路，他是从历史的、辩证的角度理解资本主义的作用的，他对资本主义的批判本质上是一种历史的批判而非道德的批判。因而异化概念的主要意义并不在于道德批判，而毋宁说是对资本主义经济形式的性质进行分析。

李　旸：我注意到您曾谈到对"历史终结"的质疑，您对社会主义的未来有何判定？历史唯物主义对于社会主义信念而言是否具有基础性的意义？诸如科恩等身处当今发达资本主义国家中的马克思主义者宣称对历史唯物主义失去信心，亦有施特雷克（Wolfgang Streeck）等左派理论家指出在已被资本逻辑统治的当今西方世界似乎看不到任何新社会的前景。在新的历史变化下，应如何认识历史唯物主义

1　[英]肖恩·塞耶斯：《马克思主义与人性》，冯颜利译，北京：东方出版社2008年版。
2　《马克思恩格斯全集》第30卷，北京：人民出版社1995年版，第255页。

理论对于西方资本主义现实和社会主义未来的适用性和解释力？

塞耶斯：根据马克思的历史唯物主义，资本主义只是人类历史发展的一个阶段，它在一定历史时期产生，也会被新的社会制度即社会主义所替代，而这种替代在根本上是由于资本主义的内在冲突和矛盾，我认为这一分析是具有真理性内容的，资本主义必定无法永恒持久地存在。在中国感受也许并不十分明显，但在西方世界，资本主义的内部危机是非常显著的。那种在过去 30 年里主导着经济和社会思维的自由主义的自由放任的市场哲学已经失去信用，就连美联储前主席格林斯潘也不得不承认自由市场的哲学是有缺陷的。2008 年那场资本主义世界至今还未从其中恢复过来的深刻持久的危机再一次证明，自由市场并非新自由主义者所宣称的那样是良性的、自我调节的机制，它并非总是服务于大众利益或必然导向经济增长和繁荣。相反，如马克思所说，它是一种具有自身生命的、不可控制的、内在不稳定的且必将导致周期性危机的机制。这些危机表明，资本主义制度无法掌控它所创造的生产力，在马克思形象的描述中，这就"像一个魔法师一样不能再支配自己用法术呼唤出来的魔鬼了"[1]。要想经济以一种不这么具有破坏性的方式得到发展，就需要一种更具有社会性的生产制度。这就是马克思的资本主义分析的经济层面，这一分析的大部分内容已被近些年的历史所证明。然而，正如当前情形所表明的，经济危机本身还不足以带来制度上的变革，这一过程还应当有一个政治维度。这就使我们必须面对马克思理论中比较有争议的一个方面，即马克思认为资本主义的发展将导致一个自觉的、有组织的武装的工人阶级的成长。这是马克思所认为的将最终推翻资本主义并创造一个新社会的政治力

---

[1]《马克思恩格斯文集》第 2 卷，北京：人民出版社 2009 年版，第 37 页。

量。在20世纪初期，坚持社会主义的有组织的工人运动的快速兴起似乎证明了这一观点。然而，苏东剧变后，发达工业社会中工人阶级的特点发生了很大改变，这一观点也因此在当下遭到怀疑。尽管当前资本主义世界有深刻的经济危机和越来越广泛巨大的不平等鸿沟，但仍没有形成一种武装的工人阶级，没有足以挑战现存制度并创立一种新秩序的政治力量。这是当今西方的社会主义者和马克思主义者普遍面临的窘境，人们知道历史会发生变化，但不知道这种变化将从何处发生，人们缺乏经验性的证据去证明这一点，也看不到革命或改造社会的政治和社会运动的可能性。

没有明显的革命力量这一点并不必然意味着革命不会发生。比如像巴迪乌（Alain Badiou）等人就认为，历史包含着中断和非连续性。革命是不可预测的情况。它们可能突然地、没有预料地产生，并使历史发展进程进入一条新的、完全不同的道路。巴迪乌最喜欢引用的一个当代案例就是1968年法国的"五月风暴"事件，即便对当时的参与者来说，其发生也是很意外的。但是，这些事件并非如巴迪乌所说是凭空突然产生的，它们是前期历史发展和积累的结果。今天的历史发展也在积累着变化的可能性。在英国，左派对日益激进化的工党期望很高，尤其是科尔宾（Jeremy Corbyn）当选后。我本人也支持工党，希望它能带来实质性的变化。我的高龄使我能够看到历史发展的一些轨迹：左派曾经非常有影响力，在20世纪60年代，以法国革命为代表，左派几乎成为世界性的力量；到70年代，特别是进入"撒切尔—里根时代"之后，资本主义复兴，将左派逼进角落，左派的影响日渐衰微；而今天，资本主义的危机积重难返，人们逐渐认识到资本主义本身无法克服和应对这些危机，左派的力量又开始强大，除了英国的工党，在希腊、西班牙、德国、法国、葡萄牙，几乎整个欧洲的左派都强大起来,达到近几十年最兴盛的程度,甚至美国的桑德斯(Bernie Sanders)也在大选中抵达了左派未曾到达过的高度。左派的强盛表明历史又进入新的循环,我期待看到这一循环被打破。可以肯定的是,资本主义制度充满了冲突和张力,它太不稳定以至于不可能维持不变,资本主义一定会因其内在矛盾难以为继并最终被新的社会制度所替代,在这一点上我深信不疑。

当代平等理论与马克思主义政治哲学
访英国牛津大学乔纳森·沃尔夫* 教授

齐艳红**

  2018年6月，围绕当代平等理论与马克思主义政治哲学相关问题，齐艳红副教授在牛津大学布拉瓦尼克政府学院对乔纳森·沃尔夫教授进行了专访。在访谈中，沃尔夫教授从当代平等主义有关"分配平等"与"社会平等"的区分着手，对当代各种分配平等理论的局限进行了评估，揭示当代平等主义政治哲学与马克思主义传统之间的"相关性"。最后，针对当代平等主义直接将理论应用于实践的"理想理论"的缺陷，沃尔夫教授提出了从真实世界出发的"参与式"政治哲学，主张在改造世界之前，应当先对社会现实予以充分恰当的理解。

---

* 乔纳森·沃尔夫（Jonathan Wolff），牛津大学布拉瓦尼克政府学院公共政策讲席教授。
** 齐艳红，南开大学哲学院副教授。

一、当代平等主义的争论与"弱势优先"

齐艳红：作为一位知名的政治哲学家，您在过去的十年里最重要的一个研究领域就是社会平等和正义。您是从什么时候开始关注和研究社会平等和社会正义问题的？理论和实践的激励因素是什么？

沃尔夫：从我还是一个孩子的时候起，我就对一般的平等与正义主题产生了兴趣。我的父母特别是我的母亲对正义问题有着浓厚的兴趣，所以我对平等和正义问题的关注最初来自于我的家庭。上学后，我的兴趣得到了进一步发展，在 20 世纪 80 年代早期，我围绕剥削议题做过大量的研究工作。到现在为止，我对这些主题的研究兴趣已经持续了 40 年之久。但是，我对"社会平等"问题的关注，大概开始于 20 年前，主要是跟随我的老师科恩（G.A.Cohen）学习并进入了该领域。当时他对德沃金（Ronald Dworkin）和罗尔斯（John Rawls）的著作特别是德沃金的理论颇感兴趣。德沃金和罗尔斯都首先聚焦于分配正义问题，对他们来说，正义就是一个决定如何分配世界资源以便使人们在某种意义上得到平等对待的问题。对此，我一直抱有怀疑，我并不认为平等问题主要是资源分配的问题，这一观念并不是我所设想的平等问题的核心。最终我认识到，我更感兴趣的问题是人们之间的平等关系理念,而非物品的平等分配理念。因此,分配平等与社会平等是两种不同的考量平等问题的路径。当然,我赞同科恩、德沃金以及罗尔斯等人的观念,认为分配平等是不可忽视的,但是"社会平等是怎样的"则是一个更为重要的问题。20年前,我在一篇论文中论证到:如果一个社会过于注重物质平等,为了确保人们得到他们所需要的东西,这个社会就不得不持续地"核查"人们实际上到底拥有什么。这会导致一种"审计"的社会,在其中人们会遭遇不被信任的感觉,从而失去自尊。

具体而言,无论是德沃金还是科恩的理论都体现了一种非常清晰的公正观念,但是困难在于如何将他们的理论付诸实践。我的看法是,从平等的视角看,他们的理论不仅不会导致好的结果,而且根本就是失败的。德沃金和科恩理论的主要问题是他们在"人们为之负责"与"人们不必为之负责"的事情之间做出了区分。根据他们的观点,人们必须在选择与运气之间做出区分,如果一个人的生活状况变差是自己自由选择的结果,那么寻求社会帮助的要求就是不正义的;但是如果一个人的生活状况变差完全是超出自己控制的境况造成的,那么这个人从国家获得帮助的要求就是正当的。这就是众所周知的"运气平等主义"理论。

从一定意义上看,运气平等主义的建议是公正的。但是如果按照这种模式来组织社会,在真实的生活世界中会发生怎样的状况?假设一个人失业了,然后去政府寻求补偿。政府就必须要调查这个人的失业是因为他的个人选择,还是因为坏的境况或者坏运气。政府必须要弄清楚他找不到工作的原因是缺乏工作能力还是太懒而选择不工作,如果是后一种情况,这个人就没有资格拿到政府的补偿。一旦政府开始那样去做了,去查问人们不工作的原因是"选择"还是"坏的境况"

时，政府就表达了对人们的不信任，就会破坏人们自己的自尊。这样一来，运气平等主义就回到了一种已经过时的观点上，即在"应得的贫穷"与"不应得的贫穷"之间做出区分。这种观点认为，一个寡妇或者孤儿的贫穷是应得的；一个看起来身体健康强壮的人就应该去工作，依靠自己的能力赚钱生活。问题在于：一个看起来既健康又强壮但实际上因为某种问题而无法工作的人，想要向政府证明他的状况，不仅是非常困难的，而且可能是耻辱的和压抑的。我认为，平等主义的社会不应该迫使人们为了得到补偿的资格而去公开他们因偶然因素而具有的能力或弱点。总之，如果尝试把德沃金和科恩的理论付诸实践，不仅不能帮助那些他们本来想要帮助的人，而且还会对大多数脆弱的人造成伤害。

齐艳红：这就是说，您的"社会平等"理论研究开始于对"运气平等主义"的反思和批判。实际上，在分配正义领域，围绕"什么的平等"这一主题存在着广泛的争议，除了罗尔斯、德沃金、科恩以外，许多理论家都提出了不同的理论版本。我注意到您在《劣势》一书中提出了一种"优先考虑弱势群体"的平等主义理论，这种理论希望为社会政策的制定者们提供指导。[1]**那么，您的平等主义理论是如何回应上述论争的？就讨论"劣势"而非"平等"而言，您的理论在何种程度上不同于其他理论？**

沃尔夫：最重要的事情有两点。首先，在所有赞同平等的不同理论家之间，的确存在着理论上的争议，不同的理论家提供了不同的方法。例如，有像科恩那样相信"分配平等"的理论家；也有像

1　Jonathan Wolff and Avner de-Shalit, *Disadvantage*, Oxford University Press, 2007.

法兰克福（Harry Frankfurt）那样主张"充足性"的理论家；有像罗尔斯那样提出弱势群体的"绝对优先性"的理论家；也有像帕菲特（Derek Parfit）那样坚持应赋予弱势群体以"有限的优先性"的理论家。在《劣势》一书中，迪夏利特（Avner de-Shalit）和我都认为，无论你相信哪一种理论，政策都是一样的，至少在短期内如此。政策的目的乃是找出那些处于最不利地位的人，并让政府采取相应的措施去改善他们的生活。因此，从实践上说，这并不是一个重要的争论。实际上，我们在这本书中并没有表达关于理论争论的看法，而只是想要在理论争论成为一种实践争论之前推动社会政策取得重大进展。所以这使得我们的方法是务实的，我们只是处理那些我们需要回答的问题。

其次，关于科恩所称的"平等主义正义的通货"问题实际上是关于如何识别福祉（well-being）的争论。我们认为，不能用偏好的满足或个人的福利去决定福祉，也不能用资源去衡量福祉。我们的观点是，福祉在本质上是多元的，因为福祉包括许多方面，并且其中一个方面的缺乏不能通过另一个方面的补偿来矫正。例如，如果一个人没有得到良好的教育，那么给他一所更好的房子就不能弥补他所接受的差教育，因为问题在于这个人应该得到更好的教育；如果一个人现在正在遭受暴力，那么应该发生的事情是停止暴力，而不是由于他正遭受暴力而补偿更多的钱。我们强调，福祉是由许多不可相互还原的东西组成的；然而许多现存的理论都没有认识到这一点。德沃金的理论是一元论的，他提议我们聚焦于资源，但资源指的仅仅是货币；罗尔斯的理论更复杂一些，涉及自由、机会、收入和财富、自尊的社会基础，但是他并没有谈及健康和残障问题，他的理论也是狭隘的。我们更赞同阿马蒂亚·森（Amartya Sen）的能力理论，因为它是一种多元论。尽管我们在《劣势》一书中的平等主义理论更接近于玛莎·努斯鲍姆（Martha Nussbaum）的能力理论，但是森的理论确实是我们研究的出发点。我们超越森与努斯鲍姆的主要贡献在于：对风险和不确定性给予了极大关注。我们论证到，如果一个人的未来缺乏某种确定性，那么仅具有执行某种功能的能力是不够的，因为今天拥有的东西，可能明天就会失去，所以需要考虑风险和脆弱性。比较一下两个都有工作的人就可以清楚地理解这一点：一个人有着固定工作，另一个有着临时工作，即便他们有着相同的收入，有临时工作的那个人相比于有着固定工作的那个人就是境况更差的。

从我们的视角看，科恩的"优势可及平等"理论在某种程度上比德沃金的理论更合理。德沃金的理论只是诉诸"资源"去考虑福祉，而科恩却运用了"优势"观念，他的"优势"观念既包括资源又包括福利，为此科恩的理论是更多元化的。但是，科恩理论的困难在于：他在坚持"优势的平等可及性"的同时并没有清楚地表明如何对资源和福利进行权衡。这样一来，当我们考虑构成福祉的诸多因素时，似乎就会面临更大的问题。但是，由于我们提倡"赋予弱势群体以优先性"而不是提倡"平等"，所以我们的任务与科恩的任务不同。我们的工作是找出那些处于分配底端的人，并且我们相信即便根据福祉的多元主义观点，在社会中就"哪些人是弱势群体"也可以达成广泛的共识。由此，我们的立场优越于科恩的理论。此外，科恩还具有运气平等主义元素，这个问题我们刚才讨论过了，这是我为什么认为科恩的观点有局限的原因。

齐艳红：与上述问题相关，我想更多地了解一下您对于当代平等主义理论在分配平等或分配正义争论问题上的看法。在您看来，当代平等主义政治哲学争论的主要局限是什么？您认为，什么类型的平等主义理论能够有效地促进您所在社会的社会平等和正义？

沃尔夫：在过去的十多年里，我力图发展的一个观点就是：不大可能拥有一种肯定性的社会平等理论，所以也不大可能说清楚社会平等究竟要求什么。我相信社会平等的方式是多样的，因而我所做的事情就是把问题颠倒过来，不去关注"平等"，而是聚焦于"社会的不平等"。"什么是社会不平等"则是很清楚的，比如说，歧视、剥削、支配、谄上欺下以及许多不平等的关系从社会平等的视角看都是坏的。我的课题是识别出社会的不平等并努力设法克服这些不平等。在我看来，人们应该更多地关注不平等，我们能够做的事情就是去限制和减少不平等，而不是构想一种"理想的"平等理论。

许多当代的平等主义理论都非常关注分配和再分配问题，从而认可税收和转移政策。对此，我并不反对，但是我认为我们应该同时关注那些被削减了的公共服务的供给。我们看到，现在在英国，贫穷的人们要想从国家那里获得住房变得越发困难；越来越多的人选择把孩子送到私立学校去接受教育；社会服务大打折扣，甚至图书馆和博物馆也缩减了不少。在这种情形下，我认为平等主义理论的任务乃是支持公共服务的供给和发展。目前我尝试发展的一个根本性观点是：在"经济上成功的生活"与"良好的生活"之间做出区分。我们应该这样组织我们的社会，以至于每个人都能够拥有一种在经济上不算成功但却良好的生活。这意味着，应该把大量公共服务和设施提供给人们，如博物馆、图书馆、公园、免费的医疗、社会住房等等。当然我不是说，让贫穷的人得到更多的钱是不重要的，而是与此同时，我们要记住"市场不是一切"。目前在中国，市场正日益变得无比重要，但在这里市场却变得过于重要,所以我们需要确保人们能够获得一些超出市场控制的东西。这不是在意识形态上反对市场,而是强调国家供给与市场供给具有同等的重要性。大概在三四十年前,那些买不起房子的人还有一些获得比较便宜的国有住房的机会,但是现在,这样的机会越来越少。因此,我认为,一种更关注"公共服务和共同供给"的政治哲学能够有效促进社会的平等和正义。

二、马克思思想的当代阐释与平等主义政治哲学

齐艳红：我们知道，科恩教授不仅因其为社会主义平等主义的辩护而被广泛誉为"平等主义的良心"，而且还是20世纪70年代兴起的分析的马克思主义学派的领军人物之一。关于分析的马克思主义的发展，大卫·伊斯特兰德（David Estlund）有一个令人印象深刻的分析。他在论述马克思主义和社会主义在英语世界的政治哲学中所起的作用时指出，马克思主义和社会主义的传统特别是分析的马克思主义这一线索的工作在20世纪90年代早期"消失了"，就像有人认为的那样，部分原因可以归结为"柏林墙的倒塌和苏联的解体"，但是这是一个"令人感到困惑的问题"。伴随着分析的马克思主义工作的消失，平等主义理论却活跃起来，由此出现了从"社会主义和马克思主义"到"平等主义原则"的研究转向，这不仅体现在术语方面，而且体现在核心概念和理论层面。[1] 我想知道，作为科恩教授的弟子，您是怎样看待分析的马克思主义的发展和演进的？

沃尔夫：我认为，除了柏林墙的倒塌以外，还有两个主要原因使得分析的马克思主义衰退了。第一，这是理论发展的结果。我主要考

1　David Estlunded., *The Oxford Handbook of Political Philosophy*, Oxford University Press, 2012, Introduction.

虑的是科恩对马克思历史理论的阐释和约翰·罗默（John Roemer）的马克思主义经济学，他们都认为马克思思想的许多方面或多或少是对的，运用现代理论能够更好地阐释马克思的观点。科恩运用分析哲学的方法，罗默运用最新的经济理论技术，他们建构出极为精致的理论。他们的理论获得了广泛的关注，其中包括许多重要的批评和自我批评，于是他们尝试对这些批评进行回应，每当更多的反对意见提出来，他们便去回答那些批评。他们虽然努力理智地为其理论进行辩护，但却致使他们的理论变成匈牙利科学哲学家伊姆雷·拉卡托斯（Imre Lakatos）所称的"退步性的研究纲领"。拉卡托斯的观念是，如果有一个富有活力的研究纲领，随着将理论更广泛地运用于现象，理论就能够越来越多地解释世界。如"重力理论"就是一个非常好的理论，因为它能解释许多种不同的事情。而马克思主义理论所发生的情况则是相反的，不是用理论去解释更多的新事物，而是理论面临越来越多的新困难，这个时候为了适应世界，就需要对理论做出改变。在某种程度上，这对任何理论来说都是不可避免的，但是如果一次又一次地改变理论，就会出现问题，最终会导致理论的退化甚至解体。这就是科恩和罗默的理论面临的境况，经过大约十年的时间，他们显然需要全新的方法，因而转向了政治哲学。

第二，从实践上看，事实上所发生的事情正如亚历克·诺夫（Alec Nove）在《可行的社会主义经济学》一书中所描述的那样。诺夫是苏格兰人，曾是共产党员，是俄国和苏联的经济史学家。他对马克思的思想是非常同情和支持的，他关于苏联经济史的研究受到了颇高赞誉，后来又写作了这本书。他认为，我们现在缺乏一种可行的、完全的社会主义经济模式。他说，社会主义是不可行的，如果不是因为"非法的"市场的话，它早在苏联解体了。诺夫论证到，没有市场，社会主义经济事实上是不可能的。[1]这本书对许多左翼人士都产生了极大震撼，我读过这本书，因为我希望有人最终能够表明如何设计一种恰当的社会主义经济。总之，退步性的研究纲领以及认识到缺乏可行的社会主义模式这两个因素共同作用，使得人们很难再继续成为马克思主义的社会主义者。这至少是我的看法。

齐艳红：但是在 20 世纪 90 年代前后，科恩和罗默等人都试图构建一种市场社会主义的理论。

沃尔夫：你说的对，市场社会主义是另一个重要的观念。科恩和罗默特别是罗默曾试图构想市场社会主义的理论，但他们的理论并没有走到足以令人信服的地步。科恩几乎没写过什么关于市场社会主义的东西。虽然戴维·米勒（David Miller）写过《市场、国家与共同体：市场社会主义的理论基础》一书，但它更像是一本政治哲学而非经济学的著作，并且实际上米勒在该书中也没有具体说明市场社会主义是如何运作的。[2] 相比之下，作为一流经济学家的罗默做得更好一些，但是他的观念并未真正流行。科恩和罗默仍然是社会主义者，但是他们越发清楚地意识到创造一个真正的社会主义社会的困难。科恩直到去世也愿意称自己为社会主义者，他说过，社会主义或共产主义社会是正义的社会，但是他也说过，问题在于：我们不知道如何在大规模的社会中使其到来。这是他在最后一本书《为什么不要社会主义？》中所传达的信息。[3]

1　Alec Nove, *The Economics of Feasible Socialism*, Routledge, 1992.

2　David Miller, *Market, State, and Community: Theoretical Foundations of Market Socialism*, Oxford University Press, 1992.

3　G.A.Cohen, *Why Not Socialism?*, Princeton University Press, 2009.

齐艳红：考虑到这些层面的问题，您认为在当今的平等主义理论与马克思主义传统之间是否具有一种内在的关联？

沃尔夫：我认为是有的。当今的平等主义理论确实受到马克思批判资本主义的激励和影响，但是我并不因此而认为，人们现在构想的观念是独特的"马克思主义的"。目前在英国很难说清楚作为一个"彻底的马克思主义者"意味着什么。或许那些为主要工业和基础设施的广泛"公共所有权"辩护的人最接近于上述称谓。目前工党的一些人比我们支持更多的公共所有权，但是我不认为现在任何人都相信全盘计划的经济，甚至马克思是否认为我们能够拥有全盘计划的经济这一点也是不清楚的。

齐艳红：谈到马克思对资本主义的批判，还涉及一个非常重要的规范性问题。在 20 世纪 80 年代，许多英语世界的理论家都参与到对马克思理论的阐释当中，特别是在"马克思与正义"问题上提出了许多不同的论断。比如说，艾伦·伍德的观点是非常典型的，根据他的看法，马克思似乎认为资本主义剥削是正义的。您是否同意伍德的阐释？您认为马克思有一种正义理论吗？

沃尔夫：伍德的阐释是非常精致的，无疑对"马克思与正义"问题的争论做出了重要贡献。他论证到，马克思认为资本主义是正义的，因为正义概念总是与一种经济制度相对应，不存在超出这一视角的其他运用。我认为，伍德所做的事情就是理解马克思本人的观念。马克思一直否认他具有一种正义理论和道德理论。在马克思看来，资本主义剥削具有历史的必要性，因为没有剥削资本主义就无法存续，不经历资本主义的发展，共产主义就不会到来。但是，说"马克思认为资本主义是正义的"则是有悖常理的。马克思至少在一个地方确实说过资本主义剥削"并非不正义",但这是否就意味着他认为资本主义剥削是正义的?另一种选择是说马克思只是不认为正义是一个有用的概念。又或许意味着,马克思只是想提醒我们:在资本主义条件下,剥削在法律上是可以接受的。此外还有一种可能性就是,当马克思写作的时候他只是想让我们感到震惊,因为马克思不是作为一个真正有思想的哲学家来写作的。从其著作来看,马克思是一个作家,他运用了夸张、讽刺、反语等手法,所以很难理解马克思的真正意图是什么。仅仅解读其字面含义,引用他的话,并不能真正弄清马克思在做什么。

尽管伍德的阐释非常重要,但我更倾向于赞同科恩的阐释。科恩说:"马克思确实具有一种正义理论,但是他并不认为他有一种正义理论"。这意味着,马克思具有一种正义论,但是他并没有意识到他有,并且每当被问及或遭遇挑战时就否认这一点。从马克思的早期著作看,他是基于深深的正义感而进行写作的,如果马克思根本不相信正义和不正义,那么他的许多断言都是没有意义的。但是对马克思来说,哲学争论令人失望,不同的人持有不同的看法,证明一种立场是正确的而另外一种观点是错误的,似乎是不可能的,因为哲学论证永远没有结论。因而,他相信所有的意识形态都可能变得扭曲,他想要抛弃所有关于正义的话语。但是,自相矛盾的地方在于,他放弃谈论正义,乃是因为他具有一种正义感并且想要改变世界,一方面说想要改变世界,但另一方面却说不相信新社会比旧社会更好,这没有任何意义。就此而言,马克思当然具有一种道德观点,即认为共产主义社会在道德上是更优的。但是从马克思的历史理论来看,马克思又认为他不需要道德论证,因为历史会朝着那个方向发展,所以他没有从事道德论证,而是转到经济学和历史分析中进行争论、赢得论证。这也是科恩为什么说马克思认为资本主义是不正义的但是马克思并不认为他持有那种看法的原因。

就科恩本人来说,他意识到:如果马克思关于历史的说明是真实的,那么就无需道德论证;如果不相信马克思的历史理论,那么就需要把道德论证带回来。但是科恩说他不知道历史理论是否是真实的,所以他才返回到政治哲学中。

齐艳红:这样看来,马克思是有自己的正义理论的,只不过是以一种特殊的方式得以表达的。您在《当今为什么还要研读马克思?》这本著作中,对马克思的早期著作进行了阐释和评估。[1]比如您讨论了《论犹太人问题》中马克思对自由主义平等权利的看法,也阐述了马克思《哥达纲领批判》中著名的"能力—需要"命题,但是您并没有从政治哲学的角度进行说明。您认为马克思具有自己的政治哲学理论吗?马克思的"需要"能否成为一个分配正义原则?

沃尔夫:这是一个非常困难的问题。马克思虽然否认他有自己的政治哲学,但是很容易建构一种可以被称为"马克思理论"的政治哲学。"能力—需要"命题是进行此类建构的一个很好的出发点,它是一种令人鼓舞的正义社会观念。"需要"可以成为一个分配原则,但是它自身还是一个极为模糊的观念,因而需要大量的工作。但是我认为,森和努斯鲍姆所发展的能力观点与之非常接近。努斯鲍姆说过,她在阐述她的能力观点时在很大程度上受到了马克思的影响。在这个国家,"马克思主义者"意味着,相信所有诸如劳动价值论和通过无产阶级革命使资本主义崩溃之类的马克思的主要观念,尽管这种意义上的马克

---

1 Jonathan Wolff, *Why Read Marx Today?*, Oxford University Press, 2003.

思主义者还存在，但却非常罕见。但是，如果问题变成"你是否从马克思那里获得了灵感或启发"，那么几乎所有的平等主义者都是马克思主义者，因为许多平等主义者都受到了马克思的某种思想——或"能力—需要"原则或资本主义批判或他的其他思想的影响。罗尔斯在某种程度上也受到了马克思的一些观念的影响，但是几乎所有平等主义者都会说他们不是马克思主义者，当然也包括我。即便是诺奇克，在成为一个自由至上主义者之前，他也曾经是一个社会主义者。那些或者意图削减大企业权力或者致力于限制市场的范围或者关心工作条件和剥削的自由主义的平等主义者们无不受到马克思主义传统的影响。当然不能否认，许多观念在马克思之前就是存在的，但是它们通常被等同于马克思的观念，因而许多深受马克思思想影响的理论家也不会把自己称为马克思主义者。努斯鲍姆就是一个例证。简言之，构建一种受马克思激发的政治哲学是很容易的，但它们却不是马克思本人的理论。

齐艳红：尽管许多理论家都试图阐释或研究马克思的思想，但是其立场各异，有些人自称是马克思主义者，还有一些人宣称马克思只是他们的客观研究对象。就您自身的情况说，您是否尝试将您对马克思的阐释与您的平等主义理论自觉地联系到一起？您是一个分析的马克思主义者吗？

沃尔夫：我没有明确地将马克思的观念与我在政治哲学领域的工作结合起来，尽管有时候我的工作的确是参考了马克思的资源。我避免这样做的部分原因是，在这里这样做没有任何益处。如果有人公开声称遵从了马克思的观念，那么评论者们就会把他当作意识形态的随从而不是当作一个独立的思想者，他的工作也就不会得到认真对待。

所以，表明对自己的观念源头的评估而非简单地接受另一个思想家的观念，是非常重要的。

考虑到这些因素，我不是在这个国家所运用的"马克思主义者"术语的意义上的分析的马克思主义者。我也不是像科恩那样的分析哲学家，他通常运用一些独特类型的方法论，沉浸于清晰的原则陈述，以严格的方式做出区分；致力于对论证进行重构，对找到充分必要条件极为感兴趣。尽管有时候运用分析哲学的方法，但是我通常会以更加广泛的方式进行工作。比如，在我的著作中，使用了大量出自于社会科学的经验方法，运用例证、类比以及更老的文本证据去阐明所关注的问题。所谓"分析的马克思主义者"更多地是指根据当代分析哲学的方法论标准去重构马克思的思想，我没有进行过那样的工作，对我而言，分析哲学只是我运用的诸多方式和方法中的一种。如果非要给我一个标签的话，我是一个多元的社会平等主义者，我关注的是不平等和正义的问题。

三、从社会现实出发,做"参与式"政治哲学

齐艳红:近些年来,您通过把哲学与公共政策相结合,力图建构一种有助于指导社会公共政策的政治哲学。这是否意味着您的思想的一次转折?根据您本人的研究,理想理论与平等主义政治哲学的关系是怎样的?

沃尔夫:是的,可以说是一个大的转折。我接受的专业教育是科恩和其他一些政治哲学家所讲授的哲学,这些政治哲学家假定我们的任务就是构想出社会的正义理论。如果哲学家想要影响政治家,哲学家就要让政策制定者们相信他的观点是对的,然后让政治家依据他的理论去改变世界。也就是说,平等主义者们去论证最好的平等理论,其他人朝着最接近哲学家建构的平等观念的方式去改变世界。这些都是我潜在接受的观点。但是后来我意识到,由于理论与真实世界之间存在着巨大鸿沟,这种做政治哲学的方式并不会带来什么助益,如何跨过这个鸿沟仍然是不清楚的。以罗尔斯的理论为例,假设首相完全信服罗尔斯的理论是正确的,接下来会怎样?实际上,罗尔斯的理论不会为首相可能会面临的任何实践问题提供指导。例如,这个社会在某些方面仍然存在着性别、种族、性取向的歧视等问题,然而在罗尔斯的社会里,这些都不存在;罗尔斯的理论由于主要聚焦于理想的正

义理论，也不会为如何解决这些问题提供具体的政策建议。再比如，几乎没有主要的平等主义者探讨贫困问题，因为在正义的社会中不存在贫困，这些问题被留给了其他人。似乎哲学家的工作就是创建宏大的理论，其他人的工作则是推动世界的变革。这显然是一种哲学家的"自大"。

对我来说，这种态度的转变是一个缓慢的过程，现在我认为，应该从真实世界的问题出发进行具体地研究，比如我关于残障问题的工作就是这种研究的开始。罗尔斯几乎没有谈论过残障问题，但是残疾人在生活中面临着巨大困难，在许多社会他们都没有得到平等的对待。显然这是正义和平等的一个重要问题。就像德沃金一样，通过处理残疾人问题而推导出一种正义理论是可能的，然而，德沃金并没有处理残疾人在生活中是如何经历的以及他们面临的问题是什么等实践问题，其后果就是德沃金的理论一般不会被残疾人激进分子所讨论，因为他的理论无关于残疾人的真实生活和问题。我的方法是从理解实践中的世界如何未能平等待人出发，并考虑在帮助理解不正义和促进或设计解决方案的过程中哲学家能够做什么。我目前的关注点是理解我们生活于其中的世界的不正义和不平等，探索如何运用我们的集体想象力为那些正在遭遇不平等和不正义的人们解决问题。所以，我本人的确经历了从理想理论到我称之为真实世界的政治哲学的"转向"，后者相关于我们作为哲学家能够为解决正义和平等问题做什么，能够贡献什么的思考。

这并不是说，我们不需要理想理论，我们需要理想理论并因此需要人们去做理想理论，但是我们不需要每个人每时每刻都做理想理论。理想理论有助于我们思考可能性，所以它能够帮助真实世界的政治哲学。当然，理想理论就其内在而言也是重要的，即便它不能为实践提供帮助，它对于人们思考正义问题仍然是重要的。即便到现在，我的一些工作也是建立在理想理论基础之上的，但是我认为有更多的人做真实世界的政治哲学也是非常重要的。相比之下，做真实世界的政治哲学是困难的，因为我们的学术职业更倾向于激励我们去做理想理论，因为抽象的思考在这个领域中是能够得到回报的。我们甚至缺乏去做真实世界的政治哲学的动力。人们似乎认为做真实世界的政治哲学是容易的，因为它是经验的，但事实并非如此，你需要了解不同的学科，需要阅读不同的东西，需要与不同兴趣的人们进行交谈，这些对哲学家们来说并不简单。基础理论和实践可以是互补的，但是"先构想出理想理论然后把它转化到真实世界"是有问题的，理想理论不能直接被应用于实践。

齐艳红：在《伦理学与公共政策》一书中，您引用马克思墓碑上的话"哲学家们总是以各种方式阐释世界，而问题在于改变世界"指出，在当今时代不乏希望改变世界的哲学家，但缺乏对其生活于其中的世界进行阐释的哲学家。[1] 在您的论证中，您也反复强调"从哪里出发"的重要性。这意味着，您本人的政治哲学是一种"理解世界"的政治哲学。那么，您的观念会违背当代主流的平等主义政治哲学吗？

沃尔夫：不同的人持有不同的方法，目前许多哲学家正在做我称之为"参与式"的政治哲学。他们寻找世界中的问题，针对这些问题提出建议。他们会运用在他们看来有助益的不同的理论，而不是一直运用或功利主义或罗尔斯主义或康德主义之类的单一理论解决一切问题，不是通过单一的概念框架看待一切。我称之为"应用的"政治哲

---

1 Jonathan Wolff, *Ethics and Public Policy: A Philosophical Inquiry*, Routledge, 2011.

学把理论作为出发点，寻求理论在世界中的直接应用，而"参与式"政治哲学则是把真实世界中的问题作为出发点，运用各种理论和概念去思考它、解决它。举例来说，如果思考特殊的歧视或剥削问题，"参与的"哲学家首先会力图理解具体的经验问题，然后决定哪些理论或价值是有帮助的。我引用马克思的话想要说明，现在每个人都想改变世界，但是几乎没有人做到为了知道如何做出有意义、有价值的改变，先要对世界和现实进行充分的理解和良好的把握。在试图改变世界之前，先去理解世界，这是我要表达的意思。

齐艳红：这样说，"从哪里出发"实际上意指"参与式"政治哲学倡导从社会现实的真实问题出发。但是，如果政治哲学家们想要构建一种关于真实世界的理论，那么这种理论会因为贴近现实世界的社会和实践，从而陷入"非批判性"吗？

沃尔夫：你理解的对，确实存在着这样的危险，哲学可能会变成"非批判性的"。这也是为什么一些人相信我们需要理想理论的原因，理想理论可以为解决分歧提供一种外在的批判性立场。假设自由和平等之间存在冲突，有人认为自由更重要，有人认为平等更重要，人们就无法达成一致意见。有些人因此认为我们需要理论的理由就是为了解决争议。实际上，在同一个理想理论层面上达成一致的情况与在实践层面上不一致的情况都是极为罕见的。如果只是把相同的问题放置到另一个层面上，即使是理想理论也可能变成非批判性的。我建议，在相同的理论上达不成一致同意时，最好先去讨论一下问题的情境，而不是上升到抽象层面。在我看来，不是每一个问题都能获得解决，因而我们经常能做的就是寻求妥协。问题会反复出现，许多哲学家特别是那些理想的理论家们，试图一劳永逸地给出所有问题的答案，他们想要成为最终的政治哲学家。虽然我理解那种想要一劳永逸地解决问题的冲动,但却相信这是不可能的。

齐艳红:这也意味着,您所从事的参与式政治哲学与您对于当今资本主义的批判是一致的。

沃尔夫:我想是一致的,这是个好问题,它有助于让我的思想的不同方面统一起来,以及使我的思想与其他思想者联系起来。在《资本论》中,马克思的确开展了大量的参与式政治哲学的研究,比如说,在关于工作日的长篇讨论中,他涉及了大量的细节问题。有意思的是,一旦他描述他那个时代的资本主义社会下的童工的工作条件,似乎就陷入了显而易见的错误之中。相比于他的抽象理论,我更赞赏如他的经济学那样的参与式哲学。理解经验世界的重要性这一点是我从马克思那里接受下来的。

齐艳红:我个人觉您从事的平等主义政治哲学的研究蕴含着某种关于如何做政治哲学的思考,相对于那种脱离人们的真实生活的抽象理论研究,您能提供一些关于如何做真实世界的或者参与式政治哲学的建议吗?

沃尔夫:首先,这不是适用于每个人的普遍指南。某些人应该继续做理想理论,他们应该阅读最新的杂志,费思耗神地思考其他人所写的东西,然后形成自己的观点。但是如果想做参与式政治哲学,就需要从阅读报纸和查阅社会运动的工作开始。举例来说,在这个国家,现在关于性别特别是性侵犯和变性权利有许多讨论和有争议的断言。对政治哲学家来说,这是非常困难的一个领域,这些问题太敏感,很容易就把事情弄得更糟,并成为你自己的问题。但是对于那些准备介入这项工作并愿意冒险的人来说，试图理解其中的论证并弄清楚人们在哪里遭遇了不正义则是可能的。作为政治哲学家，应该去探索一个领域，考察其所涉及的复杂性和利益是什么，应该多做一些事情阻止不正义或伤害。或许有一些领域非常困难，但是通过关注这个领域和表明它没有完全被忽略而做一些贡献仍是可能的。就在此时，这个国家充满了关于毒品的合法化的讨论，对于难民、移民、移居者的强烈反对意见，以及围绕脱欧的一切论辩。有些哲学家选取了一个问题，例如移民或者难民问题进行研究。目前我正在做贫困的研究，我想要理解什么是贫困，它是如何产生的，到底什么样的社会政策能够改善世界，等等。对此，许多人担心甚至怀疑，这不是在做哲学研究。我的看法是，不要去担心是否从事哲学研究这个问题，而要去研究那些从正义与平等的立场看重要的事情。

卡尔·马克思：正义、伦理与当代世界
访美国印第安纳大学艾伦·伍德*教授

李义天**

艾伦·伍德是当代英美学界关于马克思正义理论研究的重要人物。他和罗伯特·塔克在20世纪六七十年代相继提出的"塔克—伍德命题"已成为引发当代马克思主义伦理学或政治哲学激烈争论的关键起点。2018年5月和6月间，李义天教授对伍德教授进行了访谈。在访谈中，伍德教授重申了关于理解和阐释马克思正义概念的合理方式，批评了人们通常看待马克思主义伦理思想及其研究方法的思路和观点，澄清了学界关于他本人的理论立场和思想观念的诸多误解，并对马克思在当代世界中的地位与前景做出了自己的判断。

---

* 艾伦·伍德（Allen Wood），美国印第安纳大学哲学系教授、美国人文与科学院院士。
** 李义天，清华大学高校德育研究中心教授。

一、马克思与正义概念

李义天： 伍德教授，您好！很高兴您能接受我的访谈。我知道您近年来的主要工作是关于康德哲学和德国观念论的研究，但是在中国，有很多学者，尤其是研究马克思主义哲学、伦理学或政治哲学的学者，都是通过您在 1972 年发表的那篇论文——《马克思对正义的批判》[1]——而注意到您的。因此，许多中国学者更熟悉的是您作为马克思研究者的形象。特别是您后来又陆续出版的《卡尔·马克思》[2]等著作，进一步加深了这种印象。就我个人而言，也是如此。所以，我在 2010 年编辑文集《马克思与正义理论》[3]时，把您的这篇文章放在首篇的位置，并对译文进行了逐字逐句地校订或重译。现在想想，您发表这篇后来被证明是影响深远的文章时，其实不过 30 岁。因此，我非常感兴趣的是，当时究竟是什么原因促使您关注到这个问题？当时的写作背景是怎样的？为什么您会发表在《哲学与公共事务》杂志上？

---

[1] Allen Wood, "The Marxian Critique of Justice", in *Philosophy and Public Affairs*, Vol.1, No.3, 1972.

[2] Allen Wood, *Karl Marx*, London: Routledge and Kegan Paul, 1981. Allen Wood, *Karl Marx*, Second expanded edition, London: Taylor and Francis, 2004.

[3] 李惠斌、李义天编：《马克思与正义理论》，北京：中国人民大学出版社 2010 年版。

伍　德：当时，我正在写我的博士论文《康德的道德宗教》[1]。我发现，在停下来不写论文的时候，我需要另外一些方面的知识兴趣来保持自己头脑清醒。那个时候，从美国的民权运动和反对越战的抗议活动中成长起来的新左派，使得马克思至少（或者，尤其）在美国成为一个闻名遐迩的人物，他的声望要比现在大得多。在写作的间隙，我开始阅读他的《资本论》和其他一些著作。出乎意料的是，奥地利的马克思主义者，马克斯·阿德勒（Max Adler）的作品其时已经把马克思的观点和康德有关伦理共同体的看法联系起来了。于是，我的这两方面兴趣也就发生了重合。

当我在康奈尔大学做助理教授时，学生们希望开一门关于马克思的课，而我是当时教这门课的最合适的人选。与此同时，美国哲学学会收到了康涅狄格大学的罗杰·汉考克（Roger Hancock）提交的文章，题为《为什么马克思认为资本主义是不正义的？》（"Why Did Marx Think Capitalism Is Unjust?"）。他们需要一位评论者来评议此文，而由于我当时正开设关于马克思的课程，所以他们请我来做这件事。我读了这篇文章，然后又去看马克思的文本，以便搞清楚马克思为什么认为资本主义是不正义的。我天真地以为，汉考克是对的，马克思确实就是这么认为的。然而，令我大吃一惊的是，我发现马克思从来就没有说过资本主义是不正义的。他否认这一点，而且，他还批评那些认为资本主义不正义的工人阶级的支持者。因此，在针对汉考克文章的评论中，我就说，他问了一个错误的问题。他应该问"为什么马克思不认为资本主义是不正义的"。因为，马克思确实不这么认为。于是，我努力解释马克思之所以采取这种令人惊讶的立场的原因。几个月后，

---

[1] Allen Wood, *Kant's Moral Religion*, Ithaca: Cornell University Press, 1970.

刚刚创刊不久的《哲学与公共事务》向我约稿，希望我围绕这个话题给他们写篇文章。于是，我就写了《马克思对正义的批判》这篇文章投给了编辑部并得到了录用。而我关于马克思与正义问题的其他文章，也都是从这篇文章发展而来的。

  人们常常想当然地以为，正义就是那种应该用于衡量社会的、根本的规范性标准。因此，他们会不可遏制地觉得，马克思必定会把资本主义看作不正义的。然而，马克思并不认为，正义就是用于衡量社会的最终标准。在我看来，马克思根本就不相信，社会批判必须建立在某种"规范性标准"的基础上。可是，当我指出马克思说过的这些明白无误的话时，人们却拒绝接受，因为他们无法容纳这样的看法，即，马克思并没有把正义当作衡量社会的规范性标准，而且，考虑到他所实际持有的正义概念，马克思也不认为资本主义是不正义的。这就是为什么，即使马克思自己在这个问题上说得清清楚楚、毫无争议，我的关于这个话题的作品一直以来也仍会争论不休的原因。当然，马克思同样认为，说资本主义是正义的，这也不构成对资本主义的辩护。对他而言，这种情况仅仅意味着，资本主义的法权标准与它自身的实践相适应。根据与之相适应的正义标准而将资本主义说成是正义的，这种断言对马克思来说空洞无物、微不足道。马克思认为，那些看不到这一点的资本主义批评家们，只不过是意识形态迷思的牺牲品罢了。

  李义天：如果我没记错的话，您所提到的罗杰·汉考克的这篇文章，就是他在 1971 年发表的论文《马克思的正义理论》[1]。这篇文章也被收录在我编辑的那本文集中。

---

[1] Roger Hancock, "Marx's Theory of Justice", in *Social Theory and Practice*, Vol.1 No.3 (1971, Spring).

伍　德：是的。那篇文章就是我在1970年美国哲学学会会议上所评论的文章的正式发表版。当时，我评论的是他的口头报告。虽然与最终的发表版有点不同，但毫无疑问，基本内容是很接近的。如果你看看这篇文章的结尾，你就会发现，汉考克在脚注中说明，这篇文章就是他在美国哲学学会会议上的报告的修订版。我评论的就是这个报告。我的记忆也许有点不准确，但据我回忆，汉考克当时的报告题目好像就是"为什么马克思认为资本主义是不正义的"。我在评论一开始就指出，他提出了一个错误的问题，因为正确的问法应该是"为什么马克思不认为资本主义是不正义的"。因为，他确实不这么认为，即便我们特别希望他这么认为。

无论是汉考克的报告还是我的评论，发表出来的版本都和我们当时提交给学会的有所不同。我的那篇文章，《马克思对正义的批判》，也是我对他的报告所做的口头评论的扩展版。马歇尔·科恩（Marshall Cohen）是当时刚刚创刊的《哲学与公共事务》杂志的编辑，他给我写信，问我能否就这个话题给他们杂志写点什么，于是我就写了这个较长的版本。随后，他们审读了这篇文章，发表了出来。其实，我写给《哲学与公共事务》的这篇文章已经不再是专门针对汉考克的评论，而是对"马克思基于不正义批判资本主义"这种更一般的说法的考察。

如今回头来看汉考克的文章，令我非常惊讶的是，汉考克明确引用的《哥达纲领批判》的那段话，恰好跟他自己关于马克思思想的看法是最为冲突的。他引用这段话，仅仅是为了表明马克思"特别关心消费品的公平分配"，然而，这段话的全部重点在于，关心这些话题是对工人阶级运动的误导，"正义的分配"其实是他们从资产阶级那里承袭的东西。马克思的观点是，工人既不需要正义，也不需要平等，而是需要自由——从那个把"正义的分配"强加给他们头上的整个体系中解放出来。

李义天：您的说法确实澄清了不少人的误解。因为，许多不了解这些情况的人往往会把您在1972年发表的这篇文章同罗尔斯1971年出版《正义论》这件事联系在一起，以为您是受到了后者的启发和影响，才写出这样一篇从马克思的视角来看待正义问题的文章的。不过，您知道，自您的文章发表以后，几乎所有涉及马克思正义概念的文献都会提到它。据我的观察而言，目前批评和反对的意见似乎要更多一些。对于这些批评，您也做过一些回应，比如《马克思论权利与正义：对胡萨米的回复》[1]以及近几年的一些文章，包括不久前您对段忠桥教授的回应[2]。令我感兴趣的是，在这些反对者中，您认为谁的批评最有力？哪一位或哪几位给您带来的冲击和启发更大一些？

伍　德：我觉得，在对我这篇文章的立场提出批评的人里面，最好地理解了这个问题的是我的好友G.A.科恩（G.A.Cohen）。令人遗憾的是，2009年他去世了。在给我的《卡尔·马克思》一书撰写的书评中，科恩非常机智地指出："马克思认为资本主义是不正义的，但他自己不认为自己是这么想的。"[3]也就是说，科恩承认我的观点的文本基础，而且承认我是在确切地汇报马克思的所言所说。然而，科恩认为，马克思所表达的观点是复杂混淆的，没有反映他真正的所思所想。这

---

[1] Allen Wood, "Marx on Right and Justice: A Reply to Husami", in *Philosophy and Public Affairs*, vol.8, no.3, 1979.

[2] 段忠桥：《对"伍德命题"文本依据的辨析与回应》，载《中国社会科学》2017年第9期。[美]艾伦·伍德：《马克思认为资本主义不正义吗？》，李义天译，载《中国社会科学》2018年第6期。

[3] G. A. Cohen, "Review of *Karl Marx*", by Allen W. Wood, Mind, XCII, No.367, 1983.

是看待这个问题的一种非常极端的方式。但我认为，这也是不赞同我的观点的唯一一种可以得到辩护的方式。否则，您就不得不这样来解读马克思，仿佛他在说一些与他所说的意思恰好相反的话。不过，认为马克思错误地理解了正义概念，这种想法也可以得到辩护，而且，当您纠正马克思的错误时，您也可以发现，他关于资本主义的论述其实蕴含着资本主义不正义这层含义。对于这一点，我在给段忠桥教授的回复中已经谈到了更多。这篇文章已由您翻译出来，并刊发在《中国社会科学》2018 年第 6 期。

李义天：那能谈谈您跟科恩的交往吗？在中国，有不少人关注和研究科恩。他的代表性著作都已经被介绍到中国学术界。

伍 德：当科恩最初把他的那本书，《卡尔·马克思的历史理论》[1]，提交给普林斯顿大学出版社时，我是审读人。在此之前，通过康奈尔大学的同事大卫·莱昂斯（David Lyons），我就已经知道了他。当时，我正在写《卡尔·马克思》。围绕他的这本书，我们通了信；后来，在我的书出版后，科恩又不无裨益地给予了评论。我们俩第一次见面是在 1983 年，当时我在柏林。在巴黎召开的一次关于马克思的会议期间，我们一同相处。此后多年，当他数次到访斯坦福大学，或当我 2005 年在牛津大学做访问教授的时候，我们俩又频频见面。

科恩是个热心肠，我们俩关系一直非常好。我觉得，我们在解释马克思的过程中所产生的分歧不应当被看作是个人的冲突。我俩过去不是、现在也不是教条的人。况且，在对马克思的很多方面——比如他的历史理论运用了功能性和技术性的解释方式——进行阐述时，科

---

[1] G. A. Cohen, *Karl Marx's Theory of History: A Defence,* Princeton: Princeton University Press, 1978.

恩跟我的意见也是一致的；我们基于同样的理由反对其他一些学者的观点，比如，乔·埃尔斯特（Jon Elster）和特德·霍德里奇（Ted Honderich）；而且在政治问题上，科恩与我也没有什么特别大的分歧。

李义天：在很多人看来，科恩的观点跟您的观点完全相反。他认为，马克思持有一种规范性的正义概念，他甚至用"自然权利"作为基础来论证马克思的正义概念。这是否意味着他对马克思的理解过于简单，甚至误解了马克思？我们似乎没有看到您专门写文章回应或者批评科恩在这方面的看法。所以，这次我想听听您的意见。

伍　德：我当然不同意以下说法，即马克思持有一种基于自然权利的正义概念。对于这一点，马克思的文本是很清楚的。除了马克思，科恩最喜欢的历史哲学家也许是洛克，洛克当然持有一种自然权利的理论。我想，科恩是在以一种尽可能贴合他自己的正义概念的方式来解读马克思。而我决不打算这样来解读马克思（或其他哲学家），即，当他们的观点与我不一致时，偏要让他们与我保持一致。我从来没有完全同意马克思关于正义的看法，尽管我确实认为，他的观点非常有趣并且值得认真对待。人们之所以会形成"我赞同马克思的这些观点"的印象，或许就来源于此。

李义天：这正是我接下来想问的。我发现，在关于马克思正义概念的讨论中，您的论述始终存在某种张力。比如，您在《正义与阶级利益》[1]一文中就承认，即便我们持有"阶级利益命题"（class interests

---

[1] Allen Wood, "Justice and Class Interests", *Philosophica*, Vol.33, No.1, 1984.

thesis）并进行了"阶级利益论证"（class interest argument），亦即特别强调行动的阶级意义和历史意义，我们也无法否认，"作为不偏不倚的善"的正义概念依然在我们的日常生活中存在并发挥作用。为什么会存在这样的张力？可不可以说，由于人类社会迄今为止依然处于一个非常现实的、难以超越正义的社会阶段，所以，尽管我们能够理解甚至相信马克思的判断，我们依然不可避免地要接受并运用一种他并不赞同的规范性的正义概念？而且，正如我们看到的，马克思恩格斯还有大量可以用来支持规范理论的表述。对于正义这样的概念在历史上和逻辑上的积极意义，他们似乎并没有完全武断地否定。正因如此，才会使后世研究者面对上述的张力问题。

伍 德：在马克思看来，绝大多数人都是意识形态幻觉的受害者。因此，很难简单地回答，我们应该怎样去应对这些被我们认为是幻觉受害者的人们。马克思曾经强有力地反驳了他们，比如他晚年所写的《哥达纲领批判》。在此之前，他不得不应对那些不接受他观点的左翼分子。然而，对这些他并不赞同的人，他从来没有假装赞同过。

请再次记住，我本人不一定同意马克思关于正义或其他道德概念的激进看法。在很多问题上，我是一个康德主义者。如果您觉得，我要捍卫的是马克思针对正义或其他一些基于权利或道德的观念——他认为这些东西在历史唯物主义中没什么地位——的拒斥态度，那您就是在误读我。我只会在解释这些观念的语境中对它们进行辩护，这样人们就不至于过于草率地抛弃它们。在我看来，人们之所以在这个问题上误读马克思，一个原因就是，他那些摆在台面上的观点跟我们所有人的想法——即，我们不能把马克思直截了当说出来的这些话理解为就是他想要说的话——太格格不入了。即便我自己说，马克思的观点能够根据它们本身的用法而得到很好的构想，我也不打算为这种看法提供辩护。

李义天：您承认，当提出"阶级利益命题"并给出"阶级利益论证"时，您只不过是想表明，阶级成员的首要关切应当是自我行动的历史意义和阶级意义，而不是它的伦理意义；但是，这种"首要的"关切并不排斥人们日常的（个人的、伦理的）关切作为"非首要"的关切出现在行为动机之中。然而，既然您自己也意识到，正义概念的日常用法是不可避免的、无可消除的，那么，现在的问题是：如何确保阶级成员始终按照行动的历史意义而不是其伦理意义来采取行动呢？为了确保人们始终有一种"正确的"行为动机，我们需要做点什么？

伍　德：您是在问我的观点，还是在问我眼中的马克思（应该）会如何回答？马克思认为，在工人阶级行动家的思维中，我们应当而且能够尽可能地避免使用正义概念，因为他认为工人阶级行动家应具有清晰的洞察力。

有一些得到马克思支持的工人阶级纲领采用了"正义""平等"这样一些他并不赞同的观念。在写给恩格斯的一封信中，他对自己为了维护政治团结而不得不签署这样的文件表示遗憾，并且还加上一句，他认为这些空洞的意识形态词汇已经被妥善处理，"使它们不可能为害"[1]。

我认为马克思不会特别强调行为的"正确动机"，这更多的是一种康德主义的立场，尽管康德关于这个问题的看法往往为人所误解。

不过请记住，我自己并不反对采用"正义"作为社会批判的基础。

---

[1] 《马克思恩格斯全集》第31卷，北京：人民出版社1972年版，第17页。

在这个问题上，我并不同意马克思。请不要指望我会为马克思的这些观点辩护，仿佛它们就是我自己的观点。我很钦佩作为思想家的马克思，也赞同他的许多观点，但并不是所有观点。

李义天：是的，之所以会存在这种差异，也许就是因为在理解正义概念的方面，您更愿意把自己和马克思区别开来。一方面，您非常坚定地认为，在马克思那里，正义就是"与生产方式相适应"，因此，只要我们试图理解的对象是马克思的正义概念，那就只能这样来理解它。另一方面，您又认为，理解马克思的正义概念是一回事，是否同意马克思的正义概念则是另一回事。在您这里，正义似乎仍然被理解为一种合理的、规范的、用于衡量社会制度的价值标准。那么，站在您自己的立场，您又该如何回应您所描绘的那个坚定地否认正义规范性的马克思可能对您提出的批评呢？

伍　德：在我最近的作品中，尤其是最近发表在《康德主义评论》的那篇文章中[1]，我试图同时考察康德的正义概念和马克思的资本主义理论，看看当我们比较二者时我们会说些什么，并试图发现能使它们完美协调起来的方式。我的结论是，虽然这样的问题没有明显的解决方案，但它既不是康德的错，也不是马克思的错，更不是我们的错。它是当代这个世界的错，在这个世界中，我们采取了一种不可宽容的生活方式（资本主义）；在这个世界中，我们还找不到任何可以使我们超越私有制——正如马克思意识到的那样，私有制是所有现代正义理论的基石——从而能够理解和批评它的方式。即便是马克思也没有超越这一点，因为，在他看来，在后资本主义社会的早期阶段，我们

---

[1] Allen Wood, "Marx and Kant on Capitalist Exploitation", in *Kantian Review,* Vol.22, No.4, 2017.

仍将不得不按照某种权利或正义的标准来分配社会劳动产品,即"按劳分配"。但是,他希望,凭借一个反抗资本主义压迫的社会,我们可以在某种程度上最终达到这样一个阶段,在那里,权利和正义这样的概念,跟正当的分配和私人所有权等概念一起,最终被彻底抛弃。无论是在美国还是在中国,我们今天距离这个阶段甚至要比马克思的那个时代更加遥远了。

二、马克思与伦理思想

李义天：其实，在您那些关于马克思和正义的主要文章中，即便您试图消解"正义"概念在马克思那里的规范性，您也从未打算消解马克思学说中存在规范维度的可能性，纵然这种可能性不是以"道德"的面目出现。因为，您有一个基本观点：马克思不是以"正义"这种道德的善（moral good）为基础来批判资本主义，而是以"自由""共同体"等非道德的善（non-moral good）来批判资本主义。您的理由是，在马克思那里，这些非道德的善是普遍的，而道德的善是不普遍的。这是否意味着，您仍然是站在一个更接近于康德的立场上来理解马克思？因为，您这里有一个预设，即，只有通过普遍的善而做出的批判才是可以被接受的。

伍　　德：我最早出版的两本书（1970，1978）都是关于康德的[1]。在撰写关于康德宗教哲学的博士论文——这是我 1970 年的那本书——期间，我开始研究马克思。目前，我正在写另一本关于康德宗教哲学的书，主要聚焦于《单纯理性范围内的宗教》。我认为，在伦理理论方面，我始终是一个康德主义者，尽管我也从黑格尔（1990 年我写了

---

[1] Allen Wood, *Kant's Moral Religion*, Ithaca: Cornell University Press, 1970. Allen Wood, *Kant's Rational Theology*, Ithaca, Cornell University Press, 1978.

一本关于他的书，已被黄涛译成中文）和费希特（2016年我写了一本关于他的书，正在被黄涛译成中文）那里学到了很多。[1] 对于我写到的这些哲学家，我从来就没有百分之百地赞同他们，但是当我解释他们的观点时，我却尽力做到同情式的解释。如果我觉得我们不能从康德、费希特、黑格尔或马克思那里受益良多的话，那我也就不会研究他们了。

请记住，我所写的马克思是我对马克思立场的同情式揭示，而不是在表达我自己的立场。在我看来，马克思把自由和共同体当作非道德的善，而把道德看作是头脑清醒、洞见深刻的人们应当避免的阶级意识形态。对我来说，这似乎是为他的立场提供辩护的最佳方案。那么，我自己同意这种立场吗？不。但是，我觉得它们应该作为马克思的所思所想而受到认真对待。

李义天：如果马克思确实存在伦理思想的话，您觉得哪些方面会是他所独有的？我的意思是，一种马克思主义的伦理学会强调哪些道德问题，又会提供哪些道德原则（如果真的存在这样一些原则的话）？

伍 德：马克思会认为许多道德或伦理理论都是意识形态，并且希望把我们从其中解放出来。有些人会用"伦理"这个词来涵盖非道德的善，比如自由。马克思非常关心自由，他关于自由的思想非常值得研究。但是，说它们值得研究，说我们可以从中受益，并不等于说我们就应该同意它们。我已经写了康德的伦理学、费希特的伦理学、黑格尔的伦理学，但是，我不认为应该有"伦理学派"这样的东西，有的只是"伦理学"。许多伟大的哲学家，包括马克思在内，都对此

---

[1] Allen Wood, *Hegel's Ethical Thought*, New York: Cambridge University Press, 1990. Allen Wood, *Fichte's Ethical Thought*, Oxford University Press, 2016.

贡献了许多我们能够从中获益的内容。如果"马克思主义伦理学"意味着一些教条，人们生怕会"偏离"它，那我就不想要这样的伦理学。同样的道理也适用于"康德主义伦理学"。我喜欢有所"偏离"，只要它有助于我们探究真理就好。

李义天：听起来您的看法更多是否定性的。但我不敢肯定的是，您是在否定一种教条主义的"马克思主义伦理学"，还是在否定"马克思主义伦理学"本身？如果您担心的是前者，也许这还不算什么特别严重的情况，毕竟我们可以通过增强其批判性和学术性来避免这种教条主义的危险。现在真正重要的问题是，马克思的伦理思想有可能被建构成一个堪称"马克思主义伦理学"的理论体系吗？如果有，它将会是一个什么性质的理论体系？在伦理学上，它更接近于义务论、后果论、德性论，或者是另一种全新的理论模型？

伍　德：我认为，马克思会把伦理学理论看作意识形态。我们不应该指望能够在马克思那里发现任何伦理学理论。如果您所说的伦理学/道德哲学是建立在马克思的道德观念的基础上，那么，世界上就不存在马克思主义的伦理学。在他眼里，道德就像巫术一样是一种神秘的东西。马克思同样没有巫术理论。

如果我们在这个问题上不同意马克思的看法，就像我自己这样，而且希望能够开拓出伦理学理论的话，那么，我们就应该一方面牢记我们从马克思对伦理学的批判中所学到的东西；另一方面，为了讲清楚伦理学的真理，至少不应该害怕"偏离"马克思。我们应当自主地思考，不要把我们的思想局限于学派、教条或者"主义"。那些受制于"主义"或"学派"而且害怕有所"偏离"的哲学家既可怜又危险。我们应当避免成为那个样子。

至于说"义务论""后果论"和"德性论",我认为,这种关于伦理学理论的传统区分方式是极为有害的。这不是一种简单的分类,而是一些有害的旧框框。这些旧框框不仅是片面的,而且认为其他理论都犯了低级错误,所以它们常常被用来拒斥各种哲学伦理学理论。义务论者被认为对道德规则缺乏弹性、不够人道;后果论者被认为对目标非常短视,而且在追逐目标时毫无原则;德性论者则被认为无法做出理性的决定,只能说些空洞的陈词滥调。用这样的称谓来称呼任何一位哲学家,只不过是把他的道德哲学建立在肤浅之上。

那些把亚里士多德看作德性论者、或是把康德看作义务论者或是把密尔看作后果论者的人,全都是在给这些哲学家强加一些旧框框,使他们的思想变得贫乏,使我们无法看到他们身上的伟大之处。亚里士多德认为我们应该谋求幸福,这使得他成为一个后果论者吗?他认为幸福在于有美德的行动,这使得他成为一个德性论者吗?他认为有美德的行动始终遵循"正确的逻各斯",这使得他成为一个义务论者吗?我认为,这里的每个问题都既可以回答"是",也可以回答"不是",因为这些问题都是被那些有碍于而不是有助于思考的概念塑造的。我也可以针对康德提出类似的问题,也可以得出类似的答案。

李义天: 关于亚里士多德和美德伦理学的问题,我可以另外找机会,专门跟您聊一聊。现在请允许我们还是把话题集中在马克思与伦理学的关系上。虽然您觉得在马克思那里不存在伦理学,但是,以马克思的基本立场和方法来讨论道德的仍大有人在。因为,我们无法解释或想象,一个对现代人类社会的解放和进步带来如此巨大推动力的学说体系会如此轻易地放弃伦理、道德的规范维度,甚至完全封闭了引申或建构任何意义上的马克思主义伦理学的可能性。这种决绝的态度在理论上看似坚定，实质固执，而且也不符合当代学术界在这方面做出的努力这一事实。所以，如果让您简要地描述一下自"二战"结束直至苏联解体这段时期西方学界（尤其是英美学界）关于马克思主义伦理思想的研究状况，比如，关于正义、平等、民主、自由的研究状况，您觉得哪些是重点？

伍　德：这个问题对我来说很难回答，而且在我看来对它也不可能回答得太简单。在西方，很多人都在认真研究马克思的哲学：大卫·哈维（David Harvey）、莱纳·弗斯特（Rainer Forst）、乔纳森·沃尔夫（Jonathan Wolff）——这里我仅仅举出三个人的名字。您可以看一下刚刚提到的那期《康德主义评论》，从中我们能够很好地了解到，至少从康德主义的视角，关于马克思的高水平哲学研究大概是个什么样子。如果要我对这个话题说更多，那我既可能说得不那么准确，也不知道该在哪儿停下来。

李义天：哈维的城市地理学及其空间正义理论是一种典型的、基于正义概念而展开的批判方式。弗斯特关于自由主义和社群主义的论述，更是主动介入当前西方政治哲学的主流，几乎构成西方政治哲学正义理论的一部分。如果事情像您认为的那样，马克思并没有以正义为名来批判资本主义，那么，当哈维、弗斯特等人说资本主义存在某种不正义时，他们不是偏离了马克思吗？

伍　德：我不能随随便便地谈论哈维或弗斯特。如果他们确实把某种正义概念作为批判资本主义的基础，那么我想，很清楚的是，他们也就不赞同马克思在19世纪中后期所表达的那些观点。我并不是因为他们在这些问题上不赞成马克思而批评他们，因为，对于道德和正义在社会批判中所具有的功能,我本人也许更加同意他们,而不是马克思。

"偏离"这个词太"强"了。我不想用这个词来描述马克思主义者、黑格尔主义者、罗尔斯主义者,或者其他任何人。"偏离"马克思、康德、亚里士多德或任何大哲学家并没有什么错。人们应当精确地阅读马克思,努力理解他,然后得出他们自己的立场;正如事实和论证所展示的那样,这些立场可能与马克思相同,也可能不相同。但是,像"偏离"这样的术语却很可能意味着一种不太好的关于马克思的教条主义理解,仿佛我们不应当通过推理和论证而应当通过诉诸马克思的权威来捍卫我们的观点,结果使得对马克思提出的诚恳的不同意见也都变成了某种罪行似的。在自称为马克思主义者的人们那里,这种倾向性已经给人类的解放事业带来严重的伤害。

李义天:很多人把您看作分析马克思主义的一个代表人物,围绕马克思正义概念的这场争论也被认为是这个学派最重要的思想事件之一。那么,您自己是这么自我定位的吗?

伍 德:我曾经读过一篇书评,是关于约翰·罗默(John Roemer)编撰的文集《分析马克思主义》[1];这篇文章说我不应该被算作一名"分析马克思主义者",因为我对马克思的解读太接近马克思了。我觉得这可能是想批评我,但我却把它理解为一种表扬。

正确解读马克思的方式是**精确地解读**——注意他说了什么,以及怎样才能最好地理解他的全部观点。而正确思考哲学问题的方式则是采取一切可以正确把握对象的方式。有时候,对于马克思或其他对象

---

[1] John Roemer(ed.), *Analytical Marxism*, New York: Cambridge University Press, 1986.

的最佳思考方式也许就是人们所说的"分析的"方法；有时候则是另外一些方法。

在我的职业生涯中，我一直致力于让这一天尽早来到，即，人们会满怀不解地回顾20世纪的哲学发展，他们无法理解当时的人们怎么会如此愚蠢和偏狭，竟然把哲学划分为"分析学派"和"大陆学派"，而且还以敌对和轻蔑的方式对待那些被他们认为属于"对方"的人。我一生都在反对把哲学划分为如此对立的两个阵营。我认为，我的这种立场——不再以划分"分析哲学"或"大陆哲学"的方式来思考问题——将会成功。哲学不像体育比赛，您可以先选个边，然后努力帮助您的队伍赢得胜利。哲学更不像政治，人们要集合起来掌握权力。指控别人"偏离"，就好像他们是某项事业的叛徒。这些都是错误的心态。在哲学中，即便我们彼此分歧，我们也属于同一支队伍，因为那些不赞同您的人或者是在帮您纠正观点，或者是在提出论证以回应您的论证。哲学的唯一目标就是真理，而不是权力。也许这听起来有点幼稚，但就哲学而言，我宁愿幼稚，也不愿意变得政治化。政治不同于哲学、科学或学术。政治家应当听听哲学家、科学家和学者们的意见。如今美国文化正在遭遇严重的挫折，就是因为那些大权在握的人根本没有做到这一点。

李义天：您对分析马克思主义这个流派做何评价？很多分析马克思主义的学者，比如加拿大的凯·尼尔森（Kai Nielsen），都对伦理和政治问题感兴趣，您觉得这是必然的吗？分析的方式是否更适合于研究马克思主义的伦理和政治问题？

伍　德：正如我所说的，我并不希望分析的马克思主义或分析的其他什么东西作为一个流派而存在。如果有更高的清晰标准和论证标准——它们能够定义何为"分析的"哲学——逐渐遍及整个哲学领域，从而使得"分析的"这一术语会因为对立面的消失而不再具有任何意义的话，我会感到非常高兴。

我当然认为，研究道德和政治问题是哲学的一部分。正如我所理解的，马克思认为道德是意识形态，政治是对社会的经济基础事实的扭曲。尽管我不敢肯定他在这个问题上是否正确，但是我认为他的立场应该得到准确的理解和认真的对待。凯·尼尔森和我一直都关系不错；尽管我们俩的意见常常不一致，但我们对于彼此的工作都给予高度的评价。

三、马克思与当代世界

李义天：您能谈谈写作《卡尔·马克思》这本书的情况吗？在您的整个研究和写作中，这本书占有什么样的位置？您为什么会在 1981 年出版这样一本书？只是为了把您此前写的关于马克思的论文集合起来吗？

伍　德：我更希望让别人来评价我的作品。我把马克思、康德、费希特和黑格尔看作是我迄今为止用力最深的几位哲学家。在我眼里，他们（包括马克思）都是德国古典哲学的标志性人物。我是应"劳特里奇哲学家论证系列丛书"（Routledge's Arguments of the Philosophers Series）之邀而写这本书的。如今，布莱恩·莱特（Brian Leiter）正在编一套类似的丛书。他让他的学生杰米·爱德华兹（Jaime Edwards）为这套新丛书写一本关于马克思的书。我跟爱德华兹有接触，他说他在写作的过程中会征询我的建议。

李义天：那您为什么会在 20 多年后，也就是 2004 年，再次修订重版？是什么原因促使您出版一个修订本？1981 年的第 1 版和 2004 年的第 2 版之间有什么主要的不同之处？20 多年间，我们所身处的这个世界发生了巨大的变化，包括苏联解体等重要历史事件在内，都属于这种变化的一部分。那么，就您的观察而言，您觉得在此期间美国

社会或学界对马克思的理解发生了什么变化？或者说，有哪些方面没有变化？

伍　德：之所以出第二版，是基于劳特里奇出版社所隶属的泰勒—弗朗西斯出版集团（Taylor and Francis）的建议，他们希望这本书能够继续见诸于世。所以，我对它做了一些更新，增加了新的序言和关于剥削的那一章。我也做了一些其他的改动，但并不多。

至于说美国社会或学界对马克思的理解的变化，在我看来，与先前相比，如今马克思的洞见在美国社会越来越不受重视。人们甚至没有理解关于马克思思想的一些最基本的情况。

我觉得，大多数美国人都以为马克思持有一种乌托邦式的共产主义概念，在他眼里这种社会具有历史的必然性。然而，人们始终没有看到它实现。仅仅因为这一点，他们便认为马克思的所有思想全都不足采信。

关于马克思的这些看法是完全错误的。持有这些看法的人们没有意识到，这些被他们等同于"马克思主义"的社会至少是在马克思去世后二三十年才逐渐出现的。他们没有注意到，马克思从未说过未来的社会应当怎样或将会怎样。马克思发现的仅仅是，资本主义社会在人道层面上是不可容忍的，是一种不自由的社会秩序。马克思相信，人类不会卑劣、怯弱、愚蠢到容许资本主义社会持续下去的地步。马克思看起来唯一搞错的，也许就是最后这个判断。他把我们这些卑微的人类想得太好了，我们配不上。

被美国人普遍相信的那些关于马克思和马克思主义的事情不仅是错的，而且是资本主义社会一代又一代反反复复地向其压迫对象不断述说的系统性谎言，说服他们接受所处的奴役状态，迫使他们相信任何试图质疑资本主义社会或改变当代世界的尝试都必将带来极权主义的灾难。也许，美国的学者还不至于像普通的美国人那样完全被这些谎言欺骗，但是，对其中的大多数人来说，他们同样相信这些谎言。对于美国文化视野中的马克思，最好的描述方式便是引用歌德的这句话："误以为自己是自由的人，才是最无可救药的奴隶。"（None are more hopelessly enslaved than those who falsely believe they are free.）

李义天：您知道，今年是马克思诞辰200周年。我感兴趣的是，如果您现在有机会再推出一个修订版，您会增加一些什么内容？

伍　德：马克思诞辰200周年已经成为很多事情出现的契机，包括《康德主义评论》推出的关于康德和马克思的专号（2017年第4期）。正如我刚刚向您提到的，我也给它写了一篇文章。这期专号由我的朋友、加迪夫大学的霍华德·威廉姆斯（Howard Williams）——他也是《共产党宣言》威尔士语版的译者——和伦敦经济学院的莱亚·伊皮（Lea Ypi）主编。我认为，这是一本好杂志的非常不错的专号。不过，我还没有打算给这本《卡尔·马克思》再推出一个新版本。（至少我自己的）学术作品并不一定是要为了庆祝诞辰而作。

李义天：在中国，马克思主义是非常热门的研究领域，政府方面也非常重视。值得说明的是，中国政府已将"公平正义"作为自己工作的一项重要指标和目的。长期以来，中国始终强调马克思主义作为理论制高点和道义制高点的地位并不断为此努力。在这种思想背景下，在当前中国不断发展、当代世界面临变革的时代背景下，您认为中国学者应该如何对待马克思、尤其是如何对待马克思在伦理、政治、法律等方面的思想资源？

伍　德：在我看来，中国已经融入当代世界的经济体系。但我一直希望，在中国的学者和学生中间，关于马克思严肃的、批判式的学术研究的兴趣将会逐渐给中国社会带来某种解放性的影响。这也是为什么我很高兴看到他们能够阅读我的书，而且是批判性地阅读，既没有仅仅把它们当作教条来接受，也没有仅仅当作异端来拒绝。在我的心目中，马克思能够得到讨论，围绕他的争论能够自由而开放地进行，这才是中国的未来非常有希望的标志。

康德和费希特都正确地指出，通往真正的共同体的唯一道路就是经由自由、开放的理性沟通，没有哪个暴政式的国家可以解放全人类。马克思最基本的一个主张便是，工人阶级必须解放自己。马克思把克服压迫的责任直接留给被压迫者：无产阶级或工人阶级。只要被压迫者接受了资本的奴役或国家的奴役，人类就将始终处于锁链之中。亟待被打破的那种最为坚硬的锁链不是由金属制成的，而是由被人们当作教条接受下来并且缺乏勇气加以质疑的错误观念构成的。这些锁链，在世界各地仍然或多或少地存在。

李义天：在此前的一些访谈中，您谈到了马克思主义对您的政治立场的影响，我们也看到了您对西方世界的批判。那么，是不是可以直接说，马克思和马克思主义影响到您对当代世界的批判性理解？您会怎样界定您自己在当代政治思想谱系中的立场或位置？

伍　德：纵观这些问题，您表现出非常深刻的洞见。您不断让我谈论一些东西，而在下一个问题中，又会追问您在上一个问题中已经让我谈及的具体方面。所以，我想，在回答此前的问题时，我已经涉及最后这个问题。不过，请允许我补充一点：毫无疑问，根据美国的标准，我是一个左派。在我的有生之年，我看到美国政治制度衰败到如此地步，以至于它无法继续伪装成一个自由的或民主的社会。如今在美国大权在握的政党的意识形态与100年前俄国的布尔什维克截然相反，但两者的实际作为却非常相似。这与唐纳德·特朗普（Donald Trump）无关，他不过是长期以来支持共和党的那部分美国社会的产物而已。如今，共和党的基础就是白人种族主义，这是美国社会天生的缺陷。在19世纪中叶它曾带来可怕的军事内战，现在又在我们中间制造出一场文化的和政治的内战。至少20年来，我一直认为，要么是现在这种形态的共和党存在下去，要么是一个让人们值得生活于其中的美国存在下去，但两者绝不相容。

因此，关于我的政治立场，这就是我的回答。我同大多数人站在一起，但这并不保证，在美国社会，大多数人的意愿或旨趣总会占主流。贪婪、憎恨、欺骗和白人至上的传统始终构成其对立面，而且是非常强大的对立面。我们现在要将这场文化和政治的斗争进行到底，努力挽救美国社会残留的自由和民主，尽管那些对立面决意摧毁它们。我们拥有世界上最强大的军事力量，包括大规模核武器，所以连人类的命运也可能被这场斗争的结果决定。而这个结果绝不是确定的或必然的，人类既可能活下去，也可能死得很惨。我们身处一个糟糕的时代。

李义天： 您看起来不是那么乐观。无论如何，非常感谢您能接受我的访谈。我想，您可以在合适的时候来中国来走一走，与中国学者有更多的接触和交流。也许您在中国会有一些不一样的发现和收获，对我们目前共同面临的诸多问题也会有一些新的思考，找到一些新的解决方案。

伍　德：谢谢！请允许我对您的访谈表示感谢。如果我对您提出的问题的回答有时看起来比较"冲",我得感谢您,我很喜欢这些问题,它们使我能够有机会挑战关于它们的那种问法。我认为,在提问和陈述的过程中,您表现出非常好的判断力,因为我想象得出来,您是在富有洞见地提出一些许多人都想问我的问题。我希望我的回答能够促使人们思考,这才是哲学的意义所在。

马克思、规范理论与当代政治哲学
访美国圣地亚哥大学罗德尼·佩弗[*]教授

李旸[**]

罗德尼·佩弗是英美"分析的马克思主义"的代表人物。作为其代表作《马克思主义、道德与社会正义》的中文版译者,李旸于2018年5月和6月在北京对他进行了两次访谈。在访谈中,佩弗介绍了英美"分析的马克思主义"的本质特征及其规范研究的路径选择,描述了马克思主义与当代道德和政治哲学相交融的学术现象,指明了建构马克思主义规范理论和政治哲学所面临的挑战与可能性,从元伦理学的角度回应了关于"马克思与正义"的争论及马克思主义与道德的关系问题,阐释了自己借鉴罗尔斯的思想资源来建构马克思主义正义理论的具体尝试,并提出了构建一种充分的既包含规范理论又包含经验基础的马克思主义政治哲学的可行路径和基本原则。

---

[*] 罗德尼·佩弗(Rodney Peffer),美国圣地亚哥大学哲学系教授。
[**] 李旸,北京大学马克思主义学院讲师。

一、分析的马克思主义：英美分析哲学与马克思主义的相遇

李　旸：佩弗教授您好，很高兴有此次访谈机会。虽然我们相识很久，但这种正式的访谈还是第一次。您的著作《马克思主义、道德与社会正义》中文第二版出版在即，祝贺您的研究及思想将在中国学界产生更广泛的影响，此次想就马克思主义与道德和政治哲学的一些问题向您请教。从学术研究的背景来看，您经历过英美新左派运动的兴盛，也经历过冷战时期和苏东剧变，在西方马克思主义起起落落甚至遭遇危机之际，您的马克思主义立场从未改变，我想知道的是，马克思主义是如何成为您坚定的政治信仰和重要研究方向的？

佩　弗：我也很高兴能与您——我的好友兼我著作的译者——谈一谈我们共同感兴趣的学术问题。其实，我成长于美国中西部一个保守的、支持共和党的家庭。十岁那年，我们举家搬到洛杉矶。在青年时期，我参与了美国的反战运动。有一天，我在一个二手书店里读到了法兰克福学派代表人物、人本主义马克思主义哲学家和心理学家艾瑞克·弗洛姆（Erich Fromm）的两本著作，我完全地被吸引了。这两本书并不是他著名的《爱的艺术》(1956) 和《马克思论人》(1961)，

而是《健全的社会》(1955)和《人性会占优势吗？》(1961)。[1] 前者探讨的是冷战中核武器和"相互保证毁灭"（Mutual assured destruction）政策的疯狂性；后者论述的是西方世界在二战后所面临的诸如军国主义、帝国主义、消费主义、种族和阶级不平等、作为资本主义经济和政治危机之最后喘息的法西斯主义威胁等重大问题，弗洛姆认为，这些问题是资本主义社会经济制度所固有的，并且只有到了人道的社会主义社会中才能解决。直到这时，我才意识到自己并不仅仅只是反对帝国主义和军国主义，而且还反对资本主义，并赞同人道的社会主义。

其后，我开始阅读马克思以及考茨基、列宁、卢森堡、托洛茨基、葛兰西、马尔库塞、毛泽东、卡斯特罗等马克思主义者的著作。随着理解的深入，我越来越确信马克思主义经验性理论的主要内容是正确无疑的，特别是它对资本主义内在危机的批判和阶级斗争理论。因此，我日益成为一名坚定的社会主义者和马克思主义者。在我确立马克思主义信仰的过程中，还有一个非常重要的认识，那就是，苏联的共产主义并非马克思或马克思主义经典作家所描述的那种典型共产主义社会，虽然它消灭了资本主义，但是并不像经典作家所说的那样具有生产潜力和符合人性，它甚至都不符合马克思所说的共产主义第一阶段。历史也证明，这一社会并没有像列宁在《国家与革命》中所预测的那样变得比资本主义社会更为民主，相反却走向了威权主义和官僚特权。苏东剧变并没有影响我的政治信仰。然而，同时我也意识到，作为一个马克思主义者，既应当支持现实的社会主义社会不受资本主义的破坏和颠覆，又应当促进后资本主义社会走向民主、自由和法治。

---

1 Erich Fromm, *The Art of Loving*, New York: Bantam Books, 1956; *Marx's Concept of Man*, New York: Frederick Ungar, 1961; *The Sane Society*, New York: Henry Holt, 1955; *May Man Prevail?* New York: Doubleday Anchor Books, 1961.

后来，我又读了一些关于西班牙蒙德拉贡合作制度（Mondragon system of cooperatives）和南斯拉夫市场社会主义及工人自治的文献，还读了布兰科·霍尔瓦特（Branko Horvat）、雅罗斯拉夫·凡涅克（Jaroslav Vanek）、约翰·罗默（John Roemer）、大卫·施韦卡特（David Schweickart）等支持市场社会主义和工人自治的经济学家，以及南斯拉夫哲学家米哈罗·马尔科维奇（Mihailo Markovi）和斯韦托扎尔·斯托扬洛维奇（Svetozar Stojanovi）的著作。这些研究使我成为市场社会主义而非计划经济社会主义的支持者。我认为，如果马克思和其他马克思主义经典作家看到我们今天关于经济、社会的这些历史信息，他们也会得出同样的结论。

李　旸：据我所知，20 世纪 60 年代以前，由于冷战等外部环境和分析哲学自身的"形式化"及对现实的日益远离，英美分析传统几乎与马克思主义没有任何交集。那么您在这一传统中与马克思主义结缘的契机是什么？

佩　弗：您概括得很准确，这两种思想传统似乎相互漠视很久了，牛津和剑桥学派对英语国家中的黑格尔主义、阿尔都塞主义向来是视为异端的，认为它们由于其晦涩性不配称之为哲学，反过来亦如此，一些马克思主义者至今认为分析哲学是保守且狭隘的。但也并非全然如此。特别是 20 世纪的新社会运动之后，英美分析哲学家越来越多地介入现实问题，尤其是社会、历史和道德等问题，由此马克思主义也进入了他们的研究视野。在我求学的年代，我对这两种思想传统的吸纳和接受几乎是同行进行的。从 1970 年至 1975 年，我在爱荷华州立大学读书。其间，我接触过不同的左翼和左倾政治思想，特别是在反越战运动期间，我的大学里全是各种独立激进分子、社会主义者、马克思主义者、毛主义者、左翼无政府主义者等。我在那时有幸结识了哲学系的一些教授，其中包括大卫·亚历山大（David Alexander）和爱莉丝·马里恩·杨（Iris Marion Young），后来我们成为很好的朋友，我和他们一起成立了马克思主义研究小组，主要从哲学、政治学和社会科学的角度研究马克思主义。亚历山大在系里教授古希腊和德国古典哲学，并对马克思主义政治经济学充满兴趣。杨讲授女权主义和批判理论，她后来成为这两个领域里的知名学者。杨对马克思主义和分析哲学非常感兴趣，虽然她常常被视为植根于批判理论传统中，但她实际上也受到分析哲学的强烈影响。与这些人的交流在我形成自己的马克思主义哲学及政治哲学的过程中起了很重要的作用。

在爱荷华州立大学哲学系读书期间，我广泛地学习了所有主要的哲学流派和不同的哲学路径，并逐渐意识到自己最认同的哲学流派都具有以下特点：(1)尽可能清晰地表达观点；(2)采用现代的、科学的思维方法；(3)在哲学思想谱系上更偏向自然主义这一边而非宗教的或先验的那一边；(4)与人道主义、平等主义的社会正义思想具有相容性。我当时认为最符合这些标准的哲学有：美国的实用主义、新康德主义、批判的现实主义，还有自20世纪早期兴起于摩尔和罗素的分析哲学。

我从来都怀疑和拒斥那些不能为普通读者所理解的理论和学说。在我看来，任何使用极其晦涩的、脱离日常和科学的话语的哲学，如果其研究者不能将理论和论证翻译为更为清晰易懂的语言，都是令人怀疑的。我坚决反对那种意在仅仅被内行或某种哲学派别理解的哲学路径。此外，在真理、意义或道德等问题上持极端相对主义立场的理论我也很不认同，这样的理论并不真正对追求真理和正义或使世界变得更好感兴趣。也许你会好奇我为什么没有把马克思主义哲学列为我感兴趣的哲学之一，因为在当时的我看来，马克思主义的重要性并不在于抽象哲学的领域，而是在社会科学和政治理论领域以及对人的本质和社会正义的实现上。马克思主义在经济学、社会学和政治学方面的理论极其重要，这些理论既包括马克思在《资本论》和《法兰西内战》等著作中所做的分析，亦包括诸如施韦卡特、佩里·安德森（Perry Anderson）、约翰·贝拉米·福斯特（John Bellamy Foster）等当代马克思主义者对当今世界中的社会、经济和政治现象的分析。

李　旸：您所描述的求学期间对于哲学理论的明晰性和严谨性的重视非常符合分析哲学的标准，这是否意味着您当时已经选择了分析哲学作为基本的研究路径？

佩　弗：是的，总的说来，我最终将分析哲学视作最正确的哲学道路，它所要求的表述清晰性、概念明晰性和逻辑严密性是我非常看重的。人们常常误以为分析哲学与左翼政治立场是不相容的，认为它本质上是保守的。这完全是一种迷思。分析哲学与范围广泛的各种政治立场都是相容的，不论是保守主义，还是马克思主义、无政府主义或女权主义。即便我们只谈论分析的政治哲学传统，诸如霍布斯主义、古典自由主义、进步自由主义等理论仍然在基本的原则方面能够与左翼思想相容。当我进入研究生阶段时，基本已确立了这种观点，即做哲学和政治学的最好路径就是使用分析哲学的方法来研究和阐释马克思主义理论，并在必要时对其进行重构。在我看来，许多重要的社会科学理论，譬如马克斯·韦伯的多元社会分层理论需要补充马克思主义的经验社会科学框架才能变得更加充分。

此外，在我感兴趣的社会正义理论研究中，我认为罗尔斯的理论最具有说服力。或者用他的话说，最能与我深思熟虑的道德判断和经验信念达到反思平衡。有一种常见的误解,认为罗尔斯的正义理论与社会主义不相容。这是彻底错误的。罗尔斯明确说过,他自己的理论与人道的社会主义形式完全相容。于是,我的理论和研究重心逐渐成为将马克思主义传统中最重要的经验社会科学理论与社会正义理论结合起来,从而为社会主义提供兼具规范性和经验性的论证。在我1990年出版的第一本著作《马克思主义、道德与社会正义》中,我做的就是这项工作。[1] 此后,我的理论研究就是在这一方向上更加拓展和深入。我的工作还有另一方面,就是与世界上持相同立场的哲学家们进行交流。过去几十年里,我花了相当多的时间在古巴、越南和中国,与这些社会主义国家中的哲学家和民众交流思想观点。并且,自20世纪70年代以来,我还参与了具体的政治实践,比如支持美国的古巴团结运动。

李　旸：**"用分析哲学的方法来阐释和重构马克思主义理论"的研究路径其实就是"分析的马克思主义"的研究路径,您也一直将自己视为分析的马克思主义的成员之一,但是我有个困惑,中国学界一般认为"分析的马克思主义"是指由 G.A. 科恩（G. A. Cohen）、乔·埃尔斯特（Jon Elster）等人于 20 世纪 70 年代末所引领的学术思潮,其外延仅包含当时定期在伦敦组织活动的学术团体"九月小组"（September group）及后来加入的成员。您并不在这个小组之内,您所理解的"分析的马克思主义"在外延上是不是更为宽泛？定义这一学派的关键依据是什么？**

1　Rodney G. Peffer, *Marxism, Morality and Social Justice*, Oxford: Princeton University Press, 1990.

佩　弗：分析的马克思主义并不像一些人所理解的那样，仅限于"九月小组"的范围，人们这样认为，也许是因为很多著名的分析的马克思主义者，比如科恩、埃尔斯特、约翰·罗默（John Roemer）和亚当·普泽沃斯基（Adam Przeworski）等是"九月小组"的成员。从本质上说，分析的马克思主义是一个将分析哲学的一般方法运用于研究马克思主义的哲学、社会科学、政治学和道德理论的学派，应当包括所有认可用分析方法来进行马克思主义研究的思想家。就这一意义而言，分析的马克思主义甚至在"九月小组"之前就产生了，在那之前就有一些既是分析哲学家同时又是马克思主义者的学者存在，比如凯·尼尔森（Kai Neilsen）、弗兰克·坎宁汉（Frank Cunningham）等。当然，是"九月小组"及其共同的活动使得这一学派获得最终的统一性和命名，但在它之外的很多思想家都可以被视作分析的马克思主义者。这些思想家都植根于分析—语言哲学传统，是研究马克思和马克思主义的学者，并且认同马克思主义和社会主义的政治立场或至少对其抱有同情。

分析的马克思主义者具体使用的"分析方法"可能有很大差异，比如有分析哲学中的方法，也有博弈论、理性选择理论、经济学中的一般均衡理论等专业理论，但他们都共享特定的核心经验信念和核心道德价值观念，例如，资本主义是一种内在地具有致命缺陷的社会制度、人道的社会主义形式比任何形式的资本主义在道德上都要优越等。分析的马克思主义对马克思主义传统做了很多有价值的贡献，特别是在尝试改进马克思主义经验性社会科学理论这方面，例如科恩对马克思历史唯物主义的重构、埃尔斯特用博弈论对马克思主义阶级和阶级冲突理论的阐释等。除了对马克思主义的经验性理论进行阐释和重构以外，分析的马克思主义者在马克思主义规范性理论方面也做了很多工作，特别是在当代围绕罗尔斯正义理论的重大政治哲学争论中发出了有影响力的声音。比如科恩和尼尔森提出了自己的激进平等主义的分配正义原则，而我则在马克思主义经验性理论的基础上借用罗尔斯的社会正义理论来论证社会主义优于资本主义的观点。

总的来说，20世纪晚期在道德和政治哲学领域所发生的两个重大理论事件，即罗尔斯正义论的提出和分析的马克思主义学派的兴起，对我个人的研究产生了重要影响。从1978年发表的《为福祉权辩护》[1]起，我开始尝试提出一种充分的马克思主义政治哲学或道德与社会理论。在著作《马克思主义、道德和社会正义》中，我延续了这一工作，后来也发表了很多论文。

---

[1] Rodney Peffer, "A Defense of Rights to Well-Being", in *Philosophy & Public Affairs*, Vol. 8, No. 1, Fall 1978.

二、马克思主义规范理论的路径选择及意义

李　旸： 从您公开发表的著作来看，您的主要研究领域一直是道德与政治哲学，而贯穿其中的一个焦点便是建构马克思主义的道德和社会正义理论。那么，您最初选择道德与政治哲学作为研究方向与您的马克思主义或社会主义政治立场之间有什么内在联系吗？

佩　弗： 关于这个问题，有一个有趣的故事。我在大学期间几乎没有选修伦理学方面的课程。虽然我那时已经将自己视作一名马克思主义者，并且也会做出一些评价性的道德判断，譬如资本主义社会助长了各种邪恶，在道德上不具有正当性；人道的社会主义社会在道德上具有优越性等，但是我从未想过为自己的政治立场贴上道德或道德理论的标签。这中间有一个主要原因是，我对道德理论没什么信心。我在大二时曾尝试选修一门《伦理学导论》的课程，但很快放弃了，因为我感到这门课在逻辑上完全不融贯。我曾经以为这是道德哲学和伦理学本身的问题，直到后来我才意识到这不是课程的问题，而是授课者的问题。那时候，虽然我也做道德判断，但我并未对其形成明确自觉。直到有一次，在马克思主义研究小组的会议上，亚力山大教授对我说："你其实认为，做出道德判断是我们需要做的事情。事实上，在陈述自己的政治立场时，你就在不断地做着道德判断。我们都是如

此。你不仅介入了道德话语,而且你还是一名道德主义者,你期望说服其他人相信你的道德观念,譬如,社会主义在道德上比资本主义更为优越。"这对我是一个点醒。

大学三年级时,我开始阅读分析传统中的元伦理学发展史,随即意识到伦理理论和道德哲学并非不融贯或相对主义的。我发现,只要我们能够区分描述性的伦理相对主义、规范性的伦理相对主义、元伦理学的相对主义和元评价性的相对主义,我们就会认识到,道德话语和道德判断并不存在任何有害的相对主义形式。关于这一点,我在《马克思主义、道德与社会正义》的第七章中已有详细解释,在此就不再赘述了。我同时还注意到,进步自由主义的社会正义理论,譬如约翰·斯图亚特·密尔(John Stuart Mill)和罗尔斯的理论显然更能为社会主义而不是资本主义的正当性辩护,至少是当我们认可马克思主义经验性社会科学观点的基础部分时。

这个时期,我还大量阅读了布莱恩·巴里(Brian Barry)等激进自由主义理论家和凯·尼尔森、G.A.科恩等社会主义平等主义理论家的政治哲学理论,他们都令人信服地论证了,为了创造一个更好的社会,或者说为了实现社会主义,必须在意识形态的领域中,更具体地说,就是在政治观念和政治动员的领域里进行斗争。这一点给我带来很大的触动和转变。当我于1975年进入亚利桑那大学读研究生时,我已经阅读并理解了元伦理学理论中最重要的理论家及其思想,并对道德和政治哲学领域中的诸种规范性理论了然于心。在亚利桑那大学我跟着罗纳德·米罗(Ronald Milo)学习元伦理学,跟着杰弗里·墨菲(Jeffrey G.Murphy)和乔尔·芬伯格(Joel Feinberg)学习政治哲学和法哲学,还有威尔弗里德·塞拉斯(Wilfrid Sellars)也使我受益良多。

我的博士论文导师是艾伦·布坎南（Allen E.Buchanan），他是当代研究马克思正义思想方面非常重要的学者。

李　旸：包括您在内的许多分析的马克思主义者在发掘马克思的道德与政治哲学思想方面做了很多基础性工作，这种致思路径及其理论成果对中国学界也产生了重大影响。当前，马克思主义道德哲学和政治哲学的理论建构亦是中国马克思主义学界的研究重点。在您看来，道德和政治哲学等规范学说在当代马克思主义研究中居于何种位置，或者说，对于马克思主义的当代发展具有何种意义？马克思主义与道德和政治哲学在当代发生交集是否具有必然性？

佩　弗：是的，我认为，在当代世界，马克思主义与道德和政治哲学等规范理论发生关联是必然的。实际上，马克思主义自诞生之日起就与道德、政治哲学发生关联。青年马克思的著作根植于德国古典哲学、英国政治经济学和法国社会主义，其中有许多道德和政治哲学的内容。马克思理论中所隐含的道德和政治哲学思想，不仅是受黑格尔的影响，而且受到康德和卢梭的影响。马克思对边沁、密尔等19世纪的自由主义政治哲学家深为了解，对他们思想也有许多评论。

在我看来，有时候，虽然道德理论和道德辩论的重要性或有效性的确被过度强调，但不可否认的是，它们对于现实的政治具有深刻的影响。事实是，任何大规模的政治运动都不可能不阐明自己的道德价值和道德目标。面对这些争论，当代的马克思主义者不应该谨慎犹豫。相反，他们有充分的理由积极参与。而要有效地参与，我们就需要了解这一领域中主要的社会正义理论以及马克思主义传统中的最根本的价值。在我看来，后者主要包括平等主义、人道主义、自我决定的自由（包括消极自由和积极自由）。如今，马克思主义者若要宣称社会主义在道德上比资本主义更为优越，就需要自己的社会正义和人权理论。我在著作中曾经论证过，与艾伦·伍德等人所支持的观点相反，马克思隐含地支持某种正义原则，并且，这些正义原则在处于正义环境（即适度匮乏和适度利己）的人类社会中，主导着我们的社会安排。在我看来，一方面致力于促进无产阶级的阶级利益，即促进社会主义事业，另一方面追寻社会正义，这两者之间并不矛盾。实际上，恰当建构的马克思主义的正义理论，必定会要求人们努力促进无产阶级以及其他受压迫阶级的利益，特别是必定会要求人们促进社会主义事业，因为这是符合正义的。

李　旸：您前面提到的分析的马克思主义的代表人物 G.A. 科恩曾在其个人研究经历的陈述中指出，他自己一度认为，马克思主义与道德或政治哲学等规范理论是不相容的——因为前者是历史地看待规范并且拒斥规范性真理，而后者则是"抽象的哲学反思研究规范性判断的本质和真理性的非历史学科"[1]。基于这种本质区别，一些学者认为，如果马克思主义者仅仅在当代道德或政治哲学所设置的框架中讨论问题，或是过多地与当代道德或政治哲学代表人物进行争论，而不是有意识地反思和建构马克思主义特有的道德或政治哲学，那么就有在道德或政治哲学方面沦为自由主义者的风险。英国黑格尔主义的马克思主义代表，肖恩·塞耶斯就明确表达过上述观点。那么，您认为马克思看待正义的方式与当代道德和政治哲学之间是否存在质的差别？在

---

[1] G. A. 柯亨：《自我所有、自由和平等》，李朝晖译，北京：东方出版社 2008 年版，第 1 页。

政治哲学的建构方面，思想形式的混同最终会传递给思想的实质吗？

佩　弗：我尊重这些学者的意见，但我不同意这种讨论问题的方式。历史唯物主义并不排斥现代道德或政治哲学家对当前社会的观察和批判。正如马克思正确指出的那样，一个社会的社会经济基础（socioeconomic substructure）与其中流行的道德和政治思想有着紧密的关联。但是，如果我们由此得出结论说，这个社会的所有道德和政治哲学家都应当尽力为它的正当性辩护而不是批评，那显然是错误的。若是这样，马克思便也不可能在资本主义社会中提出自己的理论。甚至在我看来，认为一个人的道德或政治信念总与其自身的社会经济地位相关联的观点也并非完全正确。比如恩格斯，作为一个英国工厂主或者说资产阶级的成员，他并没有认同这种身份。相反，他却在创造马克思主义理论和推动无产阶级政治运动中发挥了极其重要的作用。如果说在资本主义社会中，思想的形式会影响或决定思想的内容，那么恩格斯就不可能提出批判资本主义的政治经济学思想。同样地，直接判定当代西方道德或政治哲学的所有学者都将支持资本主义，这种观点也是错误的。当代许多道德或政治哲学家在其理论中都持赞同社会主义的立场。

三、建构马克思主义规范理论：挑战与可能

李　旸：就可能性而言，重建马克思主义的规范理论，包括马克思的一般道德理论和更为具体的社会正义理论，这项工作几乎从一开始就充满争议和困难。分析的马克思主义内部在马克思正义观念的解释上并未达成统一，甚至因为在一些问题上的严重分歧而产生分化。由罗伯特·塔克（Robert C.Tucker）和伍德所引发的那场至今未平息的辩论始终提醒着研究者，重建马克思的道德和正义理论的工作面临着一些显见的难题，无论是文本上的模糊性甚至矛盾性，还是理论逻辑上的困境。您是如何理解以及如何应对这些困难的？

佩　弗：您说的很对，这项工作并不容易。在我看来，要重建马克思的道德和正义理论，首先要完成两个基本任务，第一个是阐明马克思隐含的道德观点和正义观念，当然，由于这些观点是隐藏的，而且是分散的，因此它会变得很困难。第二个任务就是要回应一些马克思主义者和非马克思主义者都提到的质疑，即，马克思主义与道德理论是不相容的。如果我们想准确地说明马克思的规范观点究竟是什么，那么就必须完成第一项任务；如果我们要对马克思主义的道德观念或正义理论形成连贯的观点，那么就必须完成第二项任务。

第一项任务可以通过仔细的文本诠释来实现。我从马克思的著作中已经梳理出一种可被重构为成熟道德理论的道德观点，具体内容可以参考我的著作《马克思主义、道德与社会正义》的第一部分。但这是不够的。我们还必须使这种观点同马克思对于道德和道德理论的诸多批判协调起来。因此，还有一项必要的工作，那就是回应那些"马克思的反道德论"或"马克思主义的非道德论"的观点。这种观点认为，马克思及马克思主义缺乏道德内容，其依据要么是马克思的理论是科学主义的，他的理论没有规范维度；要么是，虽然马克思持有一种规范观点，但它在本质上不是道德的，换言之，马克思也许葆有自由、自我实现等非道德价值，但他没有关于正义或权利的道德观念。伍德的观点就属于后一种。他认为，马克思的规范性观点是以非道德善（nonmoral goods），比如快乐、幸福、自由或人的能力的实现为基础的，而不是以道德善（moral goods），比如美德、权利、正义为基础的。我正面反驳了这一观点。我认为，在伍德眼里，马克思只关心非道德的善，这种看法是不对的。因为马克思持有一系列关于人的尊严和自主的观念，这些都属于无法离开道德术语来得到解释的道德观念，而且马克思非常关注对一些非道德善的平等分配。比如，他认为作为自我决定的自由是一种重要的善，而且它必须被平等分配。我将这一观点概括为"平等的自由原则"，如果说关于自由（自我决定）的观点构成了马克思的善观念或善理论，那么平等的自由原则显然能够为一种关于正当的理论提供基础。

李　旸：要确立构建马克思主义规范理论的合法性，无法回避马克思是否拒斥正义概念和一般道德这一问题，也就是您刚谈到的第二项任务，这其中有许多具体的论证需要细致的回应。比如，关于正义概念，伍德提出，马克思将正义视作内在于生产方式的评价标准，与生产方式相一致便是正义，因此正义不能用作马克思批判资本主义的价值基础。他甚至推论说，由于马克思对正义做这样的理解，因此他本人并不认为资本主义是不正义的。而针对更为一般的道德范畴，伍德则提出，在马克思看来，道德本质上是意识形态，道德产生于社会的经济关系并最终取决于生产方式。马克思强调从现实的经济关系来审视道德而不是相反，他始终批判那些诉诸道德的理论家并嘲讽他们陷入意识形态的幻想，任何理解这一点的人就不应该认为马克思的理论中含有道德判断和道德话语。您如何回应这些问题？

佩 弗：您所说的是非常复杂和困难的问题，我曾在书中用六章的篇幅来解释马克思对于道德判断和社会正义的看法。马克思从经济关系的角度来分析道德，对此我是赞同的。这是对社会所做的经验性分析和描述的重要内容。正如马克思所说，一个社会占主导的思想观点总是统治阶级的思想观点，至少是维持社会现状且对统治阶级有利的思想观点。这种对于社会经济制度与政治观念及意识形态之关系的分析，属于一种经验性描述。这种分析本身没有问题，但如果人们继而得出结论说，这是我们能够对道德判断所做的唯一说明，那就错了。描述性、经验性、事实性的话语和因果性分析及解释是一种关于道德和道德判断的话语体系，但是，还存在另一种关于道德和道德判断的话语体系，那就是评价性话语，更具体来说就是规范性话语，再具体一点就是道德话语。评价性判断包括规范判断和非规范判断（比如审美判断）。规范判断意在指导行动或社会安排，它包括慎思判断和道德判断，前者只基于个人利益的考虑，后者则考虑所有会受到行动或社会安排影响的人们的利益。因此，道德判断是规范判断的一个子集，而规范判断又是评价性判断的一个子集。在道德话语体系里，我们不仅仅陈述事实或描述因果性，而且还要做出关于事情如何安排、应当如何行动、应当建构何种社会、经济、政治制度、法律和政策的道德评判。

因此，认为根据资本主义的法律体系和意识形态，资本家占有工人的剩余价值并没有道德错误，是一回事；而认为这种占有（即剥削）在道德上完全没有错误，则是另一回事。如果认同后一种观点，那便意味着这种占有不应当被批判、被质疑和被废除，即便存在更好的经济制度，比如，能够消除这种占有的社会主义。如果有人认同后一种判断却否认上述推论，那就说明他要么没有做出真正的道德判断，而只是在描述特定社会经济制度的规范判断，要么便是误解了道德话语的性质和结构。

很显然，马克思和马克思主义者都反对和批判资本家对剩余价值的占有，都认为应当对其加以消灭。当他们谴责这种占有，或者论证社会主义比资本主义更好时，就不仅仅是在陈述事实或给出因果解释，而是在做出规范性的道德判断。事实上，当人们提出支持或批判某种制度、法律、政策或实践的主张时，是必定会使用道德话语、判断和分析的。因此，认为根据资本主义社会经济制度和资产阶级的视角，资本家对工人剩余价值的占有没有道德错误和认为这种占有在道德上完全没有错误，不需要对其加以改变是两回事。二者并不矛盾：一个是事实性主张，另一个是规范性主张。伍德等人的错误就在于，他们误认为这两种主张是非此即彼的。

李　旸：我个人非常赞同您关于道德的事实性（描述性）话语与规范性（评价性）话语这两个维度的区分，也写过一篇关于马克思论述正义的双重维度的文章。事实上，中国学界有许多学者都尝试反驳伍德的观点，也有些学者把握到区分两种维度的重要性。但不得不承认的是，这种区分并没有解决全部问题，或者说没有驳倒伍德的全部论证。伍德所强调的正义对于社会和生产方式的内在性，与历史唯物主义的一些描述似乎是相符的。马克思和恩格斯强调道德判断的现实社会基础，认为特定的经济关系产生出特定的正义观念，例如罗马社会认为奴隶制是公平的，而资本主义社会认为封建制度都不够公平。一方面赞同马克思所说的道德观念反映着当前经济关系中的现实因素，另一方面又认为马克思持有一种超越当下经济关系的、对其批判的道德观念，这是不是自相矛盾？

佩　弗：您的问题既犀利又富有洞见。在我看来，马克思虽然正确地指出，一个社会的经济基础与其流行的政治理论和意识形态之间有着确定的决定与被决定的关系，但是在 20 世纪的分析传统中产生元伦理学之前，马克思和其他思想家一样，对道德话语和判断的某些属性并没有明确区分，例如，没有区分内在于社会制度框架中的规范判断和外在于制度框架的规范评价。因此，才有了这样一个著名的二难问题，即，马克思关于"资本家占有工人的剩余价值并没有道德错误"的内在评价与"剥削是盗窃、抢劫"的外在评价之间的矛盾。

但是，我不同意说，马克思对社会规范仅仅持有一种内在分析，并认为评价某个社会经济制度的唯一标准只能是内在于这种经济制度的标准。依据这种观点，在马克思看来，对于资本家占有工人的剩余价值这一现象，人们只能从资本主义社会的内部进行审视。既然这种现象并没有违背资本主义的社会经济制度，因此它不能被认为是不正义的。然而，马克思在多处文本中显然又强烈地谴责了资本家的这种剥削行为。事实上，我们应当分清两个问题：指出一个社会的法律制度及其主流政治哲学对于该制度所做的正当性辩护是一个问题；而声称一个社会内部不可能产生"超越"其意识形态束缚、不可能提出某种"外部的"道德和政治理论从而反对该制度本身的政治哲学家,则是另一个问题。不仅马克思和恩格斯构成了这种观点的反例,甚至杰出的自由主义哲学家密尔在1848年后也基于工人合作组织而表达了对市场社会主义的赞同。

您刚提到的道德判断具有现实社会基础的观点,我所理解的意思是,对于社会、经济、政治、法律和政策的道德判断不能流于空想,即无法在现实世界中实现。这一观点我非常赞同。但如果这个观点是指人们提出的道德判断或道德目标必须在当前社会或可预见的将来得到实际的支持,那么我是不能同意的。当马克思和恩格斯在《共产党宣言》中宣布要废除资本主义和建立社会主义社会时,社会上只有很少一部分人予以支持。但是,支撑他们这种政治立场的道德主张却绝不是非理性或空想的。我认为,"道德判断具有现实社会基础"的观点并不否定特定社会中的人们能够做出有力地批判该社会的道德判断。

李　旸:您的观点和齐雅德·胡萨米(Ziyad Husami)有共通之处。胡萨米指出,根据马克思的观点,正义不仅受生产方式所决定,还受阶级立场和利益所决定,这就为一个社会内部的新兴阶级提出一种超越和批判该社会的正义和道德观念提供了可能性。

佩　弗:的确如此,马克思认为,在社会经济结构与社会的道德观念之间存在一种决定性关系,并且他着重从阶级及阶级利益的角度来分析道德。恩格斯在《反杜林论》中也明确指出,道德始终是阶级的道德。但是,我们并不能由此就得出结论说,马克思主义认为道德观念及其标准是相对的,没有绝对的善恶对错,个人的行为只要符合其阶级利益便无可厚非了,甚至资本家对工人进行的剥削也是符合道德的。人们在理解马克思主义道德观念的元立场时,特别应该避免做出道德相对主义的误判。实际上,马克思主义阵营内部就有类似的看法,比如考茨基。为了捍卫马克思恩格斯反对将道德视作永恒的和先验的那种观点,他曾提出,所有的道德都是相对的;而且还强调说,由于其他阶级与自己阶级的道德相冲突而将其判定为不道德,这种观点是错误的。实际上,这是将一种规范性的伦理相对主义立场强加给马克思。这种观点非常有害,它阻碍了人们合理地做出"某种道德原则是正确的,且违背这一原则是错误的"基本判断,它使得任何在道德上不可容忍的行为都能因为经济、文化或阶级等原因而得到合理化论证。

要回应这一问题,我们首先要在伦理学上区分描述性的伦理相对主义和规范性的伦理相对主义。前者认为,人们的道德观念是因个人、国家或文化差异而不同的;而后者则认为,在道德上什么是正确或错误的,会因个人、国家或文化差异而不同。马克思主义显然不可能持后一种主张。描述性伦理相对主义并不会造成什么有害的后果,承认不同群体有不同的道德观并不意味着善恶对错也会随之变化,就仿佛不同的人对地球是圆的还是平的持不同观点并不会导致地球本身的形状随之变化一样。

李　旸:您关于地球的这个比喻似乎表明您认为存在某种客观的、绝对的"善恶",这是否与马克思看待道德的历史主义视角相悖逆?

佩　弗:我认为,马克思的历史主义是对社会发展的某种历时性分析,而不是关于事物发展的某种决定论观点。有的学者认为马克思持一种道德历史主义的观点,根据这种观点,无论人类社会发展到何种形态,它在道德上都是正当的。这种道德历史主义正是建立在历史决定论的基础上。因为它的依据是，既然一种社会形态注定要历史地发展而成，所以它在道德上也必然正当。我认为这种观点是错误且危险的。一个相信社会将不可避免地发展到更高阶段的思想家，仍会认为更高的社会阶段在道德上要比当前阶段更为优越。马克思既从经验层面分析社会发展将要到达的阶段，也用道德标准来判断社会制度。如同约翰·萨默维尔（John Somerville）所说，马克思和马克思主义者坚持社会主义是历史上所有可能的社会中最善的，不是因为它在历史上注定要被发展出来，而是因为它最能满足善或正当的某种标准，比如更能实现人的自由或正义。

四、马克思与罗尔斯：思想资源及其融合

李旸：中国学界有很多马克思主义研究者都注意到您对马克思主义道德和正义理论的重构，但可能很少人知道，您也是研究罗尔斯的专家，甚至对罗尔斯的理论发展产生过影响。让我印象非常深刻的是，您针对罗尔斯《正义论》中的正义原则所提出的三条修正意见被罗尔斯在《政治自由主义》中所认可和接受。据您自己所说，在政治哲学领域中，您的研究目标之一是建构一种马克思的或马克思主义的社会正义理论。但是，您又常常将自己的社会正义理论描述为罗尔斯式的理论（A Rawlsian Theory）。那么，就您在这方面较成熟的研究成果而言，即作为公平权利的正义理论，您觉得它在什么意义上是罗尔斯式的，又在什么意义上是马克思主义的？

佩弗：对于您提出的这个问题，我的确有必要做出澄清。我之所以说自己接受或提出的社会正义理论是罗尔斯式的，是因为在我看来，罗尔斯的正义论在结构、明晰性、适用性上堪称当今政治哲学领域中最好的理论，其中一些关节点与我自己的深思熟虑的道德判断相兼容。所以我对这些方面有很多借鉴。但必须强调的是，我所赞同并进一步发展的全部道德和社会理论都是马克思主义的。原因在于以下几点：(1) 我所提出的理论赞同并且尝试为马克思主义的基本的规范

性政治立场辩护。这些立场包括：第一，社会主义，确切地说，民主的、自我管理的社会主义在道德上优于任何形式的资本主义以及任何其他处于适度匮乏和适度利己条件下的社会形式。第二，社会和政治革命如果是实现这种社会主义的充分必要条件，那么它们便具有道德的正当性。(2)我的理论植根于马克思主义的基本价值立场，包括平等主义、人本主义、人道主义、国际主义以及作为自我决定的自由。(3)我的理论建立在马克思主义的基本经验理论上，其中包括对资本主义必然危机的分析、阶级与阶级斗争理论以及对社会主义具有历史可行性的经验预判。对此，我在《马克思主义、道德与社会正义》一书的序言中已做过说明。

李　旸：是的，您在这本书中提出要建构一种马克思主义的道德和社会理论。但是，您在进行这项工作时，对罗尔斯借鉴颇多，从概念范畴到方法论，甚至将罗尔斯差别原则的修正版本作为您的正义理论的主要原则之一。尽管罗尔斯重视平等，但他仍隶属于自由主义传统。那么，我的问题是，借用罗尔斯和当代自由主义政治哲学的范式和术语来建构马克思的正义思想，会不会出现排异反应？会不会导致对马克思的曲解？毕竟，马克思明确批判了自由主义传统，并指出过自己的思想与这种思想传统之间的本质区别。

佩　弗：您的批评很有启发性，但我认为这一批评存在对罗尔斯理论的某种误解。罗尔斯以及当代自由主义—社会主义的（liberal-socialist）政治哲学家所持有的那种平等的、进步的自由主义，与马克思所批判的那种自由主义存在根本不同。何况马克思本人也认可某些自由主义理念。在《路易·波拿巴的雾月十八日》里，马克思为言论自由、出版自由等公民自由做了热烈的辩护。马克思显然支持在他所描述的社会主义社会中实现这些理念。

还需要提醒的是,马克思批判的自由主义主要是为资本主义做意识形态辩护的古典自由主义以及相对粗糙的(比如边沁的)快乐论的功利主义。但马克思对密尔的思想表达出相当的敬意。在当今政治哲学谱系中,我们将古典自由主义的后继者称作右翼自由至上主义者,比如奥地利经济学派和芝加哥经济学派的米塞斯(Ludwig von Mises)、哈耶克(Friedrich von Hayek)以及弗里德曼(Milton Friedman)等人,还有早期的诺齐克(Robert Nozick)也属于这一派别(他后来明确拒绝自己早期所支持的右翼自由至上主义立场)。

我想,这里的关键问题在于,我们今天所指称的自由主义政治哲学与马克思当时所指称和批判的自由主义已经不再重合。马克思之后的自由主义政治哲学变得越来越平等主义了,并且与一种人道的社会主义越来越具有相容性。这种相容性也许在早期的自由主义政治哲学家,比如霍布豪斯(L.T. Hobhouse)、杜威(John Dewey)等人的著作中并不显著,但是在罗尔斯的著作里,这一点已被明确表达出来。

李　旸:我理解您所强调的当代自由主义政治哲学的新变化。尽管从当代政治哲学的谱系来看,罗尔斯等左翼自由主义者表现出一定的激进性、对底层的关怀以及更明显的平等主义主张,并且马克思主义也常常被划入激进平等主义之列,但是,假如我们接受上述框架,那么,这是否意味着马克思主义与左翼自由主义之间就只剩下平等主义的程度差别而已了?我记得分析的马克思主义创始人之一罗默说过,分析的马克思主义者与当代左翼自由主义政治哲学家的区别已经不明

显，二者之间有一些共同的内核。[1] 但这显然是违背马克思的本意的，也遮蔽了马克思主义与自由主义的某些本质性差别。您将如何回应这个问题？

佩　弗：事实上，当代西方政治哲学家究竟是支持资本主义还是社会主义还是持中立态度，并不一定和他所持有的社会正义理论或道德理论有直接关系，而是取决于他们对这两种社会形式的经验性的社会科学判断，即，哪种社会形式最能够与自己的规范性理论相容。因此，我认为，一个马克思主义者可以接受某种特定的自由主义的社会正义理论。因为，他是否是马克思主义者，并不取决于他持有何种正义理论，而是取决于他是否认为资本主义制度存在着严重的内部问题，是否认为它是破坏性的、非正义的，以及是否认为它必定要被能更好地满足平等的自由和其他正义原则的社会主义制度所替代。事实上，当我们审视发生在当今西方有影响力的政治哲学家之间的重大争论时，我们并不能仅仅通过分析其社会正义理论就判断出他究竟是资本主义的支持者还是社会主义的支持者，抑或是在二者之间保持中立。除了罗尔斯以外，介入这些重大争论的著名哲学家还包括布莱恩·巴里（Brian Barry）、凯·尼尔森（Kai Nielsen）、尤尔根·哈贝马斯（Jürgen Habermas）、托马斯·内格尔（Thomas Nagel）、托马斯·斯坎伦（Thomas Scanlon）、诺曼·丹尼尔斯（Norman Daniels）、罗纳德·德沃金（Ronald Dworkin）、阿玛蒂亚·森（Amartya Sen）、玛莎·纳斯鲍姆

---

[1] 罗默说："在何为正义社会的问题上最尖锐的政治争论莫过于马克思主义者与自由至上主义者在自我所有权、继承权和其他各种权利等问题上的争论。但分析的马克思主义者与德沃金、罗尔斯和森等非马克思主义哲学家的差别并不清晰。……我只是想指出，当代分析的马克思主义者与当代左翼自由主义政治哲学家的界限已经模糊。这说明存在共同的内核，但有待说明。"参见 John Roemer, " 'Rational Choice' Marxism: Some Issues of Method and Substance", in *Economic and Political Weekly*, Vol. 20, No.34, 1985, pp.1441-1442。

（Martha Nussbaum）、G.A.科恩（G.A. Cohen）、乔恩·埃尔斯特（Jon Elster）、约翰·罗默（John Roemer）、菲利浦·范帕里斯（Philippe Van Parijs）、理查德·阿内森（Richard Arneson）和威尔·金里卡（Will Kymlicka）等。在这些人之中，尼尔森、科恩、埃尔斯特、罗默和阿内森明确宣称自己是社会主义者，纳斯鲍姆是社会民主主义组织的成员，还有其他人的立场并不十分明确。但所有这些哲学家都和罗尔斯一样，无论持有何种社会正义理论，他们都认为，自己的正义理论到底是支持资本主义还是社会主义，关键在于在特定的历史阶段，哪种社会能够更好地满足其正义理论的基本要求。

李　旸：也就是说，您认为马克思主义者与罗尔斯及其他左翼平等主义的自由主义者之间的差别不在关于正义原则的规范理论上，而在于将正义落地实现的经验理论上。但是，在规范层面上，罗尔斯的正义论与社会主义或马克思主义的正义论仍然被认为是有质的差别的，前者所预设的诸如"私有权"等理论前提和意欲论证的价值和社会原型，都是偏向资本主义的。对这一点您怎么看？

佩　弗：在我看来，认为马克思主义者绝不能接受罗尔斯的社会正义理论的观点实际上对罗尔斯的理论存有严重误解，也就是您所说的那种理解，即认为罗尔斯的理论是为资本主义辩护的。罗尔斯明确说过，他的社会正义理论在资本主义与社会主义之间是中立的，并且他的理论与社会主义相容；甚至他还强调过，平等自由原则所说的私有财产仅限于对个人物品的私有，而不包括对大规模生产资料的私有。在他看来，一个特定社会是否应当在法律上承认生产资料的私有权，或者说，是否应当建立资本主义制度，这只有在可能建立的社会中适用了全部正义原则之后才能决定。换句话说，如果事实证明，拒斥这种生产资料的私有权而实行公有制度能够更好满足其正义理论，那么，罗尔斯的正义理论就能用以支持社会主义的社会经济制度，而非资本主义的社会经济制度。

在我看来，社会主义的社会经济制度应当是：绝大部分的大规模生产资料都实行社会公有制而不是私有制，经济运行应当有利于普罗大众的利益而非私人利益。社会主义社会还应当在收入和财富分配上倾向于平等主义分配，保障充分的公共福利，譬如医疗、教育和健康的环境等。我还认为，社会主义社会不应当过度金融化。因为这将导致显著的经济和社会问题而使一些社会主义的指标无法实现。从理论上来说，社会主义经济也许根本不需要股票交易市场；它可以通过征收资本资产税的方式来筹集投资资本，并通过公有银行体系将这些投资资本按最有利于实现公共福利的标准（譬如，经济稳定性、工作机会的增多、生活水平的提高、环境的可持续性等）分配到经济部门中去。当然，我们，作为马克思主义者，和罗尔斯的重大不同在于，罗尔斯似乎认为一种正义的社会既可以实现于资本主义社会也可以实现于社会主义社会，但我们却认为资本主义社会的内在功能障碍将使其无法真正地实现罗尔斯所提出的那种正义。我必须再次指出，这种差别不是规范性观点的差别，而是经验性观点的差别。

李　旸：接下来我想谈谈您在规范理论中对罗尔斯方法论的具体借鉴。我们都知道，规范理论不像经验理论那样具有明确的真伪之分，它也缺乏经验的证明和检验手段。因此，如何证成或检验一种规范理论，或者说，如何在不同的道德或正义理论之间分出高下优劣就成了一个元问题，也是道德和政治哲学的方法论问题。在这个问题上，您接受了罗尔斯的广义的反思平衡方法，认为它是证成

和检验道德理论和正义原则的有效方法。这是一种什么样的方法，它的优势是什么？

佩　弗：反思平衡方法是一种通过将道德原则与我们深思熟虑的道德判断进行比较，从而证成该道德原则的方法。这里所说的道德判断既可以是针对事实情形的，也可以是针对假设情形的。如同我们证成一种经验假设需要将其与经验数据进行比对一样，要证成一条道德原则，则需要将其与我们深思熟虑的道德判断进行对比。如果我们关于某种道德原则的所有深思熟虑的道德判断都与之相一致，那么这一原则就得到证成；如果该道德原则与我们深思熟虑的道德判断并不一致，那么我们要么修正这一道德原则使其与道德判断相一致，要么放弃这一原则而重新建构其他原则。这种道德推理与科学推理在结构上的主要差别在于：在科学推理中，我们不能仅仅因为已确立的证据或数据不符合我们恰好支持的某种经验假设而否定它们；但在道德推理中，已确立的道德判断是可以被改变的，如果这些判断与某个强有力的道德原则不一致，并且该原则能够说明绝大多数我们所愿意做出的道德判断的话。这种情况虽不多见，但却可能。所谓"深思熟虑的"道德判断是指这种判断不能是一时冲动的判断，而是经过冷静理性的反思之后得出的判断。在我看来，反思平衡法是我决定是否接受某种道德原则或理论的主要方法。虽然有些元伦理学理论认为应当从非道德的经验事实中推演出道德原则，但我认为这显然是有问题的。譬如，一些道德实在论者认为，从美国内战后废除黑奴制的事实可以推出奴隶制在道德上是不正当的。这种推理方式等于承认说，如果奴隶制没有被废除，那么就不能推出它在道德上的不正当。实际上，一个社会没有废除奴隶制的事实并不能得出奴隶制是正当的判断，而只是说明这个社会暂时尚未实现道德上正确待人的方式。这涉及伦理学上所说的"应当包括能够"的命题。我在自己的著作中曾指出,即使提出的道德目标还不能被实现,我们仍然能够做出关于事情的是非判断,只要不是义务论的判断。

而所谓"广义的"反思平衡,是指我们的道德判断必须经过批判性的反思和分析,以避免我们的判断是在道德上有害的情形下做出的。譬如,在种族主义的文化中成长可能会影响我们的道德判断;而如果我们意识到这一点,就可能改变我们的道德判断。这并不是说,我们必须对自己的所有道德判断都做一遍反思,而是说,如果产生了相关的质疑,就应当严肃地审视并剔除这些有害因素。广义的反思平衡法有助于回应道德推理的质疑和批评。比如,如果事情真的像后结构主义者、后现代主义者和女权主义者所指出的那样,我们的语言本身具有误导性,将我们囚禁在意识形态的结构之中,那么根据广义的反思平衡方法,这一因素也需要被考虑到。总之,广义的反思平衡法在我们思考道德问题时,将会尽可能确保我们的道德判断不因外部因素——比如,成长环境,或我们未察觉的语言和概念前提——而染上偏见。

李　旸:概括来说,反思平衡方法就是在我们所建构的正义原则与我们深思熟虑的道德判断之间进行反复调整以达至平衡;而所谓"广义的",则强调这种平衡不是单一的平衡,而是在多种互竞的观念、原则和背景理论的框架中实现与道德判断的一致性和融贯性。但是,无论其结构如何精巧,广义的反思平衡本质上仍是诉诸思考者的理性、道德直觉和道德信念而做出判断。那么,这样的方法如何能够超出思考者个人的主观性而达到道德的客观性,或者说,如何证成某种道德理论的正当性呢?

佩　弗：我想先厘清三个概念，即，道德直觉、思考者的主观性和真正的客观性。您刚指出，广义的反思平衡本质上诉诸思考者的理性、道德直觉和道德信念。的确如此，这一方法要求使用者是理性的、具有道德能力的。不过我想还是需要区分开道德直觉和深思熟虑的道德判断。在广义的反思平衡中，人们通常不说道德直觉，而是说深思熟虑的道德判断，这是为了避免"道德直觉"这个词的哲学负担。摩尔（G.E.Moore）和罗斯（W.D.Ross）等道德直觉主义者曾经指出，道德直觉是关于能够被人们直接领悟的客观存在的道德观念和原则，要实现这一点需要特定的精神能力或直觉能力。为了避免这种哲学负担，我们更倾向于使用深思熟虑的道德判断这一术语。

关于您所说的"超出思考者个人的主观性而达到道德的客观性"，我们需要首先解决什么是道德客观性。如果道德客观性是指道德判断与客观存在的事实之间的关联，那么我认为并不存在道德客观性，因为不存在本体论层面上的道德事实，而其他类型的事实又不能证明道德判断。如果超出个人的主观性达到某种道德客观性是指上述这种客观性，那么，没有人能够做到这一点，因为这种客观性是不存在的。如果道德客观性是指理性主体之间的一致同意，那么这样的客观性是可能的。这个意义上的道德客观性是从康德到哈贝马斯、罗尔斯以来的大多数思想家所接受的定义。当然他们都强调过，这种一致性并非事实的一致而是假设的一致，或者说，是假设的完全理性、明晰并且掌握相关事实的人们之间的一致。如果道德客观性是强调达成实际的共识，那么任何道德理论都不可能在现代大众的、多元的社会中获得正当性。而我所说的道德客观性概念，则要求人们在思考道德判断或原则时，必须想象自己处在该判断或原则适用的所有相关者的位置上。在康德的理论中，这一要求体现为"绝对命令"的第一版本，即，要求我们只能接受那些我们愿意使之成为普遍法则的规范原则。在罗尔斯的理论中,对主体间普遍一致性的这种要求体现在原初状态的思想试验中;他的"无知之幕"正是为了确保我们想象自己处于正义原则所适用的全部相关者的位置上。原初状态和无知之幕阻止我们获得任何关于自身的特殊信息,因此,我们不得不从所有相关者的立场来考虑正义原则。在罗尔斯看来,只有经过这种方式思考并被接受的正义原则才具有正当性。在其批判理论中,哈贝马斯也持有这种作为主体间一致同意的客观性概念;他认为,在他所说的"理想的话语情境"中,是能够实现这种一致性的。

李　旸：是否可以这么理解，您将道德客观性还原为主体间的有效性？而这一点是广义的反思平衡法能够发挥作用的前提性设置？

佩　弗：是的，将道德客观性还原为主体间的有效性，这样的理解方式恰恰可以避免马克思恩格斯所反对的那种作为"永恒真理"的先验道德原则。这并不是说，只要被社会或文化广泛接受，任何道德原则就都是客观的或正确的；而是说，道德原则的客观性或正当性需要一种假设的完全理性、明晰并且掌握相关事实的人们之间的一致性，并且，这些人们还要愿意按照道德原则来行事、愿意将自己的原则普遍化并同时考虑所有相关者的利益。如罗尔斯所说，如果人们考虑了所有相关因素并经历了将道德原则予以普遍化的过程，那么他们就有权声称自己的结论是客观的。因为，这就是道德判断的客观性所在。如果人们不接受道德客观性的这种定义，就不会接受广义的反思平衡方法。然而，关键在于，事实上也没有其他方法都够实现所谓的"真正的客观性"。我想，正如亚里士多德所说，要求超出某个主题所能达到的客观性是不合理的。因此，如果我们接受罗尔斯关于道德客观性的定义，即，假设的主体间的一致同意，那么我们就可以说，广义的反思平衡法给我们提供了这样一种道德客观性。当然，该方法所能提供的也仅仅是这个意义上的客观性而已。如果因为它不能提供那种根本不可能达到的"真正的客观性"，便对这种方法加以批判，我想，那是不公平的。

李　旸：跳出道德和政治哲学的框架来看，广义的反思平衡法其实有一个默认的前提，即，存在某种道德客观性（其最终目标亦在于此）。可是，马克思看待道德的方式恰恰是与之相反的。马克思主义认为，道德是历史的，道德始终是阶级的道德，不存在某种永恒的普遍的道德。如果是这样，那么这是否与您所借鉴的广义的反思平衡方法相抵牾？在建构马克思主义规范理论时，我们为什么要外求于这种方法，或者说，这种方法对于马克思主义道德或政治哲学的建构是必要的吗？

佩　弗：关于反思平衡法是否与马克思看待道德的方式相矛盾，首先我要说明的一点是，当我说我要提出一种马克思主义的道德和社会理论时，我所说的"马克思主义的"并不是特指某种为马克思主义所专属的道德原则，而是指马克思主义特有的经验性的社会科学理论，即对资本主义社会危机的判定及其阶级分析理论等。我并不认为我所提出的社会正义理论是对马克思的曲解，因为，我从来没声称我所提出的理论是在马克思头脑中现成的。在建构马克思主义正义理论的过程中，我的确使用了马克思本人没用过的一些方法，比如概念分析、广义的反思平衡等方面，但是我认为这些方法与马克思的理论本身没有冲突，相反却可以帮助澄清他的基本思想。并且，我认为我提出的社会正义理论与马克思所隐含的道德观念是相符的。

从更广义的角度来说，认为马克思主义理论可以通过引进某些新的方法而获得发展，这是分析的马克思主义者的共识。诸如科恩、埃尔斯特、罗默等代表人物在研究马克思主义时不仅使用概念分析法，还使用博弈论、经济学的一般均衡理论等方法。认为后继的马克思主义者绝不能使用马克思没有用过的方法，这种观点过于教条且不够理性。如果是这样，那么市场社会主义也不能成立了，因为对市场的引入也是一种新的方法。同样地，仅仅因为罗尔斯的广义的反思平衡法不是马克思主义的正统方法就加以拒斥，显然是不合理的，除非人们能够指出这一方法存在的问题或是提出一种更好的关于道德理论的检验方法。我认为这才是知识或政治理论进步的方向，而无需围绕某种观点或理论是否完全符合此前的传统展开无谓的争论。

五、建构一种充分的马克思主义道德和社会理论

李　旸：您在《马克思主义、道德与社会正义》中指出，自己的目标是提出一种充分的马克思主义道德和社会理论，或者说，一种整体的马克思主义政治哲学，其中既包括规范性的道德理论，也包括经验性的社会科学理论。从您的研究历程来看，您过去更关注正义与道德理论的建构，而如今在对市场社会主义的关注中又融合了更多的经验性研究。我想请教的是，您如何看待道德和政治哲学研究中规范性理论与经验性理论之间的关系？

佩　弗：您的概括非常准确。我认为，一种完整的政治哲学除了提供一套道德原则或标准来评价各种互竞的社会制度和安排之外，还必须内含一种经验性的社会科学理论来判定哪些社会制度和安排真正具有历史的可能性，以及在这些具有可能性的社会安排中哪一种最符合上述道德原则或标准。

为什么我一直强调我所建构的是"马克思主义的道德与社会理论"，而不是"马克思主义的正义理论"？事实上，我并不认为马克思或马克思主义具备某种独特的社会正义理论。虽然我曾基于马克思隐含的分配正义观建构过一种马克思主义正义理论，但我认为这一理论

中的规范成分并不独属于马克思主义。如果一些人持有不同于马克思主义的经验性社会科学理论或见解,那么,他们完全可以基于其他视角接受马克思主义的正义原则,但同时却认为这些原则所证成的乃是非社会主义社会。换句话说,一些人可能认为资本主义社会能够最好地满足这些正义原则,或是比历史上可行的社会主义能够更好地满足这些正义原则。然而,马克思主义不存在独有的社会正义理论并不意味着马克思主义不存在一种独有的道德和社会理论或政治哲学。我认为,马克思主义独有的道德和社会理论,恰恰是建立在马克思主义的最基本价值(包括平等主义、人本主义、人道主义、作为自我决定的自由等)和马克思主义的经验性的社会科学理论中最独特的内容(包括马克思对资本主义社会功能障碍的分析以及对社会主义的历史可行性判断等)基础之上的。

李　旸: 那么,为什么马克思主义政治哲学不能缺乏经验性、社会科学理论的部分?或者说,为什么一种充分的政治哲学需要经验性内容?

佩　弗: 我可以用一些例子来说明。例如,幸福论的功利主义只蕴含一个道德原则,即人们应当追求总体幸福的最大化。这一理论旨在适用于人们通过道德的方式而做出的那些对自身和他人产生利害影响的决策,包括应当施行何种法律、建立何种经济和政治制度以及在个人生活中做出哪些行为,等等。然而,这条道德原则能够直接告诉我们应当建构何种社会制度或采取何种行为吗?答案是否定的。如果缺乏相关的经验信息,这些问题并不能得到回答。因为这条原则仅仅告诉我们,如果资本主义社会能够更好满足这一原则,那就选择资本主义社会;如果社会主义社会能够更好满足这一原则,那就选择社会主义社会。很显然，我们还需要知道，哪种社会能创造更多的财富和资源？哪种社会的财富分配方式更平等？平等主义的分配方式会不会比非平等主义的分配方式创造更多的幸福感？从长远来看，哪种社会与作为自我决定的自由更相容？个体拥有更大程度的自我决定意义上的自由会不会创造更多的幸福感？从长远来看，哪种社会更能保障一个可持续发展的自然环境？一个可持续发展的自然环境会不会创造更多的幸福感？马克思主义对于资本主义周期性的且不可预测的经济危机的判断是否正确？与没有这种周期性危机的社会主义相比，资本主义是否会阻碍总体幸福的最大化？所有这些问题，都是我们在判断哪种社会制度能够创造出更大的总体幸福时所需要考虑的经验性问题。

再比如，更具体一点来说，我和科恩都持社会主义平等主义的规范立场，但由于我们的经验判断不一致，导致我们的政治哲学存在很大差异。我和科恩都认同的规范性观点是，一种正当的社会正义理论必须满足：（1）敏于志向；（2）钝于禀赋。这意味着，人们应当因自身志向和努力而获得奖励；同时，人们不应当因在自然博彩中和社会博彩中的坏运气而受到惩罚。但科恩进一步认为，虽然人们应当对自己的自由选择负责，但是在自然博彩和社会博彩中的盲目运气的影响应该被最小化，甚至，这种盲目运气不应影响人们生活的走向。他最终的结论是，社会成员在收入和财富上不应当存在显著差距。科恩的这种激进平等主义理论与我的"作为公平权利"的正义理论之间存在分歧的重要原因就在于，我们对经验现实的判断不同。在科恩看来，在当今大规模社会中，人们可以仅仅基于共享或团结的观念而不是基于物质奖励来获得驱动，从而发挥生产力。但在我看来，科恩所预想的这种激进平等主义的模式是无法在现代大规模社会中实现的。我认为，至少在可预见的将来，还不可能实现马克思所说的共产主义高级阶段那样的物质丰富程度和人性的转化。所以，我的正义理论不需要人们高度利他或彼此相爱，而只需要人们彼此尊重就能实现。

这些例子说明，任何道德理论或规范理论的适用，即，回答我们应采取何种社会、经济和政治制度、法律、政策等问题，都需要在经验性理论或判断的辅助下才能完成。当然，我们应当将这些经验理论和判断置于严格的检视之下，以防我们出于错误的原因而接受它们。罗尔斯的广义的反思平衡方法规定，我们不仅要检查所提出的道德原则是否与我们深思熟悉的道德判断达到反思平衡，而且在出现问题时，还应当将深思熟虑的道德判断和经验性信念同样置于严格的检视之下，以确保它们不是植根于道德上不相关或经验上有问题的因素之中，比如，不正当地促进我们自身利益的因素或对自身种族、民族或宗教群体有利的某种未经反思就加以接受的身份等。

李　旸：道德和政治哲学虽然整体上属于规范性理论研究，但它们并不能脱离经验性判断来获得理论的充分性，特别是在所确立的规范具体指向哪种社会制度和安排的问题上。您的这一观点对于中国学界正在进行的马克思主义政治哲学建构而言很有启发性。

佩　弗：是的，要想在道德和政治哲学领域中进行清晰的研究，一项重要任务就在于，必须区分哲学家的道德或规范理论与他们的经验性的社会科学理论，并且搞清楚，不同的哲学家之间的差异究竟是在哪个方面。有时，不同哲学家在这两个方面都有差异，而有时候，他们的差异主要是甚至仅仅只是在经验性的社会科学理论方面。这一区分恰恰体现于当今发生在罗尔斯等自由主义的平等主义理论家（诸如布莱恩·巴里、罗纳德·德沃金、托马斯·内格尔、托马斯·斯坎伦、诺曼·丹尼尔斯、乔尔·费恩伯格、阿玛蒂亚·森、玛莎·纳斯鲍姆、理查德·阿内森、威尔·金里卡等)与自由主义—社会主义的平等主义理论家(诸如G.A.科恩、凯·尼尔森、乔恩·埃尔斯特、约翰·罗默、大卫·施韦卡特、弗兰克·坎宁汉、戴维·米勒、威廉姆·肖以及我本人)之间的社会正义问题争论之上。对于上述所有理论家而言,他们在收入、财富等社会基本善品的分配上都接受一个首要原则:分配应当尽可能的"钝于禀赋"(即,分配不应当基于对拥有更好自然禀赋的人的奖励)和"敏于志向"(即,分配应当体现人们在生产性或社会有益性方面的付出)。但是,自由主义的平等主义理论家与自由主义—社会主义的平等主义理论家之间的差异,并不应该被归结为道德或社会正义理论方面的差异。因为,在这两个派别中,每一边都既有赞同罗尔斯差别原则的理论家,也有赞同严格的经济平等的理论家。真正使他们产生理论分歧的是,他们是否认为某种形式的社会主义不仅可行而且比资本主义更可取。如果对这个问题做肯定回答,就属于自由主义—社会主义的平等主义者;如果做否定回答,则属于自由主义的平等主义者。还有一些理论家在社会主义与资本主义之间持中立态度;他们认为,哪种制度更为可取,最终取决于经验性事实。例如,罗尔斯在平等主义的、人道的、民主的资本主义(他所描述的"持有财产的民主制")与平等主义的、人道的、民主的社会主义(他认为市场社会主义社会能够很好地满足上述原则)之间就是持中立态度的。因此,在这些争论中,最关键的问题并不是人们是否接受马克思主义的基本规范价值,而是人们是否认为马克思主义对资本主义必然灭亡的分析和对社会主义具有历史可行性的判断是正确的。我当前的研究就是为了论证,民主的市场社会主义不仅具有可行性,而且在道德上要优于任何形式的资本主义。

李　旸：是否可以这样理解，马克思主义的规范理论与马克思主义的经验理论虽然属于两个彼此区分的理论层面，但是，前者必须与后者相结合才能为社会主义的道德优越性等规范立场做出完整的辩护？您能否简要地概括一下，您所建构的"一种充分的马克思主义道德与社会理论"包含哪些主要原则和内容？

佩　弗：是的，我是这么认为的。就马克思的道德或正义理论而言，在我看来，尽管马克思并没有一种完全成熟的道德哲学理论，但他确实持有一种规范性的道德观点，而且，这种观点贯穿于1844年他早期观点的系统形成直至他的晚期著作之中。这种道德观点奠基于如下三个基本的道德善：自由（作为自我决定）、人类共同体和自我实现。我认为，马克思是一个混合义务论者（a mixed deontologist）。因为，他不仅要求自由、人类共同体和自我实现这些非道德的基本善的最大化，而且要求对这些善（或者至少是自由）进行激进的平等主义分配。在马克思看来，自由、对人类共同体的感受以及"真正的人"的潜能实现，乃是具有内在价值的。这是他"善"理论的主要内容。但是，就马克思的正义理论而言，只有自由原则，更具体地说，只有平等的自由原则，才构成了关于正当的理论，即关于正当的行为、职责、义务和权利的理论。马克思隐含地认为，社会应当使每个人尽可能地实现自由或自我决定；而无论是人类共同体还是自我实现的最大化，也都只有是在实现了平等自由的最大化之后才可能被实现。因此，在我对马克思社会正义理论的重构中，"自由"价值是最基本的。其基本原则被我概括为"最大的平等自由原则"。在这里，"自由"既指消极自由，即免于不正当干涉个人事务的自由，又指积极自由，即支配自己生活的自由。而积极自由又由两种权利所构成，第一个是平等地参与影响个人生活的社会决策过程的权利,第二个是平等地获得自我实现手段的权利。

基于我对马克思隐含的正义理论的重构,以及对罗尔斯理论的借鉴,我形成了以下四个按词典式序列排序的原则:第一,每个人的安全权和生存权必须得到尊重;第二,必须有一个平等的基本自由的最大体系,这些基本自由包括言论和集会的自由、良心和思想的自由、人身自由及拥有(个人)财产的权利以及根据法治概念不被任意逮捕和没收财产的自由;第三,在人们所置身的制度中,人们既应当在获取社会职位时享有平等机会,也应当在参与社会决策过程中享有平等权利;第四,社会和经济的不平等是正当的,当且仅当它们有利于最少受惠者,并且与正义的储存原则相一致时;但其不平等的程度不得超出将严重损害平等的自由价值或自尊的善的那种限度。在《作为公平权利的正义》这篇文章中,我又将这一理论扩充至由五个按明确优先级排序的原则构成的正义理论。[1]在此我就不再赘述了。

就马克思的经验性理论而言,我认为,最重要、最基本的是三个相互联系又彼此区分的层次。第一个是他的历史理论或说历史唯物主义;这一理论通过生产力、生产关系和上层建筑等概念来解释社会历史的变革。第二个是他的阶级和阶级斗争理论;这一理论提出的命题包括社会经济阶级的性质、围绕社会剩余产品的阶级斗争、作为统治阶级代理机构的国家、知识分子和一般精神生活对于统治阶级及其利益的服从等。第三个是马克思对资本主义的分析和批判以及他关于后资本主义社会的构想。

---

[1] Rodney G. Peffer, "A Modified Rawlsian Theory of Social Justice: Justice as Fair Rights", in *Proceedings of the XXII World Congress of Philosophy*, 2008.

李　旸：您认为自己所建构的马克思主义道德和社会理论，在多大程度上还原了马克思的规范性观点和经验性观点？

佩　弗：我想再次强调的是，对于我所提出的这种马克思主义的道德和社会理论，也许有人认为它并不符合马克思隐含的道德理论，或是认为我所判定的经验理论并不是马克思主义理论中最基本最重要的。毕竟，对于马克思的道德理论和经验理论，不同的人有不同的理解。但我认为，检验这样的理论是否充分以及是否堪称马克思主义的，其关键标准也许在于如下三点：第一，它必须建立在一种与我们深思熟虑的道德判断达到广义的反思平衡的道德理论的基础上；第二，它必须能够得到一套正确的经验性的社会科学所支撑；第三，它必须能证明马克思主义的基本规范性的政治立场。而我认为，我的理论是能够通过这三个标准的检验的。

左翼思想、历史意识与批判的马克思主义

——访美国纽约市立大学理查德·沃林*教授

李旸**

理查德·沃林是著名的欧洲政治思想史家、左翼学者、法兰克福学派和海德格尔研究专家。2018年5月,在理查德·沃林教授赴京参加世界马克思主义大会之际,李旸博士对其进行了访谈。在访谈中,沃林教授回顾并分析了20世纪60年代欧洲左翼运动及其思想遗产的突出意义,强调了历史意识对于马克思主义研究的重要性,并进一步阐释了他所说的批判的马克思主义及其在意识形态批判活动中的必要性与迫切性。

---

* 理查德·沃林(Richard Wolin),美国纽约市立大学历史与政治学系杰出教授。
** 李旸,北京大学马克思主义学院讲师。

一、20世纪60年代的欧洲左翼运动与思想遗产

李　旸：沃林教授您好，感谢您接受此次访谈。据我了解，您为中国学界所熟知主要是源于您对欧洲激进政治和左翼思想的研究，您在《东风：法国知识分子与20世纪60年代的遗产》一书中对毛泽东思想在20世纪60年代欧洲左翼政治中所扮演的历史角色的精彩阐述令中国读者印象深刻。[1]而在这之外，您还专注于德国哲学的研究，特别是在法兰克福学派和海德格尔的思想研究上有颇多有分量的成果。我想知道的是，您在政治学和哲学这两个领域的研究是否具有内在的逻辑关联或统一性？它们与您左派的政治立场有何种关系？可否借此为我们介绍一下您个人思想和研究发展的轨迹？

沃　林：谢谢您，这是一个很好的问题，而且我非常高兴您问这个问题。这个问题对我来说是很重要的。在西方学界，我的这两个研究领域总是被平行地对待，好像它们之间没有任何关系。实际上，它们是内在相关的，相关性在什么地方呢？其实，20世纪60年代的欧

---

[1] Richard Wolin, *The Wind from the East*, Princeton University Press, 2010.

洲新左派与法兰克福学派之间本身就有互动性。当时，法兰克福学派的思想在欧洲新左派中间产生了很大影响，例如，德国左翼学生团体一接触到法兰克福学派的著作，就开始自行印刷《启蒙的辩证法》等经典篇目，他们认为这些著作对资本主义社会的批判深刻又富有洞见，并且非常符合他们的实际感受。一时间，他们对这一理论的认同甚至超过了当时苏联的"正统的马克思主义"。正如大家都知道的，马尔库塞（Herbert Marcuse）是60年代新左派的精神偶像。虽然当时他住在美国，但他数度回到德国对左派和学生进行演讲，而且60年代早期他还在法国教过学。在著名的"五月风暴"发生之时，他的名著《单向度的人》也似乎是"恰逢其时"地被译为法文出版。

就我的个人经历和思想而言，1968年时，我还在读高中，但当时美国背景下的左翼氛围对青年时期的我产生了影响，大规模的反战运动、各种社会运动的游行等，构成了新的社会反抗形式和政治生态。我们这一代西方左翼学者的共同经验是，我们的政府根本没有对我们说实话，他们永远在撒谎，我们需要自己去发现真相，所以这一代人似乎天生带有怀疑主义和批判性的气质。我青年时期在阅读经验中对法国文学和哲学的着迷也增强了我的激进立场。法国具有深刻的革命传统，法国大革命、巴黎公社、五月风暴，这些都是历史上的重要事件。我还有幸在22岁读研究生时遇到马尔库塞本人，我至今记得同他谈话时他说的每一个字。越战结束后，各种激进的政治热情逐渐消退，美国也结束了自1945年至1975年的"荣耀三十年"，政治氛围开始变得保守，特别是里根上台之后，"革命"话语不再具有时代性，我转而关注文化批判，学术兴趣也转向了法兰克福学派的理论。我博士论文的研究主题就是本雅明的美学理论，后来在此基础上成书的《瓦尔特·本雅明：救赎美学》也已经在中国出版。[1]

李　旸：那么您对海德格尔哲学的研究呢？这是重新开启的另一条学术逻辑，还是与您一贯的研究主题和立场是内在相联的？您对海德格尔的批判性态度是否反映着您所说的 60 年代以来左翼学者的思想特点？

沃　林：这又是一个很有意义的问题。我研究海德格尔并不是要讲新的故事，而是与我此前的研究有关。我在研究马尔库塞、本雅明等法兰克福学派人物的思想时不可避免地读到了海德格尔的哲学。海德格尔与马尔库塞、本雅明他们是同一代人，但是在政治立场上他们简直有着天壤之别。如果说我对法兰克福学派的思想是同情的、认可的，对其的研究是一个建设性的学习过程，那么对海德格尔的研究毋宁说是一种批判性的独立审视。特别是"黑色笔记本"[2]出版之后，海德格尔的亲纳粹立场已经是无可辩驳的事实。我研究海德格尔的根本在于反法西斯主义，这些研究在我看来仍然是 60 年代左派的批判和斗争精神的延续。

李　旸：海德格尔的存在主义哲学在思想界备受赞誉，但与此相对的却是他的反犹主义和亲纳粹的政治立场。对于这一吊诡的事实，一种流行的处理方式是将海德格尔的哲学思想与其政治观点分而视之，认为对希特勒及其国家社会主义的认可只是这一伟大哲学家的偶然失

---

[1] Richard Wolin, *Walter Benjamin: An Aesthetic of Redemption*, University of California Press, 1994.

[2] "黑色笔记本"（Black notebook）是海德格尔的一系列笔记，因记录的笔记本是黑色的而得名，前三册于 2014 年在德国出版。这三本笔记中包含了海德格尔反犹主义立场和支持纳粹的直接证据。

误,在政治立场之外,他的哲学仍然富有深刻的洞见和理论价值。您同意这种观点吗?海德格尔的政治观点究竟是内在于他的存在主义哲学之中的,还是这两者是不相关、可以独立分开的?海德格尔的思想与实践、哲学与政治之间是否具有同一性?

沃　林:谢谢您提的好问题。我不否认海德格尔对哲学做出了贡献,但若想做到只关注他的哲学,除非故意无视或压制他思想中的另一个明显部分,那就是他危险的政治观点。这两者是紧密相联、无法分开的。举个例子,海德格尔在《存在与时间》中使用的"民族"这一概念,并不是指法国大革命那种普遍意义上的"人民",而是专门的民族,结合他的演讲和笔记来看,这个概念指的是"德意志民族"。当海德格尔说"诗是民族的声音"时,他指的是德意志民族。海德格尔还提出另一个概念叫作"历史性"。在他看来,只有民族才能是"历史的",因为只有民族才真正扎根于土地。由于存在的"扎根"如此重要,因而像犹太人那样"无根"的民族就没有存在的空间。他厌恶犹太人的无根性、空洞的理性和计算精神,从他所说的"存在的历史"来看,德意志民族具有本体论意义上的优越性,这种观点的引申意涵就是,以"存在的历史"之名可以正当地迫害所谓的低劣族群。可以看到,"历史性""民族""扎根"等概念与他的种族主义偏见密不可分。海德格尔的政治观点绝非偶然的政治判断,而是与他对现代本质问题的哲学反思相一致,是从他的"存在的政治"中衍化出来的。他公开承认过他自己的存在哲学与纳粹世界观之间的亲缘性,甚至在他加入纳粹党之前,他的思想中已经包含了民族意识形态的主题,他与卡尔·施密特(Carl Schmitt)、恩斯特·荣格(Ernst Jünger)等极右思想家者保持着联系,在《存在与时间》的某些篇章中表达了与他们一样的反自由、反民主、法西斯主义的立场。海德格尔的研究者们不能回避这一点而只纯粹宣扬他的存在主义学说。他的立场在左翼看来是不可原谅且必须加以批判和反思的。值得一提的是,第二次世界大战后,马尔库塞曾在一封信中希望海德格尔做出反悔或改变的说明,但海德格尔不愿意,他直到去世也没有表示过任何改变主意的意思,而始终认为纳粹的国家社会主义是德国的正确进程,是与他的存在哲学最接近的政治道路。我感到欣慰的是,我的《存在的政治》[1]一书已被译为至少5种语言,对今天人们看待海德格尔思想的方式产生了很大影响。

---

[1] Richard Wolin, *The Politics of Being: The Political Thought of Martin Heidegger*, Columbia University Press, 1992.

二、历史意识与当代马克思主义研究

李　旸：在我看来，您关于海德格尔的批判性研究立场，与您的研究方法也是分不开的。与一般学者更多地从思想本身去理解思想不同，您注重从思想的现实背景和历史意涵出发来考察思想，这也是您能将海氏的哲学和实践统一起来的根本原因。读您的著作总是感受到强烈的历史感，您精于现实观察，在许多媒体平台上发表过社会观察和评论，是否可以说，您对思想的研究始终保持着一种历史的、现实的审视？在您看来，这种历史意识在思想和哲学研究中有着什么样的意义？

沃　林：我很赞同您对我研究方法的解释。我认为思想的研究不是根本目的，正像马克思在《关于费尔巴哈的提纲》中所说的那样，我们理解思想是为了改造世界。如果从实践的目的出发，我们就必然要将视角置于现实和历史之上，考察思想是否符合我们的目标。我研究海德格尔是基于我对法西斯主义的批判，我看到，法西斯主义并非已成为历史，而是在当代西方政治实践中有着现实影响。马克思当年对德国哲学的批判，与当代左翼对海德格尔的批判，在某种意义上是一个道理。对马克思的研究也一样，我们总是要立足当下时代的经济、政治、文化背景来看待马克思的思想。

李　旸：那么，当前研究马克思主义应当具有什么样"历史意识"？我们可以看到当今西方发达资本主义国家中出现的种种新问题，比如加剧的经济危机、极端的贫富差距、物化生活方式与精神危机、以性别、种族为参数的社会冲突等，马克思主义在这种背景下的现实关联性是不是越来越凸显？有哪些新的历史事实应当引起当代马克思主义研究者的着重关注和反思？

沃　林：在昨天的世界马克思主义大会的分组讨论中，我们会场的最后一个议题是资本主义的未来。会场上既有中国知名的马克思主义学者，也有大卫·哈维（David Harvey）这样的对当代资本主义做出精彩批判的西方左翼学者。但我感到惊讶的是，在这个问题的讨论上，大家的共识是如此之少。在我听到的发言中，有一种陈旧的乐观主义，认为资本主义必然在某个历史时刻崩溃，而我们马克思主义者要做的，就是等待那个时刻到来，并在资本主义的废墟之上为人类指明后续的道路。还有一种我在学生时代常听到的传统观点，那就是马克思已经回答和解决了所有问题，我们要做的就是好好研读马克思。我不反对乐观，我也不是悲观主义者，但是我认为我们应当清醒地认识并积极应对当前的挑战，而不是自欺欺人或无视它们。我认为这种态度是一种马克思所倡导的实践的、现实的态度，它要求我们跳出理论上的"舒适区"，去回应时代的难题，去更努力地实现资本主义替代。

我们都知道，上世纪70年代，西方左翼学者已经在乐观地谈论"晚期资本主义"，但是，资本主义的寿命似乎比我们想象的要持久。在2008年那场深刻的经济危机爆发后，人们觉得这肯定是资本主义最后的时刻了；2011年在美国发生的"占领华尔街"运动很快发展成一场世界性的运动，值得一提的是次年5月12日在西班牙几十个城市发生的"愤怒运动"，让我们看到其惊人的失业率，这些事件似乎表明人们对于资本主义的不平等和非正义的忍耐已经到了极限。然而，现在是2018年，资本主义在大危机之后又苟活了10年。我刚刚在报纸上读到，美国今年的失业率跌至3.7%，是49年以来的历史最低点。我并不想因此说资本主义已完全复苏或摆脱了困境，毕竟那些重新被雇佣的工人并没有得到什么好工作，深刻的收入差距和社会不平等也仍然存在。但是，从表面上看，资本主义还活着，在危机之后也重获了一定的力量，这些事实需要我们进行反思。

还有，在当代西方资本主义国家，经典社会结构不再是马克思在19世纪所面对的那样简单清晰，只是贪婪的资本家与一无所有的工人之间的对立。今天，种族、文化、性别、移民，这些因素在西方国家是更为凸显的族群参数，阶级的对立面和所谓的共同利益不再分明。举个例子，20世纪60年代兴起的女权主义是一股振奋人心的社会力量，但是这种斗争形式不再是经典意义上的阶级联合。在女权运动中，需要联合的是同一个文化或伦理族群里的女性，其中既包含经济上富有的女性也包含贫穷的女性。当代的斗争主题也不再仅仅围绕着经济。政治斗争从以往那种宏大本质的形式转变为日常生活中的个人政治，比如法国哲学家们谈到的日常政治、文化政治、身份政治等。60年代以来的社会运动，比如平权运动、女权运动和生态运动等，都显现出新的社会反抗的逻辑，它们既不在工厂里发生，也不表现为阶级斗争的形式。因此，对于经典马克思主义的阶级分析和阶级理论需要重新反思。

李　旸：您说的观点在当代英美马克思主义研究中很有代表性，有不少英美马克思主义者都强调资本主义社会中的阶级结构变化对经典马克思主义构成的挑战，比如科恩（G.A.Cohen）因此重提规范理论的必要性，赖特（Erik Olin Wright）则在《阶级》中对经典阶级理论做了补充。[1]从经验观察来看，您所说的现象都是事实，当今不同的激进团体、身份政治导致的分化，性别、种族、移民、宗教等横向参数似乎在替代纵向的阶级参数，这些都在挑战经典马克思主义阶级理论的解释力。但我想指出的是，这些特殊利益和不同抗争形式的背后仍然存在着共同的利益和共同的敌人。比如女权运动看似只涉及女性与男性之间的对抗，实则不然，恩格斯在《家庭、私有制和国家的起源》中指出，男性对女性的主宰是以私有制为基础的家庭形式的内在逻辑，男性对女性的压迫是与阶级压迫同时发生的。[2]所以，女权主义理论只有结合阶级分析才能真正触及问题的根本。包括您说的身份政治也面临着同样的问题。当然，您所指出的现象的确使这样一个问题具有紧迫性，即不同的社会抗争形式如何找到共同的诉求并形成联合的基础，以实现资本主义的替代？恩格斯在《在马克思墓前的讲话》里说，是马克思第一次使现代无产阶级意识到自身的地位和需要，意识到自身解放的条件。[3]我想，在这一意义上，今天的马克思主义者需要做和马克思同样的工作。

沃　林：您的观点富有启发性。我们确实应当思考这种建设性的联合的必要性与可能性。30年代欧洲的反法西斯主义阵线就是一个范例，它尝试超越左派的分裂去联合社会主义等各种进步力量；还有近

1　参见 Erik Olin Wright, *Classes*, Verso, 1998。
2　参见《马克思恩格斯选集》第4卷，北京：人民出版社1995年版，第63页。
3　参见《马克思恩格斯选集》第3卷，北京：人民出版社1995年版，第777页。

二三十年社会民主党、工党在欧洲政治中的胜利，这些政党既然以劳动阶级为基础，就必然要将关怀拓展至各种类型的劳动者、受压迫者和受歧视者；还有近年美国大选中的伯尼·桑德斯（Bernie Sanders）也是一个很好的征兆，他试图将女性、少数族裔等弱势群体联合起来。这些进步性的关怀是社会主义和左翼的根本共性，也是形成联合的基础。当然，正如我前面指出的，文化上的分裂也会使这些联合相当困难。

三、批判的马克思主义与意识形态批判

李　旸：如何理解您经常提到的一个概念，"批判的马克思主义"？有时候您似乎指的是发端于 20 世纪 20 年代以卢卡奇（György Lukács）为起点的旨在摆脱苏联正统马克思主义的西方马克思主义传统，但有时候您又将五月风暴以来的卡斯托里亚迪（Cornelius Castoriadis）和勒弗（Claude Lefort）等法国激进思想家也归入"批判的马克思主义"的范畴。在我看来，这二者并不隶属于一个传统。那么，您如何理解这二者的统一性？

沃　林：您的问题很敏锐。的确，您说的是对的，但我实际上是想提出一种更为广义和多元的"批判的马克思主义"的概念。在我看来，对"批判的马克思主义"的最佳定义毋宁是对于苏联官方马克思主义版本的反叛。这也是为什么卢卡奇和柯尔施（Karl Korsch）的著作在 20 世纪 20 年代如此重要的原因。在《历史与阶级意识》中，卢卡奇复活了马克思主义的"反思性"精神，也就是说，马克思主义应当具有一种对自身的存在、实践和不足进行批判性反思的精神。只有这种具有反思性的马克思主义才能真正使马克思主义理论在当代占主导地位的资本主义制度发生深刻变化的情况下仍然保持解释力和生命力。

批判的马克思主义还批判那种将马克思主义理解为纯粹科学的观点，这种观点将马克思主义理解为僵化的真理或是关于某种在人类实践之外而存在的历史必然性的理论，它完全无视马克思在《关于费尔巴哈的提纲》中所说的"革命的""实践批判的"活动。[1] 正是在以上意义上，我将五月风暴以后的那些法国激进思想家也归入批判的马克思主义的传统。

李　旸：您说批判的马克思主义是对苏联正统马克思主义的反叛，可否为我们解释一下这种反叛的现实和理论根源，以及反叛的具体内容和表现？

沃　林：自马克思写《资本论》以来，资本主义制度发生了显著的变化。在当代西方国家中，在那些试图对资本主义这一世界上仍处于支配地位的制度做出准确而深刻的批判的左翼学者看来，"正统马克思主义"的某些内容已经不再适用。例如，社会阶级的性质发生了巨大的变化，马克思所描述的那种雇佣劳动者与资本家之间尖锐的阶级对立已经不明显了。而且，工人阶级的构成也发生了根本性的变化。在西方，产业工人不再是其主要部分，虽然雇佣劳动仍然存在，但是马克思在19世纪所描述的那种工厂制度几乎已消失。当今工人阶级经历了一个广泛的分层过程。由于不存在一种完全同质的工人阶级，传统意义上那种无产阶级联合的基础也就消失了。还有，马克思没有经历过当今的文化工业或消费社会。当代人已进入一种肤浅的"丰裕"社会，社会控制的逻辑已不是像马克思所说的那样局限于经济领域中，而是延伸到了文化领域。商品拜物教的意识也延伸至社会上层建筑，

---

[1]《马克思恩格斯选集》第1卷，北京：人民出版社1995年版，第58页。

导致了"意识的物化"。"文化产品"的商品化成为现在这个消费社会的新现实,这改变了经典意义上那种"经济基础"决定"上层建筑"的社会结构关系。如今,"上层建筑"已不能继续被简单地视为对"经济基础"的反映。相反,在发达资本主义社会中,文化工业已成为一种独立的支配力量和"虚假意识"的源泉。我有时会开玩笑说,今天美国的年轻人都想成为马克·扎克伯格(Mark Zuckerberg),工人们不是像19世纪那样毫无机会,似乎人人都想加入当前的体系并且在这个体系中取得成功。

而法兰克福学派的文化批判理论,可以说在一定程度上扩展了马克思主义的批判框架,使经典意义上生产领域的批判延伸至上层建筑领域的批判。例如阿多诺(Theodor Adorno)、马尔库塞和本雅明等人,为了重建工人阶级的革命性,致力于揭露资本主义这一"单向度社会"及充当资产阶级新统治手段的文化工业的实质。在我看来,正是当今资本主义社会中的这些新变化使得苏联正统的马克思主义对其失去解释力,所以批判的马克思主义者才有了反叛的动机。从根本上看,他们的目的仍然是推进马克思主义的解释力和政治目标。

李　旸：您似乎完全认同法兰克福学派的文化和意识形态批判路径。从历史唯物主义的角度来看,这种路径忽视了改造社会所需的根本性物质力量,这一点很明显地体现在阿多诺、马尔库塞等人的艺术解放、文化革命等终极方案中。对此您怎么看？

沃　林：我接受并欣赏您的批评。但是我想说,人们必须在新的历史事实面前思考前进的道路。在当前西方语境中去强调社会主义的历史必然性几乎是无意义的,就连左派们都不认为它具有说服力。我并非认为文化批判路径比历史唯物主义分析更优越,或者认为前者要替代后者，而是说这种补充是有必要的。那些五六十年代的激进思想家，他们面对的事实是，晚期资本主义支配的性质发生了根本变化，异化的表现更加复杂和深刻化，支配已经渗入日常生活的缝隙之中，所以他们提出了新的社会批判来处理这些现象和问题。无论是国际情境主义（Situationist International），还是"社会主义或野蛮"（Socialisme ou Barbarie）[1]，这些激进思想家团体回应了历史的问题并提供了钥匙，也正因如此，1968年的激进派从他们的分析和批判中得到启发和鼓舞，找到了新的斗争逻辑。而且不要忘了，马克思也做了很多意识形态批判的工作，我认为在这一意义上我们也许是在继承马克思。当然，我也承认这种路径的局限性，但这只是我作为一个左翼学者选择去做和能够去做的。

李　旸：您提到的马克思所进行的意识形态批判具体是指什么？在何种意义上您自己的研究是这种意识形态批判的继续？

沃　林：马克思在青年黑格尔派时期就开始了意识形态批判。青年黑格尔派非常关注宗教批判，他们将宗教视为一种支配形式，并揭露它是虚假意识。在青年黑格尔派看来，如果能够将人类从宗教的神秘化中解脱出来，那么理性就将得以实现，人类就能获得解放，用费尔巴哈的术语来说，这是实现人的"类存在"的重要步骤。但是，马克思逐渐认识到青年黑格尔派所意图的建立民主政治国家的目标是不彻底的。在他看来，宗教本身反映着世俗基础的自我分裂和自我矛盾，而政治解放不仅不能解决这一分裂，它本身也反映着政治国家中的"普遍性存在"与市民社会中的"特殊性存在"之间的分裂。

1　"社会主义或野蛮"，法文原文是Socialisme ou Barbarie，英译为Socialism or Barbarism，是法国激进思想家卡斯托里亚迪、勒弗等人于1949年创办的刊物及激进政治团体的名称。

在 1844 年之后，特别是与恩格斯会面之后，马克思对政治经济学和欧洲工人阶级状况发生了兴趣，他将工人阶级看作人类解放的物质基础。而在《德意志意识形态》中，在初步澄清了历史唯物主义原理之后，马克思彻底告别了青年黑格尔派的路径，转而从唯物主义的角度来进行意识形态批判。从这个时期起，马克思将异化劳动（《资本论》时期所说的"商品拜物教"）作为"虚假的意识形态"的根源和物质基础。在政治经济学研究中，马克思通过劳动价值论说明了资本主义关于"平等交换"的意识形态是一种幻相，这种虚假意识诱使工人相信，资本是一切的先驱和源泉，但事实上，是雇佣劳动构成了整个资本主义制度的基础。我们看到，马克思所进行的意识形态批判意在系统地揭露"虚假意识形态"的社会根源。

就我个人而言，我认可"批判的马克思主义"所做的很多工作，他们在当代继续着意识形态批判的任务。我在研究中尽可能地提供一种清晰的、系统的关于这一传统中的关键文本和核心人物的阐释。也许这方面工作的重要性会被看低，但是，像本雅明、阿多诺、马尔库塞等思想家，其著作读起来是很费力的，如果我能使他们的著作和思想对于广义的知识界来说更具有可读性，这就是一项有意义的工作。另一方面，我对于海德格尔、卡尔·施密特以及德国"新右派"思想家的批判，也是在继续意识形态批判的工作。我认为我的这些写作和思考在完全的意义上仍然属于批判马克思主义的意识形态批判传统。在马克思身处的历史时刻，他对于工人阶级革命的最终胜利和掌权充满了信心。但是今天的西方世界，情况发生了改变，至少在可预见的未来，这一事件的可能性是不充分的。那么，今天的马克思主义者，也应当根据新的形势调整自身的任务和目标。

伦理学、现代性与马克思
——访匈牙利科学院院士阿格妮丝·赫勒[*]教授

张笑夷[**]

　　阿格妮丝·赫勒是东欧新马克思主义的重要代表人物。她的"道德哲学三部曲"、"历史理论三部曲"等引起学界高度关注，成为当代马克思主义伦理学和政治哲学的重要思想资源。2018年11月，赫勒教授来华参加国际会议期间，张笑夷博士对其进行访谈。在访谈中，赫勒教授详细介绍了自己哲学思想的建构与发展历程，进一步澄清了自己的伦理学观点及关键概念，并就马克思与伦理学的关系问题提出了自己的看法。

---

[*] 阿格妮丝·赫勒（Agnes Heller），匈牙利科学院院士，美国纽约社会研究新学院阿伦特哲学讲席教授。
[**] 张笑夷，哈尔滨工程大学人文学院教授。

一、走向伦理学的思想历程

张笑夷：赫勒教授您好！很高兴您能接受我的采访。在中国，您作为东欧新马克思主义理论家、布达佩斯学派的主要代表人物而被大家所熟知。从 20 世纪 80 年代末开始，中国学者就陆续将您的思想作品，当然还包括布达佩斯学派在内的其他东欧新马克思主义理论流派的思想作品译介到中国。迄今为止，您几乎所有的著作均有中译本面世。而且，关于您的美学思想、日常生活理论、道德哲学和现代性理论的研究也备受关注。可以说，您在中国学界是东欧新马克思主义理论家中受关注度最高的人之一。今天，我的访谈想围绕您以"道德哲学三部曲"[1]为核心的伦理思想来进行。当然，我知道，它们与您同时期的"历史理论三部曲"[2]密切相关，也与您的《超越正义》甚至更早一些的《日常生活》等作品密切相关。[3]因此，在这次访谈的一开始，我想请您介绍一下自己研究发展的路径。也就是说，在整个学术生涯

---

[1] Agnes Heller, *General Ethics, Basil Blackwell*,1988;Agnes Heller, *A Philosophy of Morals*, Blackwell, 1990; Agnes Heller, *An Ethics of Personality*, Blackwell Publishers,1996.

[2] Agnes Heller, *A Theory of History*, Routledge & Kegan Paul Ltd, 1982; Agnes Heller, *A Philosophy of History in Fragments, Blackwell Publishers*,1993; Agnes Heller, *A Theory of Modernity*,Wiley-Blackwell,1999.

[3] Agnes Heller, *Beyond Justice*, Basil Blackwell Ltd, 1987; Agnes Heller, *Everyday Life*, Routledge, 1984.

中，您是如何走向伦理学或道德哲学研究的？道德和伦理主题在您的学术生涯中占据怎样的地位？

赫　勒：我想，有两个原因促使我走向伦理学研究。第一个也是最重要的原因是我生活在一个糟糕的时代。首先，我经历了纳粹主义。我是个犹太人，却在大屠杀中幸存下来。我还活着，这基本上是个意外。然后，我经历了冷战时期。面对这样的时代，我想提出的问题是：人类怎么能做出这样的事情？人类社会怎么能在这种行为活动中运转而不受到惩罚？这两个问题也是我在道德哲学和历史哲学中所要解决的基本问题。也就是说，这是我最初涉猎道德哲学和历史哲学的主要原因。我试图通过道德哲学和历史哲学的研究来回答这些问题。虽然我可以马上告诉你我不能回答这些问题（因为它们是无法回答的），但我几乎一生都在致力于解决这些问题。第二个原因是，我的老师卢卡奇研究美学，他实际上也希望我研究美学，但我不想做"第二小提琴手"。我尊敬卢卡奇，我很感激他是我的老师。但我不想模仿他，我从一开始就想走自己的路。他从来没有写过伦理学的著述，因此，我在那时也不知道他的任何道德理论。所以，当我在我的那些书（伦理学著作以及与伦理学相关的历史哲学著作）中谈论伦理学时，我认为我是独立进行的，并没有依赖任何意见，即使是我生命中最尊敬的人的意见。

谈到我的伦理学著作。首先，我的第一本伦理学著作（《一般伦理学》）是比较稚嫩的。我沿着我住处附近的玛格丽特岛漫步，反复问自己：什么是伦理学？什么是伦理学？因为在你开始写东西之前，你必须要知道你在写什么。我正是从追问这个问题开始我的哲学生涯的。我必须知道我想要理解的东西是什么。我的结论是，伦理学研究的对象是个人的个性与其时代的规则和规范之间的关系，也是人的个人关系与其时代的规则和规范之间的关系。也许这就是伦理学的全部要义。即便到后来，我也从未放弃这种观念，而只是在其中添加了一些我称之为"道德的个人关系"的内容。我们不得不与之联系的世界是一个由不同类型的规范和规则构成的世界，在其中，道德习惯、伦理规范和规则构成了不同的、对于我们来说某种程度上是外在的道德关系。这基本上是我自己提出的第一个问题，是我试图回答的第一个问题。或者，你要是读了我的《日常生活》，就知道我对这一规范性概念有多么依赖，而我的伦理学著作全都是围绕它展开的。

张笑夷：您的这番话让我对您的伦理学有更清晰的认识。按照您的说法，对伦理道德问题的思考是您走出自己的哲学道路，形成您自己思想的起点和关键所在。您刚才提到，您的《日常生活》也与道德理论相关，那么我想问一下，它在您道德理论中有怎样的地位？

赫　勒：《日常生活》是一本早期著作。当时，我考虑的主要不是日常生活的伦理内容，而是日常生活的特征和结构。什么是日常生活的特征和结构？这对于个人以及他与世界的关系都非常重要。你还记得吧，就是在《日常生活》中，我曾说过，有一种关系我称之为"特性"（particularity），另一种我称之为"个性"（individualistic）。根据我在《日常生活》中的论述，个人是一个与自己保持距离并以求发展的人。她不与自己同一，因为或许她是错的。她也不与世界同一，因为或许她投身其中的世界也是错的。这两种关系就阐释了"个人"（individual）范畴。这是《日常生活》第一部分的观点。那时，我也相信道德，我依靠道德生活。我的出发点是，为了再生产世界，人必须首先再生产他自己。你怎么再生产你自己？你是偶然地被抛入这个世界，你出生在中国，你可以出生在中国的任何地方。但你是偶然地出生在这里。作为一个婴儿,你必须适应你所偶然出生的这个世界的规范和规则。这就是为什么个人既要与自己保持距离又要与他的世界保持距离的重要性所在。因为,人是偶然地被抛入世界之中的。这些内容已经出现在我的《日常生活》这本书里了。

张笑夷:您的观点是这样的。但您知道,法国马克思主义者列斐伏尔也提出了自己独特的日常生活批判理论。我感兴趣的是,您的日常生活理论和他的有什么不同?

赫 勒:尽管很多哲学家都谈论日常生活,但一些哲学家总是要阐释本质并做出预言,就像哲学家通常做的那样。哲学是非常个人化的,一个人通过自己的哲学而表达他的想法。列斐伏尔谈论日常生活,我也谈论日常生活,但因为方法不同,某些事情自然就有所不同。比如,你会说在日常生活中我们举止浪漫,我们应日常生活之需表现出某种戏剧性的关系。在日常生活中,你所做的事情不是必须做的,而是可能的、随机的。这是我和列斐伏尔对日常生活结构的特征论述的共同之处。但其他方面我们截然不同。

张笑夷:我读过您2011年出版的《我的哲学小史》。在这本书中,您把自己的学术经历分为四个时期,即,学徒时期(1950—1964年)、对话时期(1965—1980年)、建构和介入时期(1980—1995年)以及学术漫步时期(1995—2010年)。[1]您也提到,移居澳大利亚之后,您可以真诚地谈论世界问题了。与此前以一种复杂的文字游戏的方式、通过哲学介入政治问题不同,您可以把建构哲学思想与介入政治问题

---

1 Agnes Heller, *A Short History of My Philosophy,* Lexington Books, 2011.

这两件事情完全分开。我们注意到，您的道德理论作品应该主要是在后面两段时期完成的。

赫　勒：我的学徒生涯其实在 1956 年就结束了。在学徒时期，我还谈不上是个思想者，我还没有形成自己的想法。那个时期，我在学习，从文献、他人甚至错误中学习。那时候我写的一些东西可能后来看是错的。这不仅是因为它不对，更可能因为是在一个错误的方向上开始写作或研究。但那是学徒时期。1956 年之后，我的学徒时期就结束了，我作为一个哲学家成为我自己。尽管我几次改变了自己对许多事情的看法和判断，但是，那也是我自己在改变它们。我的意思是说，从 1956 年以后，我开始写作我自己的东西，开始以哲学家的身份开启我的哲学生涯的新时期，即第二个时期。

而我的道德理论著作大体是在第三个时期——也就是在建构时期，而不是学术漫步时期——完成的。因为，正是在第三个时期，我建构了自己的哲学思想。在墨尔本和纽约生活的这段相当长的时间里，我对基本的哲学问题进行思考，并形成了我自己的思想。也是在这段时期，我开始写作《羞愧的力量》[1] 和《超越正义》（这是我伦理学的一部分），还写了《一般伦理学》《道德哲学》《碎片化的历史哲学》等。在这个时期，我认为我完成了自己的理论建构：一方面是伦理学的，另一方面是历史哲学的。唯一例外可能是《现代性理论》。我想，我在这段时间里完成了自己全部的理论工作。

第四个时期是我的学术漫步岁月。我开始远离传统的主题，远离伦理学和历史哲学，从而转向其他问题，比如文化、文学、一般艺术问题。哦，不，我还写了最后一本伦理学著作《个性伦理学》。也就是

1　Agnes Heller, *The Power of Shame*, Routledge and Kegan Paul, 1985.

说，我的重要的伦理学著作《个性伦理学》是在第四个时期而不是在第三个时期完成的。

张笑夷：因此，是否可以说，您在追随卢卡奇而走上哲学道路之后，通过与其他学者的思想交锋和对话，您试图通过历史哲学和伦理学来建构自己的哲学思想并介入世界的？

赫 勒：是的。这是一种具体的介入方式。我总这样认为，我们生活在世界中，哲学一直是我们介入世界的一种方式。哲学本身就是批判的，哲学家也总是批判的，自柏拉图以来就是如此。这并不是什么新情况，传统即如此。当我和我的丈夫到了澳大利亚和美国之后，我们陆续写作的书开始代表着我们对世界具体问题的具体介入。但是，这种介入和我的哲学思想并不直接相关。不要把你具体的日常政治判断与你的哲学工作混为一谈，而是最好把它们分开，这一点是我在年轻时就学到的。所以，我是用政治思想去介入政治，它关系到当今具体问题的解决。而哲学思想则更为一般，更为普遍。我同时做这两件事情。

张笑夷：黑格尔认为，哲学是被表达在思想中的时代。您通过历史理论三部曲和道德理论三部曲来建构自己的哲学，那么，这是否意味着，您认为历史理论和道德理论才是呈现和介入我们时代的最佳哲学话语或理论？

赫 勒：我不知道这些主题是否有排他性。我认为所有形式的哲学，如元哲学、认识论等等，都在表达时代，都在以概念的方式表达时代。而伦理学和历史哲学也许更直接地反映了它所表达的时代。对一种哲学来说，你可以读得出来它是在哪个时期写的，它是如何表达时代精神的。比如，你读卢梭，你就会知道那是启蒙时代。你谈论蒙田，你就会知道那是文艺复兴晚期。你读黑格尔，很显然那是现代性发展时期。所以，你从哲学文本和作者的思想里可以读出他的时代。因为我们就生活在特定的时代和世界，我们不可能用其他术语而不是我们所生活的世界的术语来思考。如果你思考超越我们世界的一些东西，你也是在用我们自己世界的术语、我们自己的文字去想象。这是我们必定从历史出发的结果。我们被囚禁于一个特定的世界里，我们只能以我们自己世界的术语来思考。即便我们怀疑过去，也是从我们自己的世界出发而怀疑过去的。即便我们希望想象未来，也是根据我们生活于其中的自己的世界而想象未来的。

张笑夷：我记得您的历史哲学强调"哲学"与"理论"的区分，而您更希望把您的思想称为"历史理论"。

赫　勒：是的。我区分了"历史哲学"和"历史理论"。我倾向于"历史理论"，而不是那种救赎的历史哲学。因为，这种历史哲学把历史视为一个持续进步的过程。而我所说的"历史理论"则是要理解历史是如何实际运转的，是如何实际发挥作用的。

张笑夷：您刚才提到，在完成您自己的哲学建构过程中，"历史理论三部曲"和"道德哲学三部曲"是交叉进行的。而且，在《我的哲学小史》里，您把《超越正义》与这六部著作比喻为"七栋房子"；您所建构的哲学系统，就是由这七栋房子构成的一个新月形或马蹄形的结构。[1] 您能否具体解释一下它们之间的内在理论关联？

1　Agnes Heller, *A Short History of My Philosophy*, Lexington Books, 2011, pp. 64-65.

赫　勒：我在书中提到，我的"建构"不过是一个七栋房子的建筑，这些房子哪个也不比其他的更高。它们站在一起，构成一轮新月。在这轮新月的中心，在伦理学和历史哲学的交叉处，矗立着《超越正义》。在它的一边——即，历史哲学这边——是《历史理论》；在它的另一边——即，伦理学这边——是《一般伦理学》。它们是相对的。《历史理论》旁边是《碎片化的历史哲学》，相对的伦理学方面是《道德哲学》。而历史哲学的最后一座房子是《现代性理论》，相对的伦理学方面则是《个性伦理学》。

《超越正义》既是历史哲学也是伦理学。正义是一种美德，正义也是一个社会问题，在法律问题中是一种社会关系，对吧？因此，《超越正义》在中间。在伦理学这边，《一般伦理学》讨论的是普遍的伦理问题。其中的许多问题在亚里士多德那里就已经被讨论过了，比如，目的和可预见的、不可预见的结果之间的关系、责任、善恶，等等。这就是"道德哲学三部曲"的第一部所讨论的传统问题。然后第二部，《道德哲学》，想要弄清的是人应该如何行事，人能够如何行事。至于第三部，《个性伦理学》，则与前两部不同。前两部讨论的是生活中的人们如何行动，而第三部则主要是讨论作为哲学的伦理学。最起码，《个性伦理学》的第二部分采用了对话体的形式。其中有三个人，一个男孩是尼采主义者，另一个男孩是康德主义者，还有一个女孩是克尔凯郭尔主义者。他们互相讨论伦理学。因此，这本书里有不同哲学流派在对话。所以，它不仅是日常生活的伦理学，还是涉及哲学如何与特定个体的行为相联系。这就是我的伦理学作品的第三部。

而在《超越正义》的另一边，首先是《历史理论》。这是一本非常重要的书。因为在这本书里，我与宏大的历史叙事决裂，打破了历史进步观念。然后接下来是你知道的《碎片化的历史哲学》，这真的是一种碎片化的、不同的哲学。历史哲学系列的最后一本书是《现代性理论》。对我来说，到这里就结束了。伦理学和历史哲学都结束了。伦理学的结束，是因为最后一本书《个性伦理学》是关于当下的。同样地，《现代性理论》也是关于当下的。在这两个方面，我都以当下作为结束。这就是你所说的那个系统。其实它们不是一个系统，只是看起来像一个系统。

张笑夷：但是，它们都是早就计划好的，是吧？如果说完成了道德哲学和历史哲学的建构意味着您的第三个思想时期的结束。那么，之后的学术漫步时期，一直到现在，您主要在做哪些工作呢？

赫 勒：是的，它们确实都是我早就计划好的。《现代性理论》必须是我历史哲学的最后一部，因为我的思想走入了我自己的时代。我不能走得比这更远了。这就是我的哲学历险的结束。这也是为什么我会认为，对历史哲学和伦理学来说，我写不出什么新意了。但是，我又想写一些全新的东西，所以我必须抛开伦理学和历史哲学这两个论题，而开始讨论其他主题，特别是美学。我大概计划围绕这个方面写三四本书。这些已经属于我学术生涯的第四个阶段了。它还在继续。

二、现代性的伦理支柱

张笑夷：下面让我们深入讨论一下您的伦理学思想吧。在您的伦理学中，"好人"是一个关键概念。您建构伦理学的最重要的目标，就是想呼吁现代人做一个好人；您试图解决的核心问题也是"好人何以可能"。

赫　勒：那是后来，更往后的想法。在我思考什么是伦理学之后，我发现，个人道德首先是受良心引导的，其次关系到我们必须与之打交道的伦理世界。一方面，我的良心建议或禁止我做某些事。另一方面，我面对着一个伦理世界，这里充斥着各种伦理要求、规范和规则等。我有一个伦理世界，它是由他人的注视、他人的眼睛构成的。我的同时代人注视着我，我也看着我，看着我要做什么，他们做什么，以及我从我的良心怎么走向这个伦理世界。这是我开始做的，也是我所试图描述的伦理学的全部。

至于你所问的关于"好人"的问题，那是后来的问题。因为，伦理学需要首先回答：在道德哲学中你如何能做出判断？你是基于什么做出判断的？你是基于什么而判断这个人是好的、得体的，而那个人是不得体的？在某种程度上，这会视需要而定。你不能从伦理规则开始，因为伦理规则可能是错的。比如，一个国家，一个共同体可以要求你做与你良心相违背的事情。所以,你不能从客观要求开始。那么,从哪里开始呢?你能从"好"这个概念开始吗?不能。因为"好"这个概念也在变化当中。过去是"好"的,三百年之后的现在也许就不是"好"的了。那么,能从各种美德开始吗?有时可以,有时不可以。比如,你能从勇气这种美德开始吗?勇气现在仍然是一种美德。在很久以前,勇气意味着在战争中杀死足够多的敌人。如今,勇气并不是指战争中的勇气,而是谈论公民勇气,这是对勇气的不同理解。在中世纪,基督教总是说,谦卑是一种美德,星期五是个不祥的日子。然而,后来的人们会说,谦卑在现代不是一种美德,星期五也不是个不祥的日子。因此,我认为,不能从美德开始,不能从"好"这个概念开始。甚至也不能从我们为自己设立的终极原因——上帝——开始。那么,我们的起点是什么?即使一切规则都在变化,起点也应该是稳定的。对此,我的结论是,这个起点是"好人"。"好人"是什么?从柏拉图直到现在,对什么是好人的回答总是一样的,就是苏格拉底所说——宁可忍受不义也不践行不义。这是人类良善的正确标准。但是,我的"好人"概念是在我放弃了所有其他标准,诸如各种美德、上帝之后,而提出来的。我认为康德是对的,人们不能以这些为起点。

张笑夷:我注意到,您在"道德哲学三部曲"之后发表了一篇题为《现代伦理的两大支柱》的文章。[1] 这篇文章进一步强化和明确了您在"道德哲学三部曲"中的观点,指出"现代人的正派"和"自由的宪法"是现代伦理乃至现代性的两大支柱。也就是说,"好人"和"好公民"共同构成了现代性得以存在的伦理基础。

---

1 Agnes Heller, "The Two Pillars of Modern Ethics", in *Voprosy Filosofii*, No. 3, 2004, pp. 28-36.

赫　勒：是的。那是我后来写的一篇文章，但文章的内容与我的"道德哲学三部曲"并不矛盾，它基本上是我伦理学思想的一个方面。现代伦理的两大支柱，一个是"好人"，我们刚才已经讨论过了。另一个是"好公民"。我们已经知道了好人是什么样的，但还不知道好公民是什么样的，对吧？所以，现在我想说明第二个支柱是什么，即，谁是好公民。

为了成为一个公民，我想，人们需要生活在城市，需要生活在一个国家或社会里，在其中，每个公民对其他所有公民负责，每个公民可以做出选择。你不仅在为自己做出选择，也在为公众做出选择。而"好公民"则是那些为公众做出选择，为与公众相关的行为作出选择，并对他为公众所做的事情负责任的人。这不仅是一种回溯性的责任，也是一种前瞻性的责任。对于好公民来说，你不仅要为自己的行为负责，还应该为你的国家承担未来的责任，承担起承诺的责任。你不能把责任推到过去。那是另一种责任：你会说，这是我干的，我要对此负责。而在未来，你没有做任何事情，你却做出了一个承诺。这是一种前瞻性的责任，也是公民整体的责任。

张笑夷：您所说的"好人"和"好公民"，二者的共同之处就是他们都承担责任。而且，从您的分析来看，现代世界的道德危机，在总体层面表现为自由和不确定性的存在困境，而在个体层面表现为道德良知的泯灭和道德责任的消失。所以，我们是否可以这样认为，您的伦理学是一种以"个人的道德责任"为核心的"责任伦理学"？

赫　勒：我想，我不会把我的伦理学仅仅视为一种责任伦理学。你对过去的行为负责，对你必须遵守的承诺负责。这是责任。但我不能把自己的伦理学视为责任伦理学，原因在于，"意图"在我的伦理学中也有一席之地。我意欲何为？我的良心是什么？这些问题在我的伦理学中也占有一席之地。而纯粹的责任伦理学是不关心意图的。让我举个例子，康德伦理学不是责任伦理学，因为康德伦理学是以善良意志和意图为基础的。即便结果是错的，你也仍然是个好人，因为你有善良意志。他的伦理学不只是关于责任。而我的伦理学也包括善良意志，也不只是责任。

张笑夷：既然现代伦理和现代性的幸存取决于具有偶然性命运的现代人如何成为"我"和"我们"，那么我是不是可以这样理解，现代人要想成为现代人，要想克服或者确切地说承担起他的偶然性命运，就需要将责任作为现代人的一种普遍性的要素？我的意思是，人的道德内涵也许是您的伦理学的理论预设。重建现代道德，就是重建人的普遍性。进而在此基础上，重建每个个体与人的普遍性之间的关联。在您的伦理学里，是否存在这样一种关于人的普遍性观念？

赫　勒：当你说人是普遍的，是因为人包括所有的人、个体或特定的人。这是普遍的。这是一种经验的普遍性。但是规范的普遍性与之不同。规范的普遍性是对人类负责，或者对特定的群体或个体负责。此时，普遍性就是一种价值、一种规范。它不仅是现代的一种价值，也是通往现代的一种规范。若像康德所说，一个人要对所有其他人负责，那么这种普遍性在古代也许是荒谬的，因为没有哪个主人需要对他的奴隶负责，甚至他也不需要对他的妻子负责。而作为规范性的普遍性，则是一种现代现象，是现代世界才有的。但经验的普遍性一直存在，毕竟我们是同样的物种。

张笑夷：道德责任作为一种伦理，它是最强大的。因为，"守护世界"、"关心他人"、"做诚实的自己"这样的道德责任是对生命和自由最亲密的允诺。同时，它也是最脆弱的，因为道德责任不是强制性的，个人可以负责，也可以不负责。更何况，道德责任本身还具有矛盾性。正像您所指出的，道德责任体现着爱与统治的辩证法。道德重新个人化或者个性道德的生成可以表现为对人是道德存在的命运之爱，并以不断的自我创造和自我决定来施行自治的自由，但同时，道德责任也可能走向一种新的统治形式，即，以爱的名义，以对他们承担绝对责任的名义而毁灭自由。这体现出现代伦理的智慧与无力，也意味着现代性的悖论。您当然知道责任伦理学的限度，所以您强调，它只是想要成为好人的那些现代人类的"拐杖"而已。在某种意义上，您的伦理学似乎是对"现代伦理何以可能"的一种康德式的解答，而非马克思式的回应。您认为道德责任能够"改变世界"吗？换句话说，如果我们不去改变产生道德责任的社会关系，而只是让人怀有良知或道德责任，那么每个个体，即便是那些想要成为好人和好公民的个体，就真的能按照人之所是，向"好"而生吗？

赫　勒：是否总可以按照"存在的选择"行事，这恰恰是问题所在。当然，这种情况并不总会发生的。因为康德说过，人的行为是有限的。比如，你看电视上，非洲儿童在忍受饥饿，你说，我要负责，因为人类应该为此负责。但是，你实际上无法为他们做出什么。这就是人的行为的有限性。

张笑夷：纵观您的道德哲学三部曲，《一般伦理学》和《道德哲学》分别从理论理性的立场和实践理性的立场探讨了"好人存在，他们如何可能？"这个关键问题。在第三部中，您计划通过作为一个整体的人类个体的立场来探讨道德智慧。然而，我们知道，这是具有一定风险的。因为采取传统的哲学论述方式可能会导致哲学家承担起权威的角色，但谁能赋予其权力呢？您的《个性伦理学》是怎么做的呢，您能具体谈一下吗？

赫　勒：这的确是一个棘手的问题。因此，在写完前两部之后，这个问题使我无法投入到第三部的写作当中。当写完《碎片化的历史哲学》之后，我知道了，我需要以一种全新的方式来探讨单个个人的"好生活"。刚才谈到过，《个性伦理学》实际上采取了对话的形式。书中的三个人物不仅仅是简单的人物，他们实际上代表了三种特定的哲学立场，即康德的、尼采的和克尔凯郭尔的。对这三种不同的关于现代性的伦理学，你不必从中只选其一。因为它们其实是从不同的角度讨论了现代道德问题。对于一个想要从这些哲学中获得启示的人来说，无需从中选一，无需仅仅成为一个康德主义者，一个尼采主义者，或一个克尔凯郭尔主义者。你没必要成为他们中的任何一个，他们的哲学完全可以启发你形成自己的理解。

张笑夷：我想，通过这部伦理学著作，您是想给那些希望成为一个"好人"的现代人提供"拐杖"，让他们以自己的具体的方式成为"好人"。

赫　勒：完全正确。如果你想在你生活的现代世界里成为一个好人，那么你可以找到一种哲学作为你的"拐杖"。但是，找到一种哲学并非必需的。最重要的是，决定选择自己成为一个好人。至于说选择哪种哲学作为拐杖，这倒是次要的。而且，你可以从不同的哲学家那得到启发，它们会引导你遵循自己的选择，即，选择作为一个好人而存在。

三、马克思与伦理学

张笑夷：从您的伦理学观点和对一些问题的澄清可以看出，您的思想和马克思的思想有同有异，甚至可以说，异大于同。大多数学者认为，马克思的共产主义不是建立在主观道德需要基础之上的，而是建立在一种科学的社会历史理论基础之上的。我想了解一下您关于马克思以及马克思主义伦理学的看法。您认为，在马克思那里，是否存在一种伦理学？

赫　勒：很抱歉，我不认为有马克思主义伦理学。我认为，卡尔·马克思是现代世界最伟大的四位激进哲学家之一。马克思、克尔凯郭尔、尼采和弗洛伊德，这四个人对现代的人类生活产生了巨大影响。马克思是非常重要的哲学家，但是，作为一个哲学家，他没有形成一种伦理学。因此，我试图创造一种马克思主义伦理学，尽管我把它叫作"马克思主义的"，但实际上和马克思没什么关系。因为，在马克思看来，救赎时间已经迫近，我们已经进入现代资本主义社会，其中的大部分生产活动都会破坏社会关系、经济关系，因此资本迟早消失，新世界即将到来。所以，从这方面来讲，马克思不需要伦理学。在新世界里，马克思认为正义将不复存在，因为正义只存在于一个匮乏的世界。而共产主义是一个富足的世界。在这样一个富足的世界里，没有正义，没有国家和贫穷，也没有需要正义的任何情境。如果按照《1844年经济学哲学手稿》里关于人的一般本质的说法，并且考虑到人终将是联合在一起的，那么，不管怎么说，每个人都将作为一个整体的人而行事。这是无需任何伦理规范的。

马克思的哲学不需要伦理学。因为，如果它需要伦理学，那么我们就必须预设，目前的这个世界将如其所是地幸存下来，人们不会生活在人间天堂，也不会达到绝对的富足之地。毕竟，我们生活在一个匮乏的世界里，而只有在匮乏的世界才需要正义和伦理规范。如果这种状况会很快结束，像马克思所说，每个人都能根据自己的需要得到任何东西，那么你就不需要伦理规范。在这个意义上，我认为马克思不需要伦理学。虽然你可以把你做的伦理学称为马克思主义伦理学，但我不认为这和卡尔·马克思有什么关系。

即便是青年马克思，在《1844年经济学哲学手稿》里发展出来的也不是一种伦理学，而是一种人类学。不过，我说马克思没有伦理学，这并不意味着他没有他个人的伦理品格。他是一位维多利亚时代的绅士，他有他的个人特性。作为一位非常诚实的科学家，他的工作非常真诚、诚实。与此同时，在其私人生活之中，他也像其他维多利亚时代的绅士一样。他和我们生活的时代不一样，这一点你要考虑到。马克思有哲学，但没有哲学伦理学。他的哲学是一种历史哲学，他是从他的时代出发来思考的。时代不同，我们对于不同时代的世界的理解也不同。因此，如果你想要形成与我们这个时代相适应的伦理学，它不可能与那种或许会被人们称作马克思道德哲学的理论是完全相同的。我们需要有我们自己的道德哲学。

张笑夷：从您师从卢卡奇接触马克思主义到现在，半个世纪过去了，我们身处的这个世界也发生了巨大的变化，比如苏联解体、东欧剧变、世界范围的金融危机、马克思主义在世界范围内式微与复兴，等等。在经历了这些重要的历史事件和过程之后，在您建造了自己的理论大厦之后，您对马克思和马克思主义的理解有没有发生什么新的变化？

赫　勒：我认为，马克思的理论非常重要。在马克思看来，异化很快会被消除。但人的本质首先必须是统一的，然后我们才可能消除异化。这种观点在很大程度上遵循着康德的观念，即，人的本质的统一性属于人类时间的先验领域，在那里，人的自由得到实现，一种真正的永久的和平得到实现。这实在是太美好了。这是一种启蒙观念，一种蒙田式的观念。马克思确实相信人类的本性是可以改变的，这是一种人类学观念，在资本主义崩溃之后才能真正实现。而马克思关于人的本质的观点也很吸引人。他认为，人的本质是人性的组成部分，劳动、自由、普遍性和社会性这四种要素构成了人的本质。这些都是纯粹的本质。然而，自阶级社会以来发生了什么呢？人的本质不断发展，人获得更多的知识，拥有更多的自由，更具普遍性，等等。与此同时，作为个体的单个人或他的阶级却变得穷困潦倒。但是，在革命之后，这些方面会被统一起来。每个人都将符合人的本质的发展。这样一来，伦理学就变得多余了。因为，伦理学需要区分人的本质和个人的特殊存在，需要考虑两者之间的关系。如果这种关系被废除了，人作为一种在场是同一的了，那还需要什么伦理学呢？在这种条件下，每个人无论如何都会是一种道德存在，那就不需要伦理学了。

我喜欢这种观念。曾经，作为一个年轻人，我沉迷于这种观念，这是最伟大的乌托邦。但是对于伦理学来说，这是行不通的。如果资本主义崩溃，真正的人类社会就会出现，每个人都将与人的本质达成同一。

张笑夷：2018 年是马克思诞辰 200 周年，马克思的思想又在世界范围内掀起了讨论和交流的热潮。在您看来，在马克思主义发展史上，哪些人、哪些著作或事件具有特别重要的意义？

赫　勒：在我看来。唯一理解马克思的人，就是写作《历史与阶级意识》的卢卡奇。正因为他理解马克思，所以他特别专注于无产阶级革命的时刻。卢卡奇认为，有两种意识，一种是无产阶级的经验意识，一种是无产阶级的内在意识。无产阶级的内在意识是什么？是对人的自觉认同。当经验意识被吸收进内在意识时，便是革命的时刻，也就是无产阶级能够意识到他历史使命的时刻。正如马克思所说，无产阶级只有解放了全人类，才能够最后彻底地解放自己。因此，这就是卢卡奇对马克思的理解：随着无产阶级发展自己的内在意识，救赎时刻就到来了。

张笑夷：就我们的时代而言，有些理论家认为，我们正身处一个糟糕的时代。不仅人类拥有足以毁灭自身的力量和武器，而且正在进入一个人工智能的新时代，从而使得人类的地位和命运再次成为理论探讨的焦点。在这样的背景下，您认为，伦理学的趋势和核心问题会是怎样的？

赫　勒：无论什么时代，我想，我的回答都是一样的。就像索福克勒斯在《安提戈涅》里说的那样，技术——无论是火还是人工智能——都可以是好的，也可以是坏的，这取决于使用它的人是为了让我们受益，还是让我们毁灭。即便是人工智能时代，也并不改变人的本质。人的本质没有改变。因为就算是在这样的时代，人使用技术做好事还是坏事，依然取决于人的决定。我们不知道会发生什么，但我们必须做出选择。如果你用它来做好事，你就会活得好；如果你选择用它做坏事，你就会毁了自己。这由你来决定。没有人能确信人们将会怎样使用新技术，就像无法预料人们将会如何使用现代技术一样。比如，没有人能预料人们将如何使用核能：是互相投掷炸弹？还是用它换取和平？这还没有下定论。同样地，人工智能时代会发生什么？这取决于人们未来的决定。

而伦理学的核心问题，我想，和以前仍然是一样的。至少按照我的道德哲学，伦理学的核心仍是"好人"。在每种情况下，好人都知道什么时候他或她伤害了他人，什么时候他或她没伤害他人。这不取决于时代，也不取决于环境。好人总是知道他的什么行为会帮助他人，什么行为又会伤害他人。无论今天抑或明天，情况都是这样的，人们可以在伤害他人或是让自己受到伤害之间做出选择。好人永远不会去伤害他人，不管伤害他人的手段是什么。

张笑夷：日常生活理论是您一个重要的原创性的理论贡献，就正在进入的人工智能的新时代而言，您认为日常生活批判应该关注什么？

赫　勒：我哪里知道？我生活在我现在身处的时代，我所描写的日常生活是关于我所知道的时代，即，我们之前的时代以及我们生活在其中的时代。我看不到我身后的岁月。所以我不能断言任何我之后的人们的日常生活。就日常生活的结构来说，我认为，不会有什么改变，它在结构上总是一样的，将来也一样。但是，就日常生活的内容来说，我不知道，因为没有人能对未来做出正确或错误的陈述。正如亚里士多德所说，没有人能够对未来做出正确或错误的陈述，因为我们根本无从认识它。

张笑夷：那么，您的日常生活理论是否要随着时代的发展而有所发展呢？

赫　勒：我不这样认为。我所写的日常生活理论不仅是根植于现在的日常生活，而且以一切人类历史的日常生活为基础。因为，它建立在一个并不深刻的真理之上，那就是，为了再生产社会，人必须再生产自我。这对世界上所有的社会都是正确的，过去是真的，将来也是如此。人要自我再生产，要有孩子，要有日常生活，谈恋爱，要吃饭，要行动，要有生活能力，要做决定。任何地方情况都是如此。这就是日常生活。这种日常生活的结构，无论是生活在村庄还是城市，无论是两千年前还是今天，都是一样的。

诚然，人类生活存在不同，但这种不同不存在于日常生活领域，而是存在于我所说的另一种对象化领域。我区分了三个领域。第一个领域是"自在的"对象化，即日常生活领域，其结构基本上在任何情境都是相似的。第二个领域是"自为的"对象化。所有"自为的"对象化，比如宗教、意识形态和关于世界的诸种概念，都体现了人的自由，并表达人性在既定时代所达到的自由程度。我昨天去了一个寺庙。很显然，寺庙的建造者对于超越人的力量同我们有不同的看法。因此，自为的对象化领域是变化的。在不同的世界和不同的文化里，占主导地位世界观念是不同的。第三个领域是"自在自为的"对象化。政治结构、法律，等等，既是"自在的"，又是"自为的"对象化。这个领域也是处于变化之中的，无论你拥有什么样的制度、什么样的世界、什么样的日常生活，都是变化的。如果你相信多神，我想你会经常去这样的寺庙；如果你相信只有上帝或基督，那么你会去天主教堂，对吧？制度也会对你的日常生活产生内在影响。你的各种关系、你的朋友、你的丈夫、你的义务、你的伦理规范，等等，你的一切都受到各种制度的影响。也就是说，在不同的社会，自为的对象化领域和自在自为的对象化领域是彼此不同的，而自在的对象化领域，也就是日常生活是其所是的领域，其结构则是相同的。

张笑夷：学界有许多人会提到您的后马克思主义立场或后现代立场。对此，您怎么看？

赫 勒：我不喜欢这种说法——后马克思主义。我不是一个后马克思主义者。差不多四十年前，1980年代，我和福柯都在纽约，福柯是当代最重要的哲学家。有学生来问福柯：福柯教授，您是结构主义者还是后结构主义者？福柯回答说：我是米歇尔·福柯。那么我的回答也是这样：我是阿格妮丝·赫勒。像"后马克思主义"这种称谓其实毫无意义。至于后现代立场，它有所不同。后现代不是一种主义，而是对当下时代的一种理解。有些人以另一种方式理解当下。他们认为，这是现代历史上的一个新的发展阶段。但我并不这么认为。当我谈到可能的现代性，我强调这是对现代性的一种新的理解，而不是一个新的历史阶段。我们仍处于现代性之中，只不过，我们对现代性的理解与四五十年前的理解不同。

张笑夷：您刚才说，马克思是当代四个伟大激进思想家之一。那么，您的激进理论与马克思的有什么异同？

赫 勒：我很受马克思的影响，他是我思想的最早的启蒙者之一。在我年轻的时候，马克思给我留下了深刻的印象，包括他关于异化的思想、关于我们可以期待一个没有异化的世界的观念。我深深地沉浸于马克思的这种救赎路线中：我们即将进入一个全新的世界，那里没有异化，每一天都令人满意。我非常赞同青年马克思的这种梦想。后来，晚年马克思给我留下了更深刻的印象。我不再致力于设想那个红色的世界。我不认为人们将会以那种方式得到拯救。我不认为在现代性之后会出现一个完全不同的世界，在其中，每个人都快乐，每个人的需要都得到满足，没有国家，没有法律，没有异化。我认为现代性就是我们生活于其中的世界；我认为我的任务就是理解我们今天所生活的世界，这个现存的世界。

张笑夷：这让我想起您所说的"火车站"的比喻[1]。

赫　勒：是的，"火车站"。我们住在现在的"火车站"，对吧？对于开往未来的火车，人们有着非常非常糟糕的回忆。所以最好待在火车站，做好准备，把它打扫干净，让它成为一个更适合居住的地方。面对现在的满目疮痍，我们需要有足够的能力使它成为一个更好的火车站。

张笑夷：在我看来，尽管您认为哲学已经个人化了，您不再喜欢被人称作是马克思主义者还是什么主义者，但您与马克思一样，都在为自己的时代承担责任，揭示现实并改变世界。您试图以您的哲学去反思当下，改变生活。"个人的责任"成为您的伦理思想的关键，这既是从您个人和整个 20 世纪人类的遭遇中得出的痛苦领悟，也是您一直

1　赫勒把火车站视为过去和未来之间的中介，是关于"绝对的"现在的隐喻。居住在火车站就是选择生活在现在。参见 [匈] 阿格妮丝·赫勒：《碎片化的历史哲学》，赵海峰等译，哈尔滨：黑龙江大学出版社 2015 年版，第 286—320 页。

关怀他人、关怀世界的写照。我想，正是在这个意义上，中国学界将您视为新马克思主义者。因为，新马克思主义就意味着"在新的历史条件下继续坚持马克思对资本主义的彻底批判精神、基本的价值立场和思想传统，但是根据新时期社会历史现实变化尝试反思、检讨和修正马克思的一些理论观点和结论的思想家和理论流派"[1]。虽然您对历史的理解不是进步论的和决定论的，但从您的回答中，我能看出，您依然期待人们在面对自身的处境能够做出"存在的选择"，您依然期待每个想成为"好人"的现代人，能够在"好人"的指引下，选择以一种道德之美的方式来创造自己，实现自己的个性发展。感谢您为我们创造性地发展和接受马克思主义提供了一种独特的理论，也非常感谢您能接受我的访谈。

赫　勒：很高兴与您交谈。谢谢！

1　衣俊卿：《20世纪新马克思主义》，北京：中央编译出版社2012年版，总序第1页。

马克思主义伦理学：历史逻辑与认知理论
访俄罗斯莫斯科大学阿列克桑德拉·拉津[*]教授

武卉昕[**]

对马克思主义伦理学的研究方法予以阐述和反思，始终是苏联/俄罗斯伦理学界长期关注的话题。围绕相关议题，2018年6月间，武卉昕教授对俄罗斯莫斯科大学哲学系阿列克桑德拉·拉津教授进行了访谈。作为俄罗斯当代最负盛名的伦理学家、莫斯科大学伦理学教研室主任，拉津教授长年致力于社会道德问题研究，关注道德价值和道德规范理论，并在伦理学史研究方面独树一帜。在围绕马克思主义伦理学，尤其是围绕马克思恩格斯的伦理思想研究中，拉津提出了将历史逻辑法与认知理论相结合的新方法，即，将社会历史进程与个体道德发展结合起来进行研究。该方法决定了他对马克思恩格斯道德观点和马克思主义伦理学中诸多关键问题的看法，使其研究成果在不同历史时期保持整体一致性，也在很大程度上影响到当代俄罗斯学界对马克思主义伦理学发展历程的基本判断。

---

[*] 阿列克桑德拉·拉津（Александр Разин），俄罗斯莫斯科国立罗蒙诺索夫大学哲学系教授。
[**] 武卉昕，东北农业大学马克思主义学院教授。

一、历史与认知

武卉昕：拉津教授，您好！很高兴您能接受我的访谈。我了解到，后苏联时代，俄罗斯对于马克思主义哲学，包括马克思主义伦理学，往往是将它当作西方哲学和伦理学的组成部分来研究的。在基本价值立场转变的前提下，相当多学者的学术观念也发生了逆转，甚至与从前大相径庭。我注意到，您从上世纪 70 年代末以来，就坚持将主体认知与社会历史发展结合起来的方法来论证道德问题、解释社会道德发展。无论是 1979 年的《个体行为过程中道德要求的作用》[1]，还是 1992 年的《个体存在的社会文化定位》[2]，抑或是今天的《对马克思学说的伦理反思》[3]都坚持了这样的方法论观念。我把它理解成您看待伦理思想发展、分析社会道德问题时的核心观念。具体到马克思主义伦理学的研究，也同样如此。是否可以这样理解？

拉 津：是的，可以这样说。当你始终坚持一种方法论原则来看待问题，那么无论在什么条件下，都会有方向上一致的结论。那些在

---

[1] Александр Разин, Роль морального требования в процессе стимуляции поведения личности. Москва:[б. и.], 1979г.

[2] Александр Разин, Социокультурная ориентация личностного бытия, МГУ, [б.и.], 1992г.

[3] Александр Разин, Этическая рефлексия учения К. Маркса, М., 2014г.

不同时代对同一问题竟然得出逆转性结论的研究、那些在认识方法和基本观点上相悖的研究，是令人费解的。说到马克思主义伦理学，无论在什么样的时代，它的主题都不会改变。马克思主义伦理学的研究主题一直都是将劳动群众从资本主义的压迫和剥削中摆脱出来，克服劳动异化。依据马克思和恩格斯的认识，当劳动过程的异化被克服，劳动本身就获得了创造性的特点，它将赋予人快乐和幸福，人类社会的道德状况也将得到根本转变。人们将会停止相互敌对的状态，克服由商品经济导致的自私自利，摆脱人对于物的贪婪占有，而不再追求那些超越合理需求的东西。

马克思有关利润标准降低的历史趋势的看法可以帮助理解这个问题。他的意思是随着生产技术水平的提升，人最终将从物质生产中完全脱离出来，而成为生产的组织者和监督者。因此，这里的问题是如何在创造力上实施控制和管理。还有，如何实现创造性劳动所需的方法和条件的分配。毕竟，社会的资源总是有限的，而现代的创造性劳动经常需要昂贵的物资和设备。马克思没能解决这些问题，当代的哲学家和经济学家正在努力加以解决。

武卉昕：那这里的创造力指的是什么呢？是因为采用了新技术而实现的创造性成果还是劳动者本身的创造能力？如果是劳动者本身的创造能力，不也是生产"训练"的结果吗？在您所熟悉的传统马克思主义理论当中，这恰恰是马克思最重要的理论发现之一。

拉　津：是的，我们说的是同一个问题。在马克思之前，无论是莱布尼茨还是黑格尔，都没能理解人类社会发展的现实动因，也没能揭示社会规范产生的原因。所以他们才试图用各种神秘力量，比如用单子或绝对精神等来解释历史的发展。对于社会理论的创建，重要的不是指出物质生产的功能，而是要弄清楚社会生活各个层面之间相互作用的关系机制。依据马克思的见解，这些关系机制不同于思想在社会历史中的产生过程。因此，将社会发展看作自然—历史的过程是可能的；这样就可以弄明白，为什么作为历史中的自由存在并且能够独立做出决定的人，同时还必须服从必然，还要受自然规律的制约？这是马克思在研究人类社会生活中的最基本的成果和最重要的发现之一。

但是，问题应该讲得更透彻一些。在承认物质生产在马克思主义理论中的决定作用之前，应首先指出全部社会关系的差别，首要的、次要的，决定性的和被决定性的。这一理论不能被泛泛而简单地阐释为——次要关系是对首要关系的某种反映。因为，正是那种将社会视作复杂体系并致力于人类的自我发展与自我完善的看法，才让我们理解了人类历史的发展动力。在个体自我的社会存在中，他能够应付一些相当复杂甚至矛盾的状况。基于个人的自我活动，尽管社会环境形成并获得了自己特殊的系统性质，但其中所表现出来的某种跟自身能力发展有关的东西是无法得到反映和检验的。个体自我的社会存在有时取决于人的意志。这一点导致了人类动机的特殊的复杂性。一方面，人对自己行为后果的规划要求个体对社会形成完整的认识；另一方面，个人能够反映的只是相对有限的社会关系，因而他无法对全部社会生活下结论。掌握建立在反映社会生活集体经验的社会意识基础上的某些实践性的认识，才是解决这个问题的出路。而这种实践性的认识活动就是创造力。

武卉昕： 那还是说，这种创造力是来自于社会历史实践当中的，至少是社会历史实践的成果。虽然人的行为动机复杂而特殊，但建立在反映社会生活集体经验的社会意识基础上的某些实践性的认识，可以解决这个问题。那您认为社会意识和社会存在之间到底是一种什么样的关系？以我的理解，您并不以此否认社会存在对社会意识的决定作用。

拉　津：我不是否认社会存在对社会意识的决定作用。在社会存在视角下对全部实践生活和人的行为进行理解，是最准确的方式。这意味着，在社会存在的概念中包含着一些只是因为受到社会意识的影响而产生的关系。但是，确认这些关系，发现它们对真理的特殊历史审视过程本身却具有实践性的特点。因此，将这些关系视作社会存在，是没有任何问题的。只是我们在揭示社会存在与社会意识的关系时应当注意，社会意识积极地影响了社会存在，它创造了改造自然的新手段，提供了组织人际关系的新方法，并因此改造了自我存在，从而为新的社会现实的发展奠定基础。

于是，社会存在与社会意识的关系就可以表达为四种情形：社会存在独立于社会意识；社会存在决定社会意识；社会意识反映社会存在；社会意识积极地影响社会存在。这些不同的情形表明，社会意识与社会存在之间的差别只是相对而言的。它们之间的绝对对立仅仅表现为第一种情形，而社会意识对社会存在的反作用（这里的概念在不同情况下常常被更换，比如说，意识创造存在）则是最后一种情形。

武卉昕：您对社会存在和社会意识关系的认识是我从前没有接触过的观点，现在想来，这样的认识对解释社会历史发展和个人在历史中的作用影响问题，更容易些。可能，在确认社会存在的决定作用的前提下，您同样重视社会意识对社会存在的反映和影响？或者更强调社会意识在社会历史发展中的作用？并且将人的实践或者说创造力看成是这一理论的成果？

拉　津：如果你了解社会认知理论，我们能更清楚地说明这个问题。应该说，用认知理论来解释社会意识对社会存在的反映和影响，是更容易理解的。其实，有时候我们需要一些抽象的（但在一定范围内完全是合理的）理论，能够让外部世界成为自己的思考对象。但是，作为生活在社会中的现实的人，他同时也是自我存在着的个体，像自然界一样独立于人类社会的世界，是不存在的。应当指出的是，社会意识对社会存在的反映过程和实践适应，不同于那些将认知过程当作纯粹理论活动的理解。社会意识通过认识论的方法反映社会存在，由此也创建了一系列合理化的组织社会生活的理论和概念。在社会学（实践—活动的）视角下的意识，不仅反映现实，而且还创造新的事物。无论是在很小的程度上，在个体和小团体的生活水平上，还是在人类庞大的社会历史共同体当中，都存在这种与新关系的产生和对新的生活方式的实践确认相伴而生的，能够反映并适应现实的过程。这样，得到的结果就是，在历史中，反映社会存在、创建新的社会现实、建立社会关系的新形式、审视对真理的认知……所有这一切，表现为一个统一的过程。精神—实践地掌握现实的实质正在于此。

武卉昕：我理解的是，因为社会意识参与了社会历史过程，在反映社会存在的同时，还借助实践认知的方式助力新的社会现实和新的社会关系的产生，是这样吗？意识的目的性和创造性被赋予了更大的价值？如果这样的话，那您如何理解马克思本人的意识形态概念呢？

拉　津：很显然，马克思本人的意识形态概念是我前面提到的次要关系，即，通过人的意志和意识而形成的关系，在人类精神—实践地掌握世界的过程中也起很重要的作用。马克思把这种次要关系称为"意识形态"。在当代世界,"意识形态"这个术语把很多人吓跑了,因为它在两种完全不同的社会体系中长期对立的过往而获得了特殊意义。然而,在马克思生活的时代,这一术语并不具有如此否定的意义。在他的学说中,"意识形态的社会关系"主要指那些在社会中若没有特殊的再认识能力就不可能存在的关系。当然,如果没有与某种阶级和集团利益相联系的特定的意识形态,这种再认识也是无法实现的。同时,对次要关系范畴进行理论审视的主要意义,不在于弄清某种思想的意识形态对立,而在于揭示让人们能够在一个陌生的、并不能完全用理性来检验的现实中顺利生存和活动的机制。正是基于对次要关系方法的研究,才产生和再生了那些能够揭示各种社会组织内部联系的研究方法。在认可"意识形态的社会关系"合理性的同时,我们致力于强调马克思有关社会生活各种关系的意义。这就是改革之前的俄罗斯很少提及马克思主义意识形态的原因,因为那时我们主要聚焦于马克思与共产主义社会的相关认识的思想上。

二、历史发展与道德认知

武卉昕：按照这样的区分，道德显然要被归于次要关系。那么，作为次要关系的道德与社会历史发展到底是一种什么关系？在我看来，您似乎仍然在某种统一的框架下进行阐释，也就是说，虽然全部社会关系都是通过人的行动展现出来，但是全部社会关系，包括道德关系在内，仍然是社会历史的产物。

拉　津：在传统的马克思主义理解中，所有的次要范畴，如法律、道德、传统、习俗和其他这种类型的关系都属于意识形态范畴，但同时，类似范畴的次要性并没有降低它们的意义。人类实践关系的所有类型，包括他们的生产关系，都要靠道德、法律和传统的影响来维系。以固定思想体系为基础创建起来的意识形态恰恰支撑了稳定的人际交往形式，决定了他们遵守社会规范的必要性，并且意味着次要关系以常态化的方式继续存在。比如，市场关系和市场交换行为要求私有财产不可侵犯。因为法律、道德支持这一原则，所以人们对安全生存保持信任，这种积极的生活态度是社会继续发展的重要动力。

像我刚才已经指出的那样，意识形态范畴的形成要通过人的意志和意识，关键是，在社会实践中确立意识形态范畴的过程是漫长的，而人的意识和意志只是构成了这个过程的主体方面，通过实践确认产生的意识形态则属于这个过程的客体方面。在该过程的最终阶段，我们拥有了某些可以接受的、基于实践选择而保留下来的行为方式，它们呈现在社会意识当中这样，凭借或长或短的实践检验过程，那些反映了必要的交际方式的最初认识变成了稳定的社会规范，支撑着次要关系的体系。而那些不正确的思想和认识或早或晚地被历史实践抛弃，因为它们对社会生活发展产生了负面的影响。

在社会中，能够保证良好稳定的人际关系、促进积极的行为动机从而创建统一的价值观念体系的那些特殊的思想关系，毫无疑问，会占据一席之地。正是这一点使得社会可以作为一个统一的整体而存在，尽管每个独立的人都拥有自己的个体意识，可以做出各自的决定，具有自己的生活取向。如果人们的行为动机可以是和谐的，人际之间的相互期待可以得到基本的满足，那么我们就可以创建关于社会的科学。

全部社会关系的形成最终都有赖于人的行为。在这个意义上，那些首要关系并未独立于人的活动，但是，它们独立于每一个个体的意识，甚至独立于群体的社会意识。这样，作为对社会多维体系的研究，马克思的发现包含着巨大的研究潜力，其中当然涉及伦理学理论。人如何能够生活在他并不了解并且最终也无法了解的现实社会中？马克思给出了回答这一问题的答案。对于道德和法律的产生机制，他揭示了原则上完全不同的两种观点之间的分歧，即，自然法理论和法律实证主义之间的分歧。

武卉昕：您认为首要关系并未独立于人的活动，但是，它们独立于每一个个体的意识，甚至独立于群体的社会意识，那这里的"人的活动"是实践活动吗？我发现，在认识论领域，您倾向于将人的实践活动放在意识领域来解释。这是对实践的否认，或者说，这是对您所说的创造（力）对社会历史和社会生活本质的否认吗？

拉　津：嗯，实践活动，可以这样说。这要从马克思的第二个发现即剩余价值的产生说起。对剩余价值的秘密的揭示是马克思最重要的发现之一，它勾画出马克思对当时资本主义社会经济及其发展前景的全部研究路径。

马克思在《资本论》第2卷和第3卷中研究的对象，即商品能够在现实上被出售不是因为它的价值而是生产的价格，首先就是与剩余价值的绝对形式和相对形式之间的差别有关。相对剩余价值的产生，是因为某一领域的生产由于采用科学技术的新成果或使用了新机械代替人的劳动而出现了降低成本的可能性。马克思所提出的绝对剩余价值和相对剩余价值形式的区别，使得资本主义经济调控在整体上变得清晰起来。资本总是集中在利润标准更高的生产领域，这反映出人们对这个领域所生产的商品的需求。但是，资本运动的界限也在这。整个行业廉价生产的引入导致利润率下降，并且相应地降低了生产的增长率。

通过分析历史发展的这一趋势，马克思得出了有关利润标准趋于降低的结论，而资本主义生产的范围界限就与此相联。当生产的科技含量越来越高，资本主义的市场规律的调节作用就减弱了。这取决于优先发展领域的运行状况、相关基础科学领域的财务状况、科学研究的契合度等等，而在市场机制的调解下，发挥这些优势是不可能的。因此，在这一情况下，资本主义生产的范围被拓宽了，不是满足了需求生产就停止了，而是生产和利润的调节要求停止。这里需要指出的是，社会生产力自我发展的特点会发生根本转变。对于马克思而言，如果说在资本主义生产发展中，劳动工具的手段和组织形式相吻合的话，执行既定的功能可以创建更完善的专业形式，在现代生产中可能恰恰相反。形式完善已经不取决于组织劳动的方法了，而是组织功能，即劳动组织体系要服从于非自生的新形式，这一新形式是发明创造的结果。这样一来，新形式本身才是第一位的，它能够在生活中呈现出来，让建立在科学成就基础上的技术思想体现在生产当中。正是新的形式本身有时要求按各自的生产功能对整个劳动分配体系进行根本改造。

武卉昕：看来，您所说"新形式"指的是建立在科学成就基础上的新的生产方式，这与马克思有关社会生产力的认识并不相悖。马克思说过，"社会的现实财富和社会再生产过程不断扩大的可能性，并不是取决于剩余劳动时间的长短，而是取决于剩余劳动的生产率和这种剩余劳动借以完成的优劣程度不等的生产条件"[1]。在这个领域内，自由只能是"社会化的人，联合起来的生产者，将合理地调节他们和自然之间的物质变换，把它置于他们的共同控制之下，而不让它作为盲目的力量来统治自己；靠消耗最小的力量，在最无愧于和最适合于他们的人类本性的条件下来进行这种物质变换"[2]。"这种发挥，除了先前的历史发展之外没有任何其他前提，而先前的历史发展使这种全面的发展，即不以旧有的尺度来衡量的人类全部力量的全面发展成为目的本身。……在这里，人不是在某一种规定性上再生产自己，而是生产出他的全面性；不是力求停留在某种已经变成的东西上，而是处在变易

---

[1]《马克思恩格斯全集》第25卷，北京：人民出版社1974年版，第924页。
[2]《马克思恩格斯全集》第25卷，北京：人民出版社1974年版，第924页。

的绝对运动之中。"[1] 在此基础上,马克思和他的继承者认为,在未来的社会,随着阶级的消除,人可以不靠外界奴役地劳动而获得自由和解放。对于这种基本观点,您或者当代俄罗斯学者是如何认识的?

拉 津:当代很多具有人文主义倾向的思想家对马克思有关人从直接劳动中摆脱出来,以某种方式创造性地运用于科学和活动中获得自由的思想给予很高的评价,尤其是弗洛姆(Eric Fromm)。弗洛姆将马克思的观点与基督教救世主义思想做了比较,尤其是与迈蒙尼德(Maimonides)的宗教规则做了比较。弗洛姆认为,与基督教和犹太教的拯救学说不同,马克思像迈蒙尼德一样不做出任何最终的末世论决定。人与自然的对抗被保留下来了,但是在人的监督下的必然王国的实现确实是可能的,"虽然它仍然是对必然的统治"。其目的在于"在这个必然王国里面,作为目的本身的人类能力的发展,真正的自由王国,就开始了。"[2] 即马克思所说的"以自我目的的人的力量的发展"。虽然我们不认同弗洛姆的观点,但他的认识还是持之有据的。

马克思的结论建立在他对物质生产发展逻辑的客观趋势的分析基础上。这一逻辑揭示了,最终是社会本身承担了社会成员的直接物质保障,而那种能够创造新技术的认知是生产继续发展的先决条件。如果在资本主义体系当中,每一种经济关系都有条件,那就应该有相应的组织体系。这个组织体系本身作为一个综合性的整体是完整的。它的完整性在于,它自己服从于社会元素或者创建它们无法创建的机构,有了这样的途径,历史发展就相应地变得完整。在致力于完整性方面,社会发展是以自我运动的方式实现全部条件,并且作为人本身的社会存在前提,实现人最终的自由完善。这就要求创建新的机构、新的技

---

[1] 《马克思恩格斯全集》第46卷,北京:人民出版社1979年版,第486页。
[2] 《马克思恩格斯全集》第25卷,北京:人民出版社1974年版,第924页。

术体系，组织生产的新方法。最终，社会长期发展的结果是，人不再作为机器的普通附属品，而是新思想和新形式的创造者。在致力于完备的生产当中，马克思认为，人在原则上具有改造自己劳动对象的新潜力。这样就要求每个个体的全面发展，并要求社会财产作为群体劳动成果呈现出来，以便积极迅速地实现社会整体发展。

武卉昕：您在社会历史发展与认知理论相统一的方法视阈下来解释各种理论问题。那么，运用这种方法，您又会对马克思恩格斯的伦理道德观念给予怎样的总体评价呢？

拉　津：马克思恩格斯对伦理学的认识包含在他们有关社会发展的总体观点中。他们希望能够克服资本主义条件下人对人的剥削状态，他们有关工人阶级解放条件的政治理论也服务于这一点。如今很多人正是因为马克思把工人阶级视为变革旧社会的主要力量，觉得马克思是错误的，从而认为从属于政治理论的伦理学也是错误的。但是不要忘了，在马克思生活的时代，工人阶级构成了发达国家居民的绝大多数，他们失去自己的财产，并且在艰苦的劳动条件下被组织起来。在这样的情况下，他们无意拥护资本主义社会。

当然，现在的情况发生了变化，广大劳动者、知识分子，甚至商业精英的代表都可以作为社会变革的力量。事实上，关于每个阶级的历史作用及其道德理论的正确程度，恩格斯曾有重要的论断。他认为，未来社会的主要创建者——工人阶级的道德是具有真理性的。这里需要指出的是，每一个先进的阶级，当他们在致力于宣传自己的生存方式和道德观念的普遍适用性和吸引力时，也努力在道德上作为杰出而独立的阶级走上历史舞台。他们不想迎合所有人的利益，相反，他们追求自身的优越性和英雄气度，他们有自己的道德认知。

恩格斯的思想对于当代社会仍有意义。那些想表达自身利益的社会阶层和团体一定会尽力追求平等，其中不仅仅是政治的平等，还包括经济地位和社会保障的平等。因此，他们的道德要求需要具有某种共同、普遍的表达形式，不受民族、宗教、阶级状况的制约而适用于所有人。

三、历史视野中的马克思主义伦理学和俄罗斯伦理学

武卉昕：从马克思的早期作品开始直到今天，马克思主义伦理学在170多年的思想历程中，在全世界范围内几代学者参与的研究经历中，始终伴随着理论多样性甚至是理论分歧。在结构形态上，广义的马克思主义伦理思想至少经历了多个发展阶段（部分），在这个过程中生成的伦理思想必然是多样和多义的。试图在"马克思主义伦理学"、"马克思主义的伦理学"、"马克思主义和伦理学"的宽泛历史发生中寻找伦理思想变迁的总规律和总特征，尤其是寻找各个时期不同伦理思想流派的断裂、继承和创新，是非常不容易的。您认为，在今天，尤其是在完整意义上的苏联马克思主义伦理学终结之后，马克思主义伦理学还可以构成一个完整的道德理论体系吗？在它内部还会有什么统一性的东西存在吗？

拉　津：我相信，毫无疑问，马克思主义伦理学可以构成一个完整的理论体系。因为它具备如下几个条件：

第一，马克思恩格斯提出了一种把人类社会发展作为自然的历史过程加以研究的研究方法。这种研究方法要求系统梳理世界历史范围内的马克思主义伦理学及其发展全貌，并对其进行理论述评。这是对

世界伦理学史的贡献，同时也丰富了马克思主义伦理学的理论体系。马克思主义伦理思想史，不是泛泛地对马克思主义伦理思想的研究，而是涉及历史学、哲学、人类学、社会学等学科门类，通过使用认识论、系统论等理论工具和运用辩证唯物主义、历史唯物主义、自然辩证法等特定方法，将历史学、伦理学的具体内容与思想史的发展融合起来，构成完整的马克思主义伦理思想史的学术体系，从而赋予历史以道德内容，赋予伦理以时代意义，更赋予思想以灵魂。

第二，马克思主义伦理学批判地吸收了以往思想家的理论观点。在马克思主义经典作家那里，实践的唯物主义作为伦理思想的方法论经历了从宏观到具体、从分析到行动、从选择到实现的过程。在这个阶段，马克思主义伦理学的方法论逐渐成熟。伦理社会主义和考茨基主义的兴衰、社会思潮的世俗化转向、实证主义方法论的影响，以及社会达尔文思潮的作用，客观上促成了历史唯物主义的道德观念在苏联的确立。在列宁那里，马克思恩格斯的道德理想被贯彻于社会实践之中。

武卉昕：欣喜于您如此肯定的认识，并给予令人信服的理由。此外，我还发现一个现象，就是苏联时期的马克思主义伦理学并不像人们通常想象的那样刻板。相反，在很多方面，都能够体现出它作为马克思主义伦理思想史乃至整个伦思想史的一个正常环节的特征。我们完全可以从中发现并未中断的伦理学传统。

拉　津：是的。马克思、恩格斯、列宁等经典作家有关道德的基本观点自不必说，其中包括了亚里士多德、康德和黑格尔等人的理论观点。我们从前很少注意到，苏联时期的马克思主义伦理学还有一些隐蔽的特色：即，在所谓的正统马克思主义范式中，仍有以德罗伯尼茨基（Олег Григорьевич Дробницкий）和索洛维约夫（Василий Соловьёв-Седой）为代表的康德主义，以索果莫诺夫(Юрий Ваганович Согомонов)和季塔连科（Александр Иванович Титаренко）为代表的黑格尔主义，以班德杰拉德泽（Гурам Давидович Бандзеладзе）和萨姆索诺夫娃（Татьяна Васильевна Самсонова）为代表的个人主义，以阿尔汉格尔斯基（Леонид Михайлович Архангельский），瓦西连科（Леонид Иванович Василенко）、舍尔达克夫（Владислав Николаевич Шердаков）为代表的价值哲学，以叶菲莫夫（Владимир Тихонович Ефимов）为代表的自然主义，以巴克史丹诺夫斯基（Владимир Иосифович Бакштановский）为代表的功利主义的存在。

可以说，以辩证唯物主义和历史唯物主义为方法论基础的苏联马克思主义伦理学，其内容是丰富的，形式也是多样的。从19世纪末20世纪初直到1990年苏联解体之时，马克思主义伦理学几乎走过了近一个世纪的路程，构建了完整的苏联伦理学，展现在其中的马克思主义伦理思想史具有相对完整性和内容的丰富性。后苏联时代的伦理学在研究内容、研究结构和研究团体上继承了苏联时代的马克思主义传统。此外，中国对马克思主义经典作家有关道德的基本观点研究、对马克思主义伦理思想史的总体论述、对个别国家和特定历史阶段的马克思主义伦理思想的系统研究、对中国自己的马克思主义伦理思想史的发展和贡献的介绍，也都是马克思主义伦理学作为完整体系的表现。

诚然，关于马克思主义伦理学的统一性问题并不容易解决。按历史脉络梳理出来的伦理思想是以"统一中的多样性"方式呈现的。把伦理思想的演变作为历史、社会和个人生活的复杂多样性的构成，使得研究者们往往只关注伦理思想发展的个别阶段或个别方面，而缺乏关于马克思主义伦理思想史的全面表述。最终的结果是，所有从事马克思主义伦理学研究的人，一方面从事各种各样的伦理问题研究，另一方面又对同一个问题有自己的特殊观点，由此导致马克思主义伦理思想研究具有"包罗万象"的特点。如何处理马克思主义伦理思想史内部关于伦理思想一致性的问题，是从事这项研究的所有学者的共同任务。这里不但涉及思想发展的一致性，还有哲学模式发展的一致性，甚至涉及价值观同一基础上的哲学方法的总特征。

武卉昕：我发现，您试图在统一中的多样里寻找伦理学发展的规律，在今天的俄罗斯伦理学界似乎形成了一种共识。在这样的认识中，我们能更清晰地看到伦理学发展的轨迹，无论是在世界伦理学的范围内，还是在俄罗斯伦理学的自身发展都是这样。您对这一问题的总结让人受益匪浅，因为我们也可以用这样的方法来看待马克思主义伦理学的发展，它在苏联之后是如何被继承的。就苏联和俄罗斯的学者来说，中国学界比较了解的是 20 世纪 60 年代的施什金（Александр Фёдорович Ши́шкин），70—80 年代的季塔连科以及 90 年代以后的古谢伊诺夫（Абдусалам Абдулкеримович Гусейнов）。他们对马克思主义伦理学的发展做出了重要的贡献。在您眼里，马克思主义伦理学发展史上还有哪些学者占据着重要的位置？

拉　津：苏联时期伦理学的蓬勃发展开始于 20 世纪 60 年代，应该说涌现了许多著名的研究者。但是，我只想谈其中的三位。我认为他们三位构建了自身独立的研究方向。

第一位是刚才提到的德罗伯尼茨基教授。在苏联（俄罗斯）伦理学中，他第一个构建了伦理学所要求的一般意义上的表达方式体系，即通过自己的自由选择，俄罗斯伦理学所应该具有的基本特征。这些特征在方法论上具有基础意义。德罗伯尼茨基曾说，历史证明，一些道德规范对于践行它们的阶层来说具有生死存亡的意义。他在1974年出版的《道德概念》[1]一书被认为是20世纪70年代苏联伦理学研究的最高成就。《道德概念》以历史—逻辑的方法系统论证了伦理学的理论结构和学术范式，突出了研究的实证主义，采用逐一列举法分析古今道德案例，最终得出规律性结论。这一方法深刻地影响了后来的苏联和俄罗斯的伦理学研究，成为后者的研究范式。直到今天，俄罗斯的伦理学研究仍然保留了对道德实践进行具体分析的传统。德罗伯尼茨基在学术研究中践行着"伦理学是科学"的学术导向，把全部道德概念当作哲学分析的对象，用科学的哲学方法解释道德范畴，论述其理论渊源。但是，德罗伯尼茨基的理论中仍然存在一些没有说明的问题，比如，为什么一个阶层世代遵循的道德准则最后并不能保证阶层的延续。显然，要说明这个问题，就需要对这些规范的目标取向或其形而上学理论进行再认识。

接下来要说的这位，是目前仍然健在的科学院院士古谢伊诺夫。他通过观察社会现实来揭示道德的产生，并着力考察人的行为动机，提出道德的产生与个人责任感的提升密切相关。这意味着人类行为基本规范的形成是一个渐进的转变过程，即从同态复仇（"以牙还牙，以眼还眼"）到道德金律（"己所不欲，勿施于人"）。事实上，在我看来，古谢伊诺夫是目前俄罗斯健在的最有名望的伦理学家。20世纪80年代中期之前，他坚持道德的社会性和阶级性，主张人道主义的现实性和客观性，为正义的革命提供道德论证。因此，他的伦理学创作是在正统的马克思主义伦理学的范围内进行的。但是到了苏联的改革时期，

---

[1] О. Г. Дробницкий, Понятие морали, М.,1974г.

古谢伊诺夫的伦理认识发生了转变，否定自己从前的理论，否认道德的阶级本质，转向认可道德的全人类本质，对人道主义的认识也从具体上升为抽象，并且批判暴力革命的合理性，主张政治上的非暴力伦理观，等等。[1]

第三位是季塔连科教授，苏联哲学和社会科学界享有盛名的杰出学者。他把道德视作一种把握现实的实践—精神方式，而现实与善恶相联，因此，人们就可以在一套稳定的价值评价体系中得出关于现实的善恶观念。当然，每个时代都有每个时代的道德意识，从而赋予这种价值评价不同的特征。季塔连科充分利用了形式逻辑的研究方法。在1974年出版的《道德意识结构》一书，季塔连科提出的"规范结构主义"就是对这一方法的充分利用，即将道德起源、道德规范、道德原则等基本理论范畴置于社会历史领域中，实现形式与逻辑的统一，反映出苏联的马克思主义伦理学从规范理论走向元伦理学的模糊轨迹。[2] 此外，季塔连科的那部影响广泛的《马克思主义伦理学》[3] 则以辩证唯物主义和历史唯物主义的总方法为前提，论述了很多重要的伦理学范畴，如道德价值、道德理想、道德活动、道德品质、道德教育等。这部作品在结构上的完整性和内容上的系统性使得初学者也能掌握伦理学的基本规律。

武卉昕：是的。我也发现了。在俄罗斯的各大文献资料中心里，德罗伯尼茨基和古谢伊诺夫的成果往往占据显著地位，尤其是德罗伯尼茨基那本《道德概念》，几乎完整建构了马克思主义伦理学的理

---

[1] 武卉昕：《苏联马克思主义伦理学兴衰史》，北京：人民出版社2011年版，第173—178页。

[2] А.И.Титаренко, Структуры нравственного сознания, М., 1974г.

[3] А.И.Титаренко, Марксистская этика, М., 1976г.

论体系，是苏联时期不可多得的一本伦理学著作。那么，在世界范围内，您觉得还有哪些学者或流派对于马克思主义伦理学的发展具有代表意义？

拉　津：西方思想家中首先值得注意的是法兰克福学派。众所周知，它是具有马克思主义基因的学派。这首先要提到弗洛姆。他写过许多关于异化及克服异化的作品。但是，与马克思不同的是，他没有将克服异化与经济方面的条件联系起来，而是首先与意识的改变联系起来，即，从立足于"拥有（的物质）"向立足于"日常生活"转变。

这里还应该提一下阿佩尔（Karl-Otto Apel）和哈贝马斯（Jürgen Habermas）。他们构建了自己的理论体系，即交往（话语）伦理学，成为最著名的现代伦理学理论之一。其理论基础是人类社会应该摒弃战略决策——因为实施这种行为要么会带来威胁，要么需要有所承诺——而要向共识基础上的协商决策方式转变。

还应该注意的是匈牙利社会学家卢卡奇（György Lukács）的观点。卢卡奇的研究成果主要关注异化。而要克服异化问题，卢卡奇指出，要通过提升无产阶级的阶级自觉意识来解决。但根据他的观点，这个过程需要自然地进行，不可能指望像在传统的马克思主义那里发生过的一样，通过某个人从外面把革命的意识带进工人阶级的内部。也就是说，借助外部影响力是不会形成革命意识的。卢卡奇坚决反对经济决定论。他认为，现实本身包含各种不断变化的可能，采用哪种需要尊重人的自由选择。当然，在这种决定论问题上指责马克思，未必行得通。

四、马克思主义伦理学的未来

武卉昕：您一定注意到了，在当代马克思主义的研究中，一种针对应然的社会状态展开伦理论证的规范性研究正在成为趋势。在目前俄罗斯学界，情况也是这样。那么，对于目前在世界范围内日益兴起的这股研究潮流，您怎么看？

拉　津：马克思所研究的这种复杂社会的各种关系，其形成不是取决于人的意志和意识，而是通过他们的意志和意识。马克思的研究发现包含巨大的潜力和价值，其中当然包括伦理学和法学等方面的研究价值。如我前面提到的那样，人们如何能够生活在一个他们并不理解而且最终可能无法完全理解的现实社会中，对这个问题，马克思在根本上给了答案——他们以实际行动适应现实，但并不是通过简单的试错方法，而是通过有意识的社会历史创造。

在社会中，毫无疑问会有一些特殊而理想的联系，它们能够保障人与人之间值得信赖的关系，能够使他们形成共同的行为动机，以创建同样的价值观念体系。就本质而言，这些联系已经不仅仅是一种思想，而是交往的实际形式。它们牢固地根植于社会意识的主体思维当中，并且在具体的实践中受到专门的社会制度的保障，从而在法律调解体系中占据一定的位置。这一点是建立在马克思的方法论思想上，它使得我们可以继续研究当代社会规范的创造过程。事实上，科学性和规范性从来就不是对立的。只是在不同的历史时代，出于不同的社会要求，对此会有不同的判断和倾向。当代出现的一些棘手问题使得人们需要更多考虑规范性和科学性之间的兼容性。但是，以理论的科学性来否认现实的价值性则是荒谬的。任何一种理论或问题，要认识并解决它，都必须具备一定的价值预设。这是今天的条件让我们重新认识的东西。

武卉昕：是的，正像您说的一样，科学性和规范性从来就不是对立的。只是在这样一个矛盾层出不穷的历史时代，社会对人有更多更新的要求。那您自己在研究中是如何处理规范性的问题呢？

拉　津：在研究工作中，我延续着这样一条逻辑，即探索和发现包括道德规范在内的非制度性规则的生成特征，其中包括阶层本身的形成。道德规范实际上是通过对某些规范性思想的价值评价来实现的。这些规范性思想在经过历史的验证之后就会成为社会的规范。因此，对公共生活的反映就是在理解新的现实，而对新的规范性观点的检验就是在建构新的现实。这其中也包含着以精神—实践的方式来把握实际的方法论本质。

武卉昕：您在前面提到，后苏联时代的俄罗斯伦理学研究在很多方面与苏联时代保持了继承关系。基于具体的要素，当代俄罗斯的伦理学发展仍然延续着某些马克思主义的传统。那么，您能从这个基础出发，预测一下未来 30 年马克思主义伦理学的发展趋势和可能的形态吗？

拉　津：是的，作为苏联时期的马克思主义伦理学的延续与转向，作为世界伦理学发展轨道上的重要组成，当前的马克思主义伦理学将在探索新的理论方案中继续发展。毫无疑问，这仍然是一些如何在新的条件下继续致力于探索解放劳动人民和摆脱劳动异化的方案。

但是，人们现在会面对一些新的道德问题，如全球生态危机、消除战争威胁，还有，如生物医学伦理学中的安乐死和器官移植问题，利用当代的技术来延长生命问题，等等。这些都可能是产生新的不平等形式和新的贫富差别的原因。今天，俄罗斯的伦理学者对应用伦理学进行了细致的分类：生物伦理学、生态伦理学、经济伦理学（有时与管理伦理学重叠）、政治伦理学、科学伦理学，等等。其中，研究水平最高的是生物医学伦理学，它源于俄罗斯深厚的生物学和医学研究基础。在俄罗斯，生物医学伦理学已经成为哲学学科的一个重要的分支，俄罗斯每年都会举办相关的大型学术会议，发行多种专业期刊，相关文章和著作也很多。生物医学伦理学的基本任务是为生物医学实践中一系列复杂的道德问题提供价值立场和解决办法。而当代俄罗斯的相关研究则倾向于科技发展背景下的人文关怀：维护重患的权利，促进保健权的公平，协调人与动物的关系，论证堕胎、避孕和人工授精技术、人兽试验、器官移植、干细胞移植的伦理合法性，对死亡诊断的批判性分析，把握克隆的伦理尺度、探索临终关怀的方法，论证自杀和安乐死的道德依据等。与其他很多国家（包括中国）不同，俄罗斯的生物医学伦理学是哲学伦理学中的独立分支，这就增加了这项研究的专业性和规范性。严格的学术划分避免了一些机构既当运动员又当裁判员的双重身份，在更大程度上保证了伦理评价的公正性。总之，新的问题还很多。但是我认为，马克思主义理论的方法、马克思主义理论的人道主义指向能够顺应时代的需求，并能够为这些新的问题提供有效的解决之道。

武卉昕：感谢您提供了如此宏大的伦理叙事。您将认知理论与历史发展结合的方法论以及在这一方法指导下对于历史理论视野中道德发展规律和道德问题的探索、对于经典作家道德观念的解读、对于马克思主义伦理学和俄罗斯伦理学发展规律及趋势的分析显得卓尔不群，令人耳目一新。三年前，您来中国，到北京、上海、南昌、哈尔滨讲学，作为您的随行翻译，我的收获特别多，您论述问题时进得去出得来，一步一步将问题说清楚的表述方式让我一直受益。再次感谢您接受我的访谈。期待您再来中国！

拉　津：是的，谢谢您当时的帮助和出色的工作！我非常期待能再有机会与中国学界的朋友们交流！

尊严、公共性与物化理论
——访日本一桥大学加藤泰史*教授

魏 伟**

加藤泰史教授是日本知名的哲学伦理学家，担任日本哲学会会长。近年来，他关于"尊严"概念的研究不仅对日本的应用伦理学等研究领域产生了影响，也通过跨文化比较研究给欧洲的尊严概念研究提供了新的视角。2018年7月，魏伟博士在东京对加藤泰史教授进行了访谈。在访谈中，加藤教授简述了自己以"尊严"概念为核心的伦理思想，结合翻译问题阐述了对"世界哲学"的理想与期待，批判并澄清了学界对"公共性"和"市民社会"的种种误解。最后，他结合日本学界的学术积累和当今世界的状况，对以"物化理论"为中心的马克思主义伦理学提出了自己的展望。

---

* 加藤泰史，日本一桥大学社会学研究科教授。
** 魏伟，日本一桥大学社会学研究科博士研究生。

一、尊严概念与世界哲学

魏　伟：加藤教授，您好！非常高兴您能接受这次访谈。您现在担任日本哲学会 (The Philosophical Association of Japan) 会长，是日本哲学伦理学界的代表人物。我知道您早年主要研究康德，也同时关注费希特及哈贝马斯等德国近现代哲学。但是学界同仁对您的印象或许更集中于您创立的日德应用伦理学协会 (Deutsch-Japanische Gesellschaft für Angewandte Ethik) 和您对"尊严"概念的研究。您近年来将"尊严"概念置于您伦理学理论的核心，主要专注于对"尊严"概念的研究。我听说今年您再次获批了一个新的大型研究项目，新项目的课题是"构筑尊严概念的全球标准"，在此先向您表示祝贺！这也可以说是对您和您的团队长期以来的研究成果的承认。您的研究不仅代表了"尊严"概念研究的世界最高水准，而且也是为数不多的从西方以外的视角对"尊严"概念进行批判性检讨的实践。正如您一直指出的那样，"尊严"概念既不是一个日本文化或是东亚文化中的原生概念，也没有在日本的宪法和法律中（像德国基本法或是欧盟宪法那样）占据中心地位。因此我很好奇，是什么原因促使您开始关注"尊严"的问题呢？希望您简单地跟我们介绍一下您研究"尊严"概念的起因。

加藤泰史：日本的应用伦理学，特别是生命伦理学，可以说是以1968年札幌医科大学心脏移植事件为起点的。[1]这个事件因为没有得到医生协会的协助，在疑团重重之中以不起诉而告终。然而伴随着这个事件，"姗姗来迟"的生命伦理学终于在日本开始发展起来。而随着日本政府着手制定《器官移植法》，日本社会逐渐对"脑死亡"、"器官移植"等生命伦理学问题产生兴趣。在这样的背景之下，当时千叶大学的加藤尚武教授开始致力于介绍和引进美国的生命伦理学，我的很多同学和朋友也参与到了当时的翻译工作之中。这些朋友也构成日后日本生命伦理学乃至应用伦理学研究的骨干。

但是，就我个人而言，并没有从这个阶段开始参与应用伦理学的研究。这是因为当时日本学界过于重视引进和翻译美国的学说，却并没有对这些学说进行足够的批判。在探讨"脑死亡"等生命伦理学的具体问题的时候，"人格论"风靡一时，但是我却并不赞同将人格问题当作生命伦理学的核心议题。在我看来，当时的很多生命伦理学理论，仅仅是附和医生对这些热点问题的观点，将医生的观点在伦理学中进行正当化罢了。不过，即便是在当时，也有不一样的声音发生。比如米本昌平的《生命伦理学》[2]，就给日本的生命伦理学的发展带来了影响。

作为日本生命伦理学的"启蒙读物"之一，加藤尚武编纂的《生命伦理学的基础》是一本非常出色的论文集。[3]在这本论文集中，

---

[1] 札幌医科大学心脏移植事件，又名"和田心脏移植事件"。1968年8月8日，札幌医科大学教授和田寿郎团队实施了日本的第一例心脏移植手术，在日本社会引发了巨大的反响。札幌检方一度以杀人罪、业务过失致死罪（相当于我国的医疗事故罪）、故意毁坏尸体罪，对和田寿郎展开搜查，但是最终因证据不足没有起诉。作家渡边淳一当时与和田寿郎是同事，其小说《白色宴会》就是以这例心脏移植手术为原型创作的。

[2] 米本昌平，『バイオエシックス』，講談社，1985。

[3] 加藤尚武·飯田亘之編，『バイオエシックスの基礎』，東海大学出版会，1988。

SOL(sanctity of life)就被翻译为"生命的尊严"。不过当时并没有人对这个译法提出异议。此后，受当时札幌学院大学的高田纯的论文，以及时任广岛大学教授的山内广隆编纂的《当下的德国应用伦理学》的影响，我开始对德国的应用伦理学产生了兴趣。[1] 我特别关注如何批判性地接受先进科学技术和先进医疗技术的问题，德国应用伦理学对这类问题的争论十分新鲜，其中不少观点都让我感到很有共鸣。这些争论中的批判性态度，与我原本研究的康德哲学存在共通之处，都具有道义论的问题结构。2004年我旁听了哈贝马斯在京都奖颁奖典礼上的获奖演说，并以这次演说为契机，对米夏埃尔·宽特（Michael Quante）和迪特·比恩巴赫（Dieter Birnbacher）等人也产生了强烈的兴趣。在他们的理论中，"人的尊严"不但是伦理学的中心概念，也是批判性接受先进医疗技术的关键概念。正是从这个时期起，我开始研究应用伦理学，并以"尊严"为中心开展研究。在这个过程中，我认识到了分别在德国的哲学脉络和神学脉络中探讨"尊严"的重要性，也发现了将SOL译成"生命的尊严"所导致的问题。但是，这并不应该被单纯地理解为翻译错误。因为在更深的层面上，这其实也是一个不同文化之间相互理解、相互交流的问题。

魏　伟：您谈到了"尊严"概念在德国生命伦理学中的重要性，您自身也是受到德国伦理学者的启发而将"尊严"视为研究的核心。但是，我注意到您提到说SOL，也就是"生命的神圣性"这个术语，一开始在日语里是被翻译成了"生命的尊严"。这至少表明，日本和西方对"尊严"的定义并不是完全相同的。所以我想请您具体谈一谈，

---

[1] 山内廣隆编，『ドイツ応用倫理学の現在』，ナカニシヤ出版，2002。

对于现代日本社会而言,"尊严"概念能够在哪些方面提供重要的启示?或者说,对于"尊严"这样一个根植于西方文化中的概念,在日本对其进行研究的意义与价值体现在哪里?

加藤泰史:日本生物伦理研究受功利主义影响很大。然而,特别是现在的偏好功利主义者,很多时候是站在"管理者"的角度思考问题的,对社会中的弱势群体关注太少。我认为"尊严"这个概念,无论是用于反思受功利主义影响的现代日本思潮,还是对思潮中呈现出来的种种问题进行具体揭露,都是最合适的。当然,之前研究康德哲学的经历,也影响了我这个观点形成。在日本,虽然宪法中有"个人的尊严"这个说法,但是,作为一个规范性的概念,尊严是否在现代日本社会正确发挥了它的功能呢?很遗憾,我并不这么认为。"个人的尊严"到底是如何被写入日本宪法的?这段历史目前并不明了。但是现代日本社会确实正陷入一种越来越严重的闭塞状况,经济上的贫富差距非但没有得到缓解,反而越来越严重。在这样一个连最基本的人权都难以得到充分保障的状态下,如何能构筑一个"civil society with a human face"(有人情味的市民社会),这可谓是现代日本的迫切问题。关于这一点,我之前关于贫困问题的论文曾经进行过详细的探讨。[1]这也是对日本的战后民主主义进行重构的一种尝试。

"尊严"是一个源自欧洲的概念。根据现有的证据,我们只知道"尊严"这个译法形成于江户时代末期到明治初期,也就是19世纪中后期。但我们仍不知道具体是谁、在什么时间,将"dignity"翻译成了日语的"尊严"。无论这个概念是否起源于欧洲,人类社会都有必要主动接纳这个重要概念,并且不应排斥在接纳的过程中为它增添新的

---

1 加藤泰史,「現代社会における「尊厳の毀損」としての貧困」,日本哲学会編『哲学』,60号,2009。

含义。与此同时，寻找日本传统思想中与"尊严"相似的概念，挖掘传统思想资源中与"尊严"对应的概念，我认为也是非常有意义的。这类的比较文化研究不仅能够对解决日本社会的问题做出贡献，也能赋予尊严概念更丰富的内涵。

魏　伟：您刚刚提到说"尊严"是在明治维新前后通过翻译引入日本的概念。这也正是我接下来想询问您的问题。在您探讨"尊严"概念史的论文中，您提到了在日本，"尊严"常常被理解为"有……的样子"[1]。这或许就可以算是一种对"尊严"的误解。在哲学伦理学研究的过程中，如何确切地翻译一个概念而避免造成误解，也是中国的哲学研究者一直面临的一个挑战。我想请您谈一下您自己或者日本学界是如何克服在哲学翻译中的种种困难以便减少误解的呢？哲学翻译中出现的"误解"问题，是我们这些非西方文化特有的问题？还是在西方同样普遍存在？

加藤泰史：确实，我认为"尊严"概念在日本还没有得到足够广泛的认知。而且"尊严"这个词汇在日语里也存在着一些独特的用法和含义。但是，我刚刚也谈到，我们不应排斥在接纳新概念的过程中为某个概念增添新的含义，因此，我不希望将这些日本独特的用法视为对尊严概念的"误解"，却忽视了这些用法背后的问题。相反，譬如震惊日本社会的"相模原福利院杀人伤人案"发生后，东京新闻的报

---

[1] 日语是"らしさ"。这个词汇含义丰富，很难用一个确切的汉语词汇进行翻译，加藤教授在论文中曾将这个日语词汇暂行翻译为 likeness（英）/ Wieheit（德）。在日语语境中，譬如"老人的尊严"时常被理解为"有老人样"（高龄者らしさ），"女性的尊严"时常被理解为"有女人样"（女らしさ），因此，在这里我将此类用法统一译为"有……的样子"。

道里出现了"残疾人固有的尊严"的字样。[1]再譬如，在评论对麻风病人的歧视问题时，日本社会也有人提出了"患者的尊严"。这些都可以理解为"尊严"概念正逐渐在社会中得到认知，得到普及。

在我以尊严概念为主题所获得的日本文部科学省的课题研究中，我也在关注18世纪德语文化圈对斯宾诺莎哲学的接受史。众所周知，斯宾诺莎思想在18世纪的德国一度被当成了"toter Hund"（死狗），斯宾诺莎以及斯宾诺莎主义也被视为危险思想而遭到禁止。虽然斯宾诺莎的思想在后来的德国唯心主义哲学中得以重见天日，但是德国哲学界接纳斯宾诺莎的历史，其实就是一段"误解"斯宾诺莎的哲学史。斯宾诺莎的哲学为什么没有在荷兰或者法国，而偏偏在德国得到了复活呢？这是一个非常有趣的问题，我认为这与德国的文化，特别是德国特有的自然观息息相关。而在这个基础上构筑出来的针对斯宾诺莎的解读，正可谓是"误解"的典型。可以说，德国文化圈对斯宾诺莎的种种误解不但影响了德国启蒙主义，也对康德哲学和德国唯心主义的确立做出了贡献。这不由得让人对从"误解"中诞生出来的丰富的哲学思想击节赞叹。

魏　伟：您提到了德国对斯宾诺莎的接受史其实是"误解"斯宾诺莎的哲学史。也就是说，至少在18世纪中后期的德国，在阅读诠释

---

[1] 事件全称是"相模原残疾人福利院杀人伤人案"。2016年7月26日，日本神奈川县相模原市的县立智力障碍者福利院"津久井山百合园"前职员植松圣潜入该福利院，持刀伤人，致19人死亡26人受伤。若按死亡人数计，是二战以来日本最惨重的杀人案。犯罪嫌疑人植松圣案发前曾致信日本首相和众议院议长，在信中表达了自己的优生学思想；案发后也在推特上写下了"愿世界和平。beautiful Japan!!!!!!"，认为自己屠杀残疾人的犯行是为国家"做贡献"。案发后多家媒体及评论人士援引联合国《残疾人权利国际公约》，表示应该尊重"残疾人固有的尊严"。访谈中提及的报道是2016年8月29日东京新闻的专栏。

文献时，也存在因文化差异而产生的误会。您也特别提到说，这种误解很可能是源于德国独特的自然观与斯宾诺莎哲学之间的某种结合或者说共鸣。看得出来您总体上对这种误解是持肯定态度的，但是作为哲学伦理学的研究者，我们仍然会不时面对"没有正确理解文本"的指责，您认为我们应该怎样在"正确理解"和"创造性的误解"中进行取舍？

加藤泰史：我刚刚已经提到了，在西方哲学史上也存在"误解"的现象。甚至对斯宾诺莎的误解还深刻影响了近代哲学史中的一个关键时期。因此我们完全没有必要害怕"误解"先哲们的思想。但是，这并不意味着我们可以天马行空地对先哲的文本进行肆意的解读，而是说在进行哲学研究时，我们没有必要过度担心误解的问题。我认为，翻译哲学典籍的努力就是避免肆意解读或误解的关键。具体到日本而言，就必须要谈谈明治时期的翻译家们所付出的辛劳了。可以说，每个时期的翻译恰恰代表了当时对文本的理解程度。比如，在二战前，天野贞祐就翻译了《纯粹理性批判》，由此日本学界的康德研究就进步显著。而在二战后，立松弘孝翻译了胡塞尔，由此日本的现象学研究水平也随之突飞猛进了。

你刚才问我翻译问题是不是东方文化，或者说非西方文化特有的问题。其实在西方学界同样存在类似的问题。譬如，康德的英译本就仍有很多问题。去年夏天，我在一桥大学主办召开了以"康德的尊严概念"为主题的研讨会，日、德、英、美的哲学家在会议上都做了研究报告。在讨论环节中，德国的学者就曾多次指出康德英译本中的种种问题。对于他们指出的这些问题，我自己也深感赞同。在去年9月，日本哲学会和中国社科院共同主办的"中日哲学论坛"上，我也就翻译问题做了发言。当时，我比较了18世纪德国的翻译思想和 20 世纪日本的翻译思想，特别关注了赫尔德（Johann Herder）与和辻哲郎。

有意思的是，在积极引进外来思想的国家，翻译理论也会随之得到发展。我认为用母语做哲学，用母语进行思考，是非常非常重要的。但是在这个过程中，翻译的重要性不言而喻。最后我还想补充一点：我非常期待可以促成中日两国的哲学术语翻译的统一，希望今后两国学界能够携手探讨这个问题。

魏　伟：您对哲学研究中"误解"问题和翻译的重要性的解释，令人耳目一新。特别是您倡议中日两国在哲学术语的翻译上达成一致，我也深有同感。真的希望有朝一日能够实现。您刚刚高度评价了明治时期翻译家们的贡献。事实上，您想必也知道，像西周翻译的"哲学"以及脱胎于《易经》的"形而上学"等等专业术语，不仅日本在使用，也被当时留日的学生带回到了中国。可以说，当时的翻译家们，凭借着高超的哲学功底和汉学功底，在诸子百家的典籍中找到了东亚文化中的类似概念，进而创造出贴切的哲学术语。一方面，这种翻译方式让西方抽象的哲学概念更"接地气"；但另一方面，这也难免会给概念原本的含义带来一些扭曲。请问您是如何评价原义和翻译之间的张力关系的呢？

加藤泰史：我认为我们应该积极看待这种张力关系。在我的研究团队里，研究日本思想的清水正之教授，通过分析和辻哲郎的伦理学而关注日本传统思想中的"尊贵"概念及其与"尊严"概念之间的相似性。清水教授的分析还没有发表，我准备邀请他就这个问题写一篇论文。此外，研究中国思想的小岛毅教授，去年以《东亚传统思想中的尊严》为题发表了一篇论文。[1] 小岛教授分析了朱子学中的"本然之性"这个概念，认为朱子学通过强调人与动植物共通的"性"而阐述生命的存在价值应当得到保障，这表明朱子学中的"性"其实就相当于我们现在所谓的"尊严"。两位教授的观点都非常有启发意义。当然，这并不是主张说，"性"就等于是"尊严"。重要的是通过这样的对比，找到我们的传统思想中与西方"尊严"概念的相通之处。日本传统思想中的这种相似概念，恰恰是日本现代社会接受"尊严"的思想基础。我现在的科研课题正试图在这种张力关系之中构筑"尊严"概念的国际标准。

魏　伟：也就是说，在您看来，哲学翻译并不仅仅是一个单纯引进哲学概念的过程，也是发展本国独特的哲学并对世界哲学有所贡献的过程，是吗？您能具体谈谈这个过程将会如何对西方哲学乃至世界哲学作出贡献吗？

加藤泰史：我认为中国、日本等非西方国家的哲学研究者，也应该对西方哲学和伦理学的发展做出积极的贡献。无论是柏拉图哲学、康德哲学，还是马克思哲学，都不仅仅是西方的财产。在我看来，中日两国的哲学家们有义务去证明这一点。而且，东亚的哲学家们也确实有这样的实力。我认为，东亚学人通过积累而逐渐为西方哲学和伦理学发展所做出的贡献，有朝一日必将使日本和中国的传统思想也被正视为"世界哲学"的重要组成部分，从而得到应有的重视。但是在现阶段，我们还是习惯于用西方哲学的表达方式来对东亚的传统思想进行重构。当然，这样一个重构的过程也是必要的，如果仅仅将东亚

---

[1] 小島毅,「東アジア伝統思想の「尊厳」」,『「尊厳」概念のアクチュアリティ』, 思想1114, 2017。

的传统思想原封不动地拿出来，反而可能会削弱它们本该具有的影响力。无论如何，我们的目的并不是争夺哲学思想的中心地或发源地这样一个名号，而是展现出东亚学人的一种姿态，即在"世界哲学"这一理念下，站在非西方的视角而对哲学做出贡献的一种姿态。日本和中国需要这种姿态。在未来，它或许将会大幅改写西方的哲学史，从而使得真正的"世界哲学史"成为可能。当然，有部分西方学者也在试图克服哲学史记述中的"西方中心主义"。据我所知，德国的汉斯·施杜里希(Hans Störig)在2003年出版的《世界哲学史》(*Kleine Weltgeschichte der Philosophie*)[1]一书，就是从印度哲学和中国哲学开始记述的。我期待，今后能够涌现出更多这样的论著。

---

1 [德]汉斯·施杜里希：《世界哲学史》，吕叔君译，南宁：广西师范大学出版社2017年版。

二、公共性与市民社会

魏　伟：关于"世界哲学"的话题非常引人入胜。不过，让我们还是继续讨论伦理学的研究。刚才，我们更多集中在生命伦理学领域，接下来我想将话题转向另一个与伦理学息息相关的领域——政治哲学。我知道，您在研究尊严问题之前，就一直关注"公共性"问题。今年年初在清华大学欧陆哲学论坛的演讲中，您援引康德而着重阐述了在一个重视"人的尊严"的社会中，"理性的公共运用"发挥着至关重要的作用。因为在这种社会条件下，"官方的/国家的"和"公共的"之间构成了一种张力关系。那么，您能首先谈谈这两者之间究竟有何区别吗？

加藤泰史："官方的/国家的"在传统意义上被称为"公"或者"官"，它的出发点是国家或政府，其指向是自上而下。因此，譬如内阁总理大臣（首相）、政府机关的管理等，都是与"私"人相对的"公"人，也就是我们平常所说的公务员。这些人掌握着各式各样的权力和权限。在日本，江户幕府时代的公权力源泉是将军，从明治维新到二战期间，这个源泉变成了天皇。战后日本社会虽然名义上形成了"三权分立"的体制，但是三权之中的行政权格外强大，立法权和司法权实质上都从属于它，因此公权力的源泉可以说是内阁总理大臣。当然，按照日本宪法的精神，公权力的源泉理应属于立法权，不过我认为日本政治的真实构造并不符合宪法的精神。

与此相反，"公共性"源自人民，其指向是自下而上。这里所谓"人民"，并不一定就是指平民百姓或民间人士。或者说，这里讲的"民"或"人民"并不是相对于"官方"的"民"。譬如，日本财务省的主记局局长[1]，如果他不站在职务立场，而是以一个普通人的身份来发言或行动，那么就可以说他的行为是"公共运用"。当然，这种情况也适用于普通企业员工。如果一名公务员或一名企业员工放弃自己的职务立场，而仅仅以一名普通人的身份对自己所在部门的内部情况进行发言，那么他的发言内容很可能就是"内部举报"。而理性的公共运用，正是一个可以让内部举报行为得以正当化的概念。这种"公共性"在出现问题的时候就会挺身而出，发挥作用。

因此，"公共性"是政治性的，而且无论对政府还是对企业都持一种批判性态度。于是，在被称作"国家"的"公有"空间这样一个物理空间之中，有一个"公共"空间得以形成。并且，这个"公共"空间比国家的范围更宽广。这里所说的"宽广"并不是物理意义上的宽广，而是说，在这里，一个国家的市民有了能跟另一个国家的市民同心协力、携手奋斗的可能。也就是说，"公共"空间不会被国界束缚；在本质上，它是超越国界的动态空间。如果在某个国家，"公共"空间不能正常运转了，那么这个国家的视野就会变得狭隘，滑向独裁，最终其"官方的/国家的"政治也就会失去效用。因此，在国家内部能够给让"公共"空间正常运转的构造，可以被称为"制度化的制度化"

---

[1] 相当于中国财政部预算司司长。今年上半年日本财务省再度被曝出以不正当价格将国有资产转让给"森友学园"的嫌疑。时任的财务省主计局局长被疑与该事件关系密切，因此受到日本媒体和国民的普遍关注。

（institutionalization of institutionalization）。支撑这个"公共"空间的，一方面是教育，一方面是新闻业和媒体。因此，"公共性"与言论自由密不可分。

同时，制度化的制度化常常以"尊严的丧失"为起点。当"尊严的丧失"被政治化了，制度化的制度化也就开始了，"公共"空间也正是在这个过程中逐渐形成的。这些论证都可以在康德的政治哲学论著中找到。

魏　伟：在"官方的/国家的"和"公共的"之间的张力关系背后，潜伏的是国家与市民社会之间的张力关系。我好奇的是，康德强调的"公共性"或"公共领域"与黑格尔或马克思强调的市民社会，虽然十分相似，但并不完全等同。这或许就是为什么康德相信"理性的公共运用"可以变革政治体制，包容市民公共性中的"他者"，而马克思则将"他者"问题或"异化"问题视为可能诱发"政治革命"的危机。您是如何理解"公共领域"和"市民社会"之间的关系的？

加藤泰史：过去，日本的主流观点认为，我们刚才说的"公共"空间的实体就是"市民社会"。我认为这种理解方式，反而削弱了"市民社会"的生命力。就日本来说，这种思想的主要支持者之一就是日本的市民社会派马克思主义，而他们在论述市民社会时都借鉴了黑格尔的思想。但是，黑格尔的"市民社会"并不能等同于"公共"空间。黑格尔归根结底还是从经济角度理解市民社会的。正因如此，他才会把市民社会视为一个"欲望体系"。相反，康德的"公共性"本质上是政治的，是要针对现实中出现的问题一一进行回应。用我的话来说，这些问题都是关乎尊严丧失的政治问题。因此，"公共性"要求人民拥有政治意志。否则，"公共"空间就很难确立。在这个意义上，"公共"

空间的确立也受到市民文化程度和思想觉悟的影响。对日本学界来说，即便是马克思主义式的"市民"定义，也主要是着眼于生产问题来解剖市民社会，所以总体上说，以经济为中心的观点仍然比较强势。这就是将"市民社会"误解为某种实体的原因所在。而以"生活世界"这种更为关系性的方式来理解"公共"空间的哈贝马斯，其考虑可能更为恰当的。不过，即便是哈贝马斯的"公共"空间，也仍然有某种实体的性质。

"市民公共性"是一种不断接纳"他者"的动态过程，也是不断容纳"他者"的空间。如果在"市民公共性"中出现了"他者"，那也就不能称之为"公共性"了。接纳被法律制度制造出来的"他者"，并让这个过程成为新制度的立脚点，正是"市民公共性"的使命。而让"市民公共性"能够正常运转，则是哲学伦理学的奋斗目标。当"市民公共性"运转失灵之时，也就是战前的大日本帝国或纳粹德国那样的社会改头换面重新降临之日。

魏　伟：您强调了"公共性"的政治属性，强调了公共领域并非某种实体，而是一个可以不断扩张的动态过程。在这里"动态"似乎是您主张的核心所在：也就是说，制度总会制造出"他者"，因此我们必须不断地通过理性的公共运用让制度变得更完善。您将这个动态过程称为"制度化的制度化"。那具体来说，您怎样看待通过"理性的公共运用"或"政治革命"的方式改变政治体制的利与弊？

加藤泰史：如果你说的"政治革命"包含法律制度的停摆，那么，政治革命就与理性的公共运用完全不同。理性的公共运用是在维持法律制度运转的基础上推行社会变革。无论法律有多么糟糕，也比没有法律的状态要好得多。乍看起来，通过革命而彻底地重塑法律制度体系是一条捷径，但是在法治状态停摆的时候，妇女儿童等社会中的弱势群体却往往更容易受到侵害。欲速则不达，反而绕了弯路。德国的学生运动最终选择"制度内长征"(langer March durch Institutionen) 的战略，通过市民运动推动社会变革，经过长时间的努力最终让绿党的约瑟夫·费舍尔 (Joseph Fischer) 等人进入了政权。我认为这个模式是一种非常有借鉴意义的政治实践。正是有这样的学生政治运动，才能够正面回应弗里茨·鲍尔 (Fritz Bauer)，使法兰克福奥斯维辛审判成为可能，从而创造出一个能够正面追问本国国民战争责任的德国社会。[1] 可以说，正是这种社会环境最终形成了以理查德·冯·魏茨泽克 (Richard von Weizsäcker) 的"荒野的 40 年"演讲为代表的社会共识。[2]

相较之下，与德国一样曾经作为战争加害国的日本，现状就太让人心寒了。曾经在学生运动中活跃的"全共斗一代"大多背弃了当年的初衷。曾经振臂高呼"大学解体"的学生，现在却被校长们笼络，妨碍大学自治和学术自由。而且，日本社会非但没有直面自己国家的战争责任，反而试图遗忘曾经是战争加害国的事实。政治没有发挥应有的功效。各种歧视问题非但没有得到解决，而且某些政治家的言论反倒助长了歧视问题。但是，即便身处在这样糟糕的状况下，我认为也不应感到绝望。我们将"市民公共性"和"尊严"问题结合起来思考，就可以提供一个改变现状的契机。"尊严"这个词在日本社会逐渐

---

[1] 法兰克福奥斯维辛审判，在德国通常被称为"der Auschwitz—Prozess(奥斯维辛诉讼)"或者"der zweite Auschwitz（第二次奥斯维辛审判）"，指 1963—1965 年在法兰克福进行的一系列审判。检察官弗里茨·鲍尔为首的原告方在法兰克福法院提起诉讼，要求追究在奥斯威辛集中营工作过的部分工作人员的责任。因为该诉讼中的被告并未被纽伦堡国际军事法庭追责，因此被视为德国对纳粹罪行进行反省和清算的代表。

[2] 指魏泽克于 1985 年 5 月 8 日，即第二次世界大战欧洲战场结束 40 周年纪念日，在德国联邦议院演讲。该演讲在日本出版时被冠以《荒野的 40 年》之名，一度成为畅销书，为日本民众所熟知。

得到普及；我个人也非常期待能够以"尊严"为支点，在日本社会中建构出真正的"公共性"。

魏　伟：您谈到了您对日本社会的忧虑与期待，也谈到了德国社会的经验对日本的借鉴意义。但是，如果看一看世界各国的政治动向，我们就会发现，不仅在日本，而且在美国或欧洲，保守主义都呈现抬头的趋势。这是否说明"理性的公共运用"并没有发挥应有的功效？既然您提到哲学伦理学在"理性公共运用"中有不可替代的关键作用，那么在现在这种状态下，您怎么看待哲学伦理学的作用和使命？

加藤泰史：确实如你所言，保守主义——或者更直白点说，极端右翼势力——正在世界范围内迅速抬头。即便是在德国，AfD（Alternative für Deutschland，德国另类选择党）的政治影响力也在迅速增大。说实话，AfD 的抬头让我内心受到不小的打击。但从总体上来看，在西方各国中，德国仍是相对值得期待的国家。在这个层面上，或许可以说，我们正面临一个时代的转折点。

的确，在这个转折点上，"理性的公共运用"似乎没有发挥应有的功效。但是另一方面，也存在以 LGBT 平权运动[1]为代表的各种社会实践，让被法律制度排除在外的人们也有机会发出自己的声音，因此"理性的公共运用"也并不能说已经完全失灵了。虽然现状不容乐观，但从长远来看，"理性的公共运用"仍然一步一个脚印地拓展着自己的成果。例如，女性获得参与政治的权利和更平等的高等教育机会，

1　LGBT 是女同性恋者 (lesbian)、男同性恋者 (gay)、双性恋者 (bisexual)、跨性别者 (transgender) 的英文首字母缩略词，用于指带所有的非异性恋群体。大多数现行的社会制度和法律制度在设计时都以异性恋群体为前提，因此 LGBT 实际生活中在制度上会遭遇一些困难甚至歧视。要求让 LGBT 群体享有平等权利的各种运动统称为 LGBT 平权运动。

其实都不算遥远。被选举制度或高等教育排除在外的女性，也就是在这些制度中的"他者"的女性，将以社会问题的形式进入视野，使她们的诉求得到回应，并最终通过政治化进程促成制度改革，建立包含女性的新制度。如果说这一连串的过程就是理性公共运用的过程，那么，这个过程没有终点。借用哈贝马斯的话说，理性的公共运用也是一个"尚未完成的工程"。通过理性的公共运用，我们一直在发现制度中的"他者"，并将他们接纳到新的制度中来。这是推动社会变得更加民主更加多元的重要源动力之一。在这种状况下，我认为哲学伦理学的使命主要有两个方面。其一是扮演调和各个专业领域的协调者（facilitator），其二是在接受或拒绝先进科学技术和先进医疗技术时发挥积极作用。第二点与应用伦理学密切相关，在这里，应用伦理学与规范伦理学之间诠释学循环的构造非常值得关注。这个构造在日本仍然没有得到足够的重视。但是，为了激活哲学伦理学本身，我们需要让这个构造发挥更大的功效。

三、物化理论与马克思主义伦理学

魏 伟：我们刚才在讨论市民社会的时候已经提到了马克思，接下来我想向您请教几个有关马克思主义伦理学的具体问题。日本的马克思研究一直有很高的水准。像广松涉、柄谷行人这些学者的著作都已经陆续被翻译成了中文，他们在中国享有一定的知名度。我知道，您所供职的一桥大学正是日本马克思研究的中心地之一，作为名誉教授的岛崎隆教授、岩佐茂教授，以及去年退休的平子友长教授，都是知名的马克思研究者。您能否简单地介绍一下日本对马克思伦理学，或者马克思主义伦理思想的研究？

加藤泰史：我所在的一桥大学是日本"市民社会"理论研究的中心之一。你刚刚提到的几位老师都曾通过援引马克思的著作，对市民社会做出过精辟的论断。二战结束后的1946—1949年，日本学界曾经在文学和哲学领域出现了一场大争论，被称为"主体性争论"。我认为这场争论就可以说是从马克思主义的角度展开的一场伦理思想探讨。在这场争论中，最值得关注的是梅本克己（很遗憾，现在他已经有些被人淡忘了）。梅本克己尝试从马克思主义的角度对"伦理主体"进行论证，我认为有必要对他的这番贡献重新加以评价和关注。而且，梅本与京都学派也有密切的关系，因此，他的"伦理主体论"也是包含着日本独有视点和思考的马克思主义的伦理学理论，值得进一步研究。

最近这些年，日本的马克思主义伦理思想研究，主要还是受法兰克福学派的影响。哈贝马斯的商谈伦理学以及霍耐特的承认理论都在日本学界激起了不小的反响，因此，有不少研究者尝试从商谈伦理学或是承认理论的观点出发，构筑独自的伦理学理论。不过，这些尝试都是借哈贝马斯或霍耐特对马克思的诠释来理解马克思的伦理理论的，可以说受马克思的直接影响就要弱一些了。此外，在广松涉的弟子中，冈山商科大学的九鬼一人的研究也值得关注。

魏　伟：非常抱歉，我对九鬼一人了解不多，只读过他关于新康德主义的价值论，特别是关于李凯尔特（Heinrich Rickert）的一些研究。您能具体谈谈为什么要关注他吗？

加藤泰史：你的理解没有错，九鬼主要研究新康德主义的价值论，我也主要是关注他在价值论方面的研究。我在这里之所以提及九鬼，其实也是想呼吁、提议大家多关注和探讨新康德主义对马克思主义的研究成果。虽然近年来也有一些肯定新康德主义的研究，但是总体上，新康德主义在哲学史上并没有得到公正的评价，现在仍然坚持研究新康德主义的学者也屈指可数。但是，我仍然认为新康德主义哲学提出了很多不容忽视的重要问题。特别是我们刚刚提到的新康德主义对价值论的研究。此外，新康德主义的马克思主义研究中，并没有采用"无产阶级/资产阶级"的评判标准，而是从重视"理性的公共运用"的"公共性/公共领域"的视角——换句话说，就是确保一个人以普通市民身份进行发言和行动的空间——重新诠释了马克思的理论。美国的法兰克福学派成员南希弗莱泽或许也可以放在这个谱系中。

新康德主义的马克思主义在日本受到来自正统派马克思主义的意识形态批判，但是新康德主义的马克思主义研究恐怕并不是用一句"意识形态"就可以抹消的。甚至我还认为，日本的一部分市民社会派的马克思主义的思想也能够放在这个谱系中去理解。在这个意义上，我认为九鬼的研究值得进一步关注。

魏　伟：在我看来，马克思的一个重要贡献就是尖锐地批判了所谓的"资产阶级道德"，揭露了这类伦理学理论的意识形态属性。或许是出于这个原因，有些学者认为马克思的著作中虽然蕴含伦理思想，但并没有一种"马克思主义伦理学"。您是如何看待这种观点的？具体点说，您认为存在一个系统性的马克思主义的伦理学吗？

加藤泰史：在过去，譬如说康德的伦理学，恐怕也会被视为一种"资产阶级道德"而遭到批判，但是我认为这种区分方式在现代已经没有太大的意义了。面对现代社会存在的种种问题，比起"无产阶级／资产阶级"这样一组评判标准，恐怕我们更需要一种全新的评判标准。至少在日本，"无产阶级／资产阶级"的评判标准并不完全适用。在日本，有正式雇用合同的劳动者排斥非正式雇用的劳动者已经成为常态，但是，这些被正式雇用的劳动者也并非资产阶级。[1]之所以会出现这种状况，是因为罢工等运动在日本几乎已经销声匿迹。

在现代社会中，不可逆转滚滚前行的全球化才是很多社会问题的真正原因。在全球化的浪潮中，除了极少数的新自由主义者，所有人都身不由己地被卷入其中，得不到一丝喘息。所以说，我们需要对全

---

[1] 日本将持有期劳动合同的劳动者统称为"非正规雇用"，其中包括"兼职劳动者（パートタイマー）"、"打工者（アルバイト）"、"约聘临时工（契约社员）"和"人力派遣（派遣社员）"等形态。非正规雇用劳动者的薪酬往往较低，因此这个制度在日本社会备受争议。

球化的构造进行批判性的分析。在这个分析过程中，伦理学的作用是不可或缺的。马克思主义伦理学不仅有潜力构筑一个系统性的伦理学理论，而且可以在对全球化的分析中提供一个不可替代的视角。我认为我们可以建构出一种系统性的马克思主义伦理学，而且，现代社会也需要这样一种伦理学。

魏　伟：那么在您看来，一种系统性的马克思主义伦理学将会具有哪些特征呢？或者说，哪些马克思独有的概念或思想能给伦理学带来重大启示？

加藤泰史：马克思主义伦理学的特征，或者说马克思主义伦理学的魅力，在我看来首先还是他的"异化"理论和"物化"理论。霍耐特对"物化"的论述非常有趣。他批判地分析了卢卡奇的"物化"观念，而是将"物化"现象的本质定义为对"承认"的遗忘。在我看来，霍耐特对其承认理论中的"相互性"的论证并不成功，特别是他在论证中采用了价值实在论，让我非常费解，因此我对他的承认理论抱有一点怀疑的态度。但是，我仍然认为霍耐特对卢卡奇的评点非常有创见。

我认为，"物化"现象的本质就是尊严的丧失。我曾在日本哲学会的研讨会上指出，霍耐特所谓的"拒绝承认"或"非承认"问题可以理解为"尊严丧失"的问题。虽然马克思没有直接使用"尊严"这个说法，但是他通过"异化"和"物化"指出了"尊严的丧失"这个最基本的伦理问题。特别是在这个全球化的时代，我认为有必要将经济上的贫富差距理解为尊严丧失的问题。在这个问题上，马克思的物化理论就有非常重要的借鉴价值。在以这种方式对马克思进行现代解读时，卢卡奇的学说贡献极大。但是，卢卡奇的物化理论过分强调经济领域，将经济领域特权化了，这是他的薄弱环节。霍耐特对卢卡奇的批判正是集中在这一点上，我自己对霍耐特的批判也深表赞同。然而，虽然一方面霍耐特对卢卡奇进行了严厉的批判，但另一方面，他也在批评卢卡奇的基础上，从一个全新的观点探讨了卢卡奇的理论。霍耐特的尝试或许能成为让我们重新关注物化理论的契机。卢卡奇的观点对我有很大启发，因此我也正在重读卢卡奇，从尊严的角度探讨卢卡奇的物化理论。

需要注意的是，像卢卡奇这样全方位强调经济领域的决定性作用的思考方式，可能遮蔽了许多重要的问题，因此有其自身的局限性。在这里，卢卡奇的局限性与那种强调"资产阶级—无产阶级"对立的思考方式的局限性，是非常相似的。卢卡奇混淆了物化 (Verdinglichung)、客体化 (Objektivierung) 和去人格化 (Entpersönlichung)，将三者混为一谈，因此没有抓住物化现象中的核心伦理问题。这个核心的伦理问题，在我看来，就是"尊严的丧失"。如果我们试图从马克思的政治经济学批判中提炼出伦理学的理论，如果我们试图运用马克思的理论对全球化做出更深刻更确切的批判，就需要避开全方位强调经济领域的作用的思考模式。即便是对于现代社会，卢卡奇的学说也仍然有很多值得我们参照的地方，并没有过时。但是，就过度强调经济领域这一点而言，我们需要看到卢卡奇的时代局限性。仅仅将全球化视为一个经济问题进行分析考察，将难以抓住全球化的本质。与之相比，伦理学更需要关注的是像"尊严的丧失"这样的在非经济领域中出现的种种问题。而全方位强调经济领域决定性的思考方式将会遗漏这些问题。

魏　伟：今年恰逢马克思诞辰 200 周年。您刚刚也谈到了西方马克思主义者卢卡奇的理论中与现代社会不相匹配的部分。我想，理论诞生的时代背景和文化背景的差异，确实也在提醒我们不要想当然地、不加批判地直接运用马克思、卢卡奇或是康德等人的学说和理论。在您看来，我们需要以一种怎样的心态来继承和发展康德或马克思这样的重要思想家留给我们的思想遗产呢？

加藤泰史：我很赞同你的说法，确实，100 年甚至 200 年前的理论是无法直接应用于现代社会的。我认为，为了能够在现代社会中灵活运用马克思或者康德的学说，最重要的是审慎地界定他们学说中的欠缺与不足。仍以康德研究举例。在我看来，日本的康德研究和欧美的康德研究的最大不同之处，就是欧美的康德研究是一边审视康德的局限与不足，一边研读康德的文本。作为一名日本的康德研究者，我自己也时常对此进行自我反省。当然，这不是说所有的西方学者都秉承这样的理念。但是，譬如迪特·亨里希 (Dieter Henrich)、杰罗德·普劳斯 (Gerold Prauss)、杰哈德·申里希 (Gerhard Schönrich) 等出色的康德研究者同时也是杰出的哲学家，他们都试图通过自己的研究而超越康德自身的局限。相反，一些日本的康德研究者则把《纯粹理性批判》当成圣经，错误地认为书中蕴含着全部的真理。抱着这样的态度进行研究，当然无法给研究带来进步。如果我们不先认识到康德哲学的不足与局限，那么我们也就无从知晓康德哲学的哪些部分对现代社会仍有价值，哪些部分已经不再有效，因此也就更谈不上超越康德，继续前进了。

借用夏目漱石的话来说，无论是日本、中国，还是其他的非西方国家，在研究西方哲学的时候要做到"以我为本"。把康德的著作当成圣经的研究者们就没有做到这一点。如果我们不能站在"以我为本"的立场上进行研究，现代的哲学永远都只会是"西方哲学"而无法成为"世界哲学"。当然，为了让哲学成为世界哲学，我们仍然需要对重要的哲学文本进行绵密的考证与解读。但与此同时，我们也需要做到"以我为本"，不能害怕对文本产生误读。康德在《回答一个问题：什么是启蒙》一文中曾经写到，要"敢于求知"，要"有运用自己知性的勇气"。我认为，对非西方的哲学研究者来说，这种"敢于求知"的精神正是我们需要追求的东西。

魏　伟：您数次提到希望通过中国、日本以及其他非西方哲学家的努力，让"西方哲学"可以变成涵盖东西方思想的"世界哲学"。我相信会有不少中国的哲学家对您的呼吁产生共鸣。希望您有机会多访问中国，也希望中日两国哲学、伦理学界能有更多交流的机会！

加藤泰史：谢谢你的访谈！我所倡导的中日哲学论坛已经举办了五届，包括我自己在内的所有参会学者，都深刻感受到在互相的交流中受益良多。我也考虑向日本哲学会的理事会提出一些建议，促进两国学者能有更多交流。